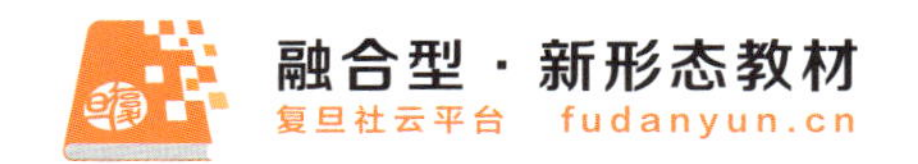

健康养老专业系列教材

老年活动策划与设计

主　编　唐东霞　李红武　韩　菊
副主编　曾朱玲　刘隽铭　汪晓稳

复旦大学出版社

本书编委（按姓氏笔画排列）

刘隽铭（长沙民政职业技术学院）
苏日娜（内蒙古建筑职业技术学院）
李红武（北京青年政治学院）
杨思琦（红河卫生职业学院）
汪晓稳（南京养老志愿服务联合会）
唐东霞（江苏经贸职业技术学院）
韩　菊（上海福祉实业有限公司）
曾朱玲（广州卫生职业技术学院）

健康养老专业系列教材编委会

目　录

Contents

前 言

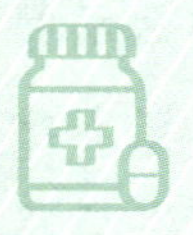

Preface

目前，我国正实施积极应对人口老龄化的国家战略，确保到2035年实现“中国特色养老服务体系成熟定型、全体老年人享有基本养老服务”战略目标；不断优化养老、孝老、敬老的社会环境，推动老年友好型社会建设提质增效，让老年人幸福感更加充实等。为实现老年人有尊严、健康的老龄和活力养老状态，养老院、老年公寓、社区日间照料中心除了提供医疗、护理、康复等服务外，也需营造宜居文化环境，致力于满足老年人文化娱乐、情感需求、教育需求、社会参与、自我实现等多种需求。

在这样的社会背景下，作为“健康养老专业系列教材”中的一个品种，《老年活动策划与设计》的编写紧跟积极老龄化国家战略，以中华孝亲敬老文化传承和创新为价值观，以培养高素质技能型专业人才为宗旨。

本教材的特色主要体现在以下几个方面：

1. 以国家专业教学标准为依据

本教材编写依据最新的国家教学标准，课程名称从以前的“老年活动策划与组织”调整为“老年活动策划与设计”。这对健康养老专业学生的活动创新设计能力提出了更高的要求。

2. 以“岗课赛证”人才培养模式为参考

本教材对接健康养老产业优化升级的需求，将岗位、课程、竞赛、技能证书等元素进行衔接、嵌入、整合，将岗位中的职业活动与情境、典型案例等转化为教学内容，引入世界职业技能大赛中健康养老照护、社区服务实务等赛项的考核标准，融合1+X康体指导师、失智老年人照护师等职业技能等级证书标准。

3. 以行业产业需求为基础

我们通过多年的调研发现，不止活力老年人有活动需求，特殊老年人群体（失能、失智、高龄）更需要得到精神关爱，更依赖于活动工作者的全方位服务。同时，养老行业中从事康乐活动服务的人员包括养老机构社工部、护理部、康娱部、外联部和街道、社区、社会组织、社团等部门的工作人员，活动岗位职责不明晰。从活动设计上，呈现关注活力老年人而忽视特殊老年人，活动内容多以娱乐性、兴趣性为主，而忽略了内容与目标如何匹配、活动效果如何评测等专业属性。

对于养老行业中活动策划的痛点问题，本教材对接健康养老产业的多元化、智能化、专业化发展新趋势，对接老年人能力评估、老年康体活动指导等岗位（群）的新要求，致力于培养学生具有针对不同老年人，尤其是特殊老年人的分类策划、个性化设计活动的能力；每个项目都融入新产业、新业态、新模式下的新技术、新方法，培养学生厚积薄发、终身学习和创新改造老年活动的能力。

4. 以项目教学、任务驱动为体例

本书模块一为“流程篇”，以老年活动工作过程为导向，设计了活动认知、调研预估、方案设计、组织实施、评估总结五大项目，培养学生基础的活动策划能力。模块二为“实务篇”，以不同的活动情境和活动需求，设计了认知功能、音乐照护、特色养生、智慧康养、友好社区等五大专项活动，培养学生的活动创新设计能力。体例上，“项目目标”明确素质、知识、技能三维目标；梳理“项目要点”，重难点清晰；提供“项目资讯”，做好知识准备；“任务发布”引出核心问题；“知识链接”链接核心知识和应用案例；“任务拓展”引入行业新技术、新方法、新理念；“任务测试”为学生提供在线测试的便利，及时查漏补缺；“项目总结”培养学生的主动归纳和反思能力；“项目实训”引导校内模拟实训和企业岗位实境的方向。

5. 以融媒体资源为支撑

本教材积极响应新形态教材建设的要求，配套了课件、微课、教学视频、拓展性文献、案例、习题等一体化、结构化的资源包，轻松扫一扫二维码即可查看，便于学生异步学习和教师翻转授课。相关教学资源，也可至复旦社云平台 www.fudanyun.cn，搜索“老年活动策划与设计”，下载。

6. 以校企合作团队为保障

本教材编写团队包括国内长期从事“老年活动策划与设计”课程教学的高职院校一线教师、企业教师、行业带头人共8位教师。校企合作，强强联手，他们具有丰富的理论教学经验和实务教学经验。具体编写分工如下：项目一由内蒙古建筑职业技术学院苏日娜撰写，项目二和项目四由广州卫生职业技术学院曾朱玲撰写，项目三和项目六由江苏经贸职业技术学院唐东霞撰写，项目五由南京养老志愿服务联合会汪晓稳撰写，项目七由上海福祉实业有限公司韩菊撰写，项目八由北京青年政治学院李红武撰写，项目九由长沙民政职业技术学院刘隽铭撰写，项目十由红河卫生职业学院杨思琦撰写。此外，主编团队对书稿进行了多次论证和修改。

由于老年活动领域涉及多学科、多专业，涉及庞大的知识体系和能力架构，因此，尽管我们在本书的编写过程中付出了最大的努力，但唯恐编写团队自身局限而导致本教材的不足，恳请同行专家、使用教材的师生们提出宝贵的意见，以便后续修订完善。

编　者

2024年12月

模块一

基础流程

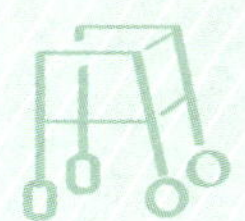

项目一

老年人与老年活动认知

项目目标

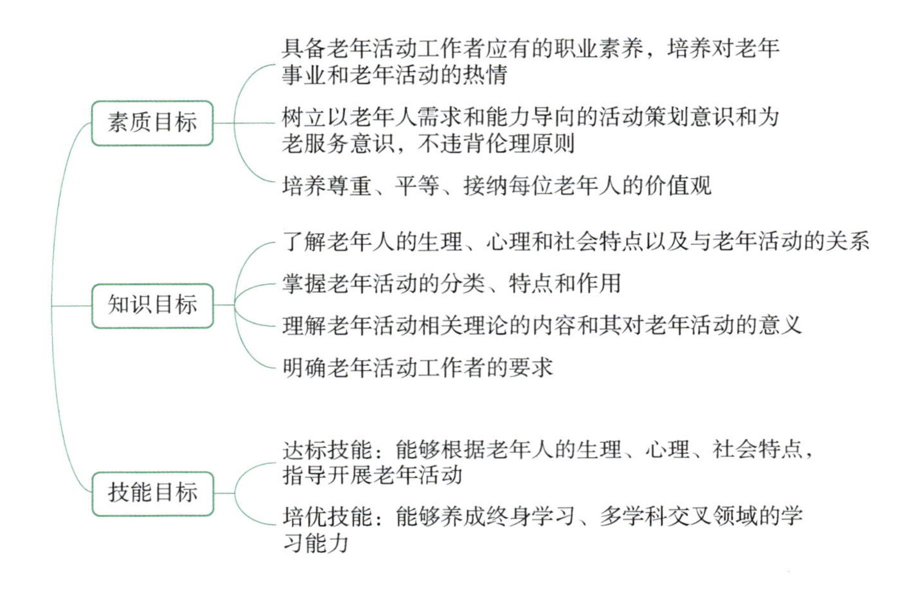

项目要点

1. 重点：充分掌握老年人的生理、心理、社会特点与老年活动的关系；理解老年活动相关理论及其意义。

2. 难点：自觉内化老年活动工作者的专业价值观。

项目资讯

(1) 查阅中国老龄化现状和老龄事业发展规划等相关资料。

(2) 查阅我国各地区为了积极应对老龄化，采取了哪些行之有效的措施。

(3) 回顾之前所学的老年人生理学、心理学相关知识。

任务1 认识老年人

任务发布

1.1 基于老年人的生理特点,活动策划与设计应注意什么?

1.2 基于老年人的心理特点,活动策划与设计应注意什么?

1.3 基于老年人的社会特点,活动策划与设计应注意什么?

知识链接

进入老年期之后,老年人个体身心会发生一系列变化,尽管存在个别差异,但总体趋势是逐渐表现出退行性变化。充分掌握老年人的生理、心理和社会特点,才能更好地关爱老年人,从而切实以老年人的需求和能力出发,策划设计、组织实施更适合他们的活动。

一、老年人的生理特点

1. 细胞的变化

因细胞再生、分化与修复的功能随着年龄增长出现明显减退,所以老年人往往出现组织细胞数量减少的情况。细胞核携带的遗传信息也将发生改变或丢失,细胞生理活动出现紊乱,丧失原有的活力,逐渐发生退行性变化。细胞退化会出现空泡样改变,有淀粉样蛋白和免疫复合物类沉积。细胞内出现脂褐素,是衰老机体普遍现象。

2. 机体成分的变化

图1-1 跌倒的老年人

老年人肌肉、肝、肾等组织器官细胞数量减少,而脂肪细胞明显增多。进入老年期后,体内水分占体重的比例由年轻时的60%左右减少到50%左右,肌肉占体重的比例逐年减少,肌肉弹性降低,收缩力减弱。老年人常见的肌无力与体液量的下降、实质细胞的减少、细胞内液的减少,以及体内钾含量降低有关。老年人肌力变差、易跌倒,设计活动时应重视肌力、平衡力的评估,避免过于激烈的运动,在选择活动场地时一定要保证地面平坦且无障碍物。

3. 各系统的生理变化

(1) 神经系统

随着年龄的增长,大脑神经细胞数逐渐减少,脑的重量逐渐减轻。一般认为,人出生后脑神经细胞即停止分裂,自20岁开始,每年丧失0.8%,且随其种类、存在部位等的不同而选择性减少。有研究表明,随着年龄的增长,大脑的重量减少。脑细胞的减少会引起大脑皮层神经活动过程的灵活性减弱,神经调节能力较差,对外界刺激的反应因潜伏期延长而迟钝。参与各类活动可以刺激大脑神经,增进脑力灵活性,延缓脑神经细胞老化。

（2）心血管系统

心脏生理性老化主要表现在心肌纤维组织增多，心肌细胞增大，心肌硬化，弹性降低，从而导致心脏每次搏动输出的血量也会减少。冠状动脉血管中脂质沉积，血管变硬增厚，血管阻力增加，心脏供血不足，易产生动脉心绞痛等疾病。因此，在设计活动时，应避免节奏太快或者动作幅度太大，以防老年人心脏负荷过重出现意外。

（3）呼吸系统

由于老年人肺萎缩，肺泡数量减少，肺功能减退。同时，老年人的鼻、咽、喉等部位黏膜变薄、萎缩，气管、支气管黏膜退行性改变，呼吸道防御功能及免疫功能的明显下降，是易发生呼吸系统感染的重要因素之一。因而，活动工作者要选择通风情况良好的活动场所，避免空气不流通而导致老年人出现不适。

（4）消化系统

消化系统包括口腔和胃肠。口腔方面，牙齿缺损、口腔黏膜萎缩、唾液分泌减少、咀嚼力降低等因素都会影响老年人对食物的咀嚼和消化；舌头上味蕾数量的减少、味觉和嗅觉感受性降低都可能导致老年人食欲减退；胃肠方面，随着胃粘膜变薄、肌纤维萎缩、胃液量和胃酸度下降、胃肠道绒毛退化等，消化功能减弱甚至出现消化障碍。医学研究表明，适当的活动有利于肠胃蠕动，促进消化并能刺激食欲。在活动中可安排嗅觉、味觉刺激活动，但要控制量和油、盐、糖的摄入，如端午节吃粽子要注意不能让老年人一次吃过多，以免出现消化不良。

（5）泌尿系统

老年人肾组织萎缩变小，肾单位数量减少，肾小球滤过率、肾小管的重吸收功能均降低，肾功能减弱；又加上膀胱肌松弛，结缔组织增生，引起尿频。另外，前列腺增生是老年男性常见疾病，容易出现尿频、尿急、排尿费力、排尿时间延长等症状。故在活动开始前应该让老年人排空二便，并且活动地点要设有无障碍卫生间，方便老年人随时如厕。

（6）内分泌系统

老年人的脑垂体重量减轻，一般到高龄时，脑垂体重量可减轻20%。甲状腺合成及分泌减少，肾上腺功能减退，使机体对外界环境的适应能力和反应能力也明显下降。内分泌腺体发生组织结构的改变，可引起不同程度的内分泌系统的紊乱。另外，长期焦虑、抑郁等消极情绪也会导致内分泌紊乱，老年人可以通过参加各类活动来调节情绪、释放压力。

二、老年人的心理特点

1. 认知功能变化

（1）感知觉方面

步入老年之后，人的感知觉的变化最明显，并随着年龄的增长，这些变化的趋势越来越明显。研究表明，几种主要感觉衰退的一般模式是：最早开始衰退的是听觉，许多人不到60岁听觉衰退就非常明显；其次是视觉，55岁以后可能出现较大的衰退；味觉的衰退和视觉相似，在60岁之前的几年还比较稳定，但随后对咸、甜、苦和酸等物质的感受性陡然下降。[①] 与此同时，老年人的触觉、温度觉变得迟钝，痛觉相较年轻时也变得迟钝，不能及时躲开伤害性刺激或者更多地经受慢性的痛苦。

因此，活动工作者应多设计一些多感官刺激活动，如通过拧螺丝、捡豆子、穿扣子等训练手眼协调的活动；针对老年人视觉功能减退，活动中的道具或者游戏规则说明等文字需要用大且鲜艳亮眼的颜色；通过提前准备助听器、增加志愿者人数等方式帮助老年人减少听觉障碍。

---

① 林崇德.发展心理学[M].3版.北京：人民教育出版社，2018：492.

图 1-2 慢跑的老年人

(2) 记忆方面

国内外研究者发现,不同年龄组内记忆成绩的个体差异很大,并且有随年龄增长而增加的趋势。老年人记忆的个体差异比其他年龄组要大,表现为记忆减退出现的时间有早有晚,减退的速度有快有慢,减退的程度有轻有重。

为了保持或增进记忆力,老年人在日常生活中多进行听音乐、散步、读书、下棋、旅游等活动,可以调节大脑功能,增强记忆。

(3) 思维方面

心理学家关于思维的年龄差异的研究表明,人步入老年之后,概念学习、解决问题等思维过程的效能呈现出逐渐衰退的趋势,在创造性思维和逻辑推理方面较青年人也有所减退,但老年人有强于青年人的概括能力、判断推理能力、综合分析能力等,这些能力并不随年龄增长而减退。

老年人可以通过集中注意力训练、记忆训练、脑力活动、身体锻炼、饮食调剂、睡眠与休息以及减压与放松等多种方法来锻炼思维能力。经适老化设计的数字 OT 训练系统活动、VR 科技体验活动等智慧康养活动可实现以上功能,并对老年人开展智能评估、记录活动数据、提供和调整活动方案等闭环工作。

(4) 智力方面

纵观人的一生,随着年龄增长,流体智力会逐渐下降,但晶体智力则保持稳定,甚至会上升;智力变化的个体差异也非常明显,一些人从 30 多岁开始就出现智力下降,而另一些人直到 70 多岁才出现下降。此外,环境及文化因素对智力下降的程度存在影响。如果个体未患慢性病,社会经济地位较高,保持良好的知觉加工速度,具有灵活的人格特点等,那么其智力下降的幅度就会较小。

老年人想要保持智力不减,生活中有很多方法可以尝试。例如,避免大脑疲劳、避免不良的饮食习惯、多参加体育锻炼、补充脑部营养物质,保持规律稳定的睡眠等。

2. 情绪与情感变化

人到老年期,由于生理、心理的退行性变化以及角色地位、社会交往的变化,比较容易产生抑郁感、孤独感、衰老感和自卑感等消极情绪情感。活动工作者在活动中要时刻关注老年人的情绪变化,一旦发现老年人有明显的情绪异常,应及时沟通、了解情况并进行恰当的处理。

三、老年人的社会特点

1. 角色转变与适应

个体在 60 岁退休后,最显著的角色变化就是失去了几十年的职业角色,除去少部分人延续工作岗位,大部分老年人就此进入了赋闲角色。同时,退休之前觉得自己是家里的主体角色,退休后逐渐开始依赖家人,这也是一个明显的转变。这些就导致他们长期以来形成的主导活动和社会角色发生很大转变,并由此引发老年人的心理波动。若不能及时调节,甚至会引发生理上的变化,影响健康,如离退休综合征。一些具有较高知识水平和技能的老年人,可以通过活动延续自己的职业角色或重新定位新角色,如低龄老年人承担活动志愿者角色、担任兴趣班的老师,有领导力的老年人发挥特长组织群众性老年活动等。

2. 社交需求与互动

退休的老年人离开了原来的工作单位和社交圈,社交范围越来越小。长期脱离社交,不但有损于老年人的心理健康,也容易激发各种家庭矛盾,对老年人的生活和心理都是很大的冲击。随着年龄的增长,老年人经历各类负性社会事件的概率越来越高，如自己和家人身患重疾，至亲、朋友、同事等离世。这些事件可能会引发他们的负性情绪，甚至是心理障碍，如居丧综合征等。对这些老年人，可以通过支持型团体活动，得到来自其他拥有相同经历老年人的支持、理解和宽慰，以及一些伤痛处理方法。

任务拓展

请在实训室穿戴高龄老年人体验装备，如认知症老年人 VR 眼镜等，体验老年人的身心变化，跟小组成员交流体验感想。

任务测试

扫码进行在线测验。

在线测验

任务 2　认识老年活动

任务发布

2.1　我国老龄化背景和积极老龄化理念是什么？

2.2　老年活动的分类方法有哪些？

2.3　老年活动的相关理论有哪些？

2.4　老年活动策划与设计的流程是怎样的？

知识链接

一、老年活动的背景

1. 老龄化背景

2020 年第七次全国人口普查结果显示，我国 60 岁及以上人口为 2.64 亿人，占总人口的 18.7%，与 2010 年相比上升了 5.44 个百分点；65 岁及以上人口为 1.91 亿人，占总人口的 13.5%，与 2010 年相比上升了 4.63 个百分点。人口老龄化是我国人口发展的必然趋势和规律，也是我国今后较长一段时间的基本国情。与其他国家相比，我国人口老龄化有两大显著特点：

一是基数大、速度快。我国是当今世界老年人数最多的国家，2023 年年底，60 岁及以上老年人口超 2.9 亿。从老年人口增长速度来看，65 岁及以上老年人口比重从 7%升到 14%所经历的时间，法国是 115 年，瑞典是 85 年，美国是 66 年，英国是 45 年，而我国大约是 25 年，增长速度最快。

二是“未富先老”。目前，世界上大多数国家在进入老龄化社会时已经处于较高的发展水平，属于“未老先富”；而我国老龄化是在人均国民收入较低的情况下出现的，属于“未富先老”。

此外，近年来我国人口老龄化还出现了城乡、地区差异加大等情况。这些因素交织叠加，对我国应对人口老龄化提出了新挑战。

2. 积极老龄化应对

(1) 健康老龄化

“健康老龄化”是 1990 年第 40 届世界卫生组织哥本哈根会议提出的解决人口老龄化问题的观点，这里的“健康老龄化”包括三项内容：①老年人个体健康，即老年人生理、心理健康和良好的社会适应能力；②老年人口群体的整体健康，即健康预期寿命延长以及与社会整体相协调；③人文环境健康，即人口老龄化社会的社会氛围良好与发展持续、有序、合规律。

资料

健康是保障老年人独立自主和参与社会的基础，推进健康老龄化是积极应对人口老龄化的长久之计。党的十九大做出实施健康中国战略的重大决策部署，党的十九届五中全会明确提出实施积极应对人口老龄化国家战略。促进健康老龄化是协同推进两个国家战略的必然要求。2022 年，国家卫生健康委员会等 15 个部门联合印发《“十四五”健康老龄化规划》(请扫码查看，或至复旦社云平台 www. fudanyun. cn 下载)，明确了“十四五”期间促进健康老龄化的指导思想、基本原则和发展目标。

(2) 积极老龄化

1997 年，西方七国丹佛会议首次提出“积极老龄化”；2002 年世界卫生组织正式采纳“积极老龄化”的理论主张。“积极老龄化”是指人到老年时，为了提高生活质量，使健康、参与和保障的机会尽可能获得最佳结果的过程。积极老龄化既适用于个体又适用于人群，它让人们认识到自己在一生中体力、社会以及精神方面的潜能，并按照自己的需求、愿望和能力去参与社会，获得充分的保护、保障和照料。

资料

在我国，积极老龄化理念被纳入“十四五”规划，还上升到国家战略的高度，国内诸多研究者也在积极探索如何构建积极老龄化社会。中国人口福利基金会等发布的《持续高质推进中国式积极老龄社会建设——“积极老龄化”理论与实践研究报告》(请扫码查看，或至复旦社云平台 www. fudanyun, cn 下载)，认为积极老龄化是一个关注老年人需求和贡献的社会理念，社会应该适应人口老龄化的挑战，创造一个更包容和可持续的环境，强调老年人是社会的积极参与者和贡献者，应该受到尊重和支持，以实现更加充实、更有价值感的晚年生活。

视频

自“十一五”规划纲要首次提出积极应对人口老龄化以来，我国积极老龄化社会建设路径经历了形成和发展的重要阶段，已经开创了具备战略性和全局性特点的中国模式。相关新闻可扫码看视频。

二、老年活动的概述

1. 老年活动的概念

老年活动，是针对老年人的生理、心理、社会等方面的特点，在活动工作者的支持、协助、策划、组织下，以老年人为主体，在社区、机构、居家等各类环境中开展的，促进老年人身心健康，帮助老年人自我实现，提高老年人晚年生活质量，丰富养老文化的各类活动。

2. 老年活动的分类

(1) 根据老年人生活自理能力分类

我国于 2022 年颁布实施的《老年人能力评估规范》国家标准，将老年人能力分为能力完好、轻度失能、中度失能、重度失能和完全失能 5 个等级。按照国际通行标准，吃饭、穿衣、上下床、上厕所、室内走动和洗澡 6 项指标中，有 1～2 项做不了的定义为“轻度失能”，3～4 项做不了的定义为“中度失能”，5～6 项做不了的定义为“重度失能”，1 项也做不了的定义为“完全失能”。参考以上标准，将老年活动人群大体分为自理老年人、半失能老年人和失能老年人，老年活动可根据这三类人群来划分。

① 自理老年人活动。自理老年人是指日常生活行为完全自理、不需要他人照顾的老年人。这类老年人大部分身体状况较好，可以选择的活动范围非常广泛。自理老年人活动也要适当融入肢体功能训练、认知障碍预防的活动，达到“治未病”的作用。

② 半失能老年人活动。半失能老年人需借助扶手、拐杖、轮椅生活，或需要照护人员协助生活。针对这类老年人的肢体功能障碍类型，应量身定做肢体功能干预专项活动，在维持健侧功能的基础上，争取恢复一些患侧的功能；很多半失能老年人伴有认知功能障碍，可针对老年人的兴趣，组织开展园艺治疗、认

知训练、多感官刺激活动和音乐照护活动等干预活动。

③ 失能老年人活动。失能老年人能够参与的活动有限，主要以康复训练、日常生活照护为主，活动工作者在医护人员、康复师的指导下，围绕康复、照护目标，设计促进认知、语言、肢体复健、小范围社交等活动目标的卧床活动、轮椅活动等。

图 1-3　康健活动/专业活动

（2）根据活动形式分类

根据活动的不同形式，可以将老年人活动大致分为节庆活动、团康游戏、手工活动、认知活动、艺术活动、旅游活动、养生活动、怀旧活动、公益活动、音乐活动、园艺活动、康健活动、社交活动、才艺活动、亲情活动等异彩纷呈的老年活动类型。目前，养老机构和养老社区中开展的老年活动多以不同的活动形式呈现。

（3）根据活动的专业性分类

① 专业活动。这类活动主要以社会工作者、康复治疗师、心理治疗师等受过专业训练的人员来作为活动的带领者，运用专业方法和技能开展团体治疗型活动和发展型活动，达到治疗、康复保健、社会支持、娱乐、促进社会交往等目的。例如，针对失智老年人开展的现实辨识活动，通过活动对失智老年人在认知和行为上存在的问题进行矫正和治疗；针对患病老年人开展的康复训练活动，尽量在保持和改进现有生理机能的基础上，恢复一些失去的功能。

② 群众活动。这类活动不强调活动组织者的专业背景，可以由任何人或组织、机构、社团、志愿者等组织开展，相对灵活。不突出策划和组织过程中的专业技巧，以娱乐身心为主要目的，帮助老年人建立社交，产生归属感和自我满足感，深受老年人喜爱。

3. 老年活动的特点

（1）多样性

老年活动包罗万象，以至于任何一种分类方法都无法穷尽，很难划清分类的界限。比如，促进肢体功能的康健活动，强化思维能力的认知活动，在缅怀往事中获得成就感的怀旧活动，紧跟时代节奏、时令气息的节庆活动，提升兴趣特长的音乐、美术、手工活动，增进家庭情感、其乐融融的代际活动……正如社会的多元性一样，老年活动也应该呈现出多样化的特点，满足老年人的多种需求。本书没有使用严格的分类方法，而是更强调在特定活动情境下，针对特定活动人群需求而设计的各种专项活动。

（2）趣味性

在策划与设计老年人的活动时，应重点考虑老年人的娱乐需求，围绕趣味性，而不是竞赛性开展策划。活动的动机、活动的过程比活动的输赢结果更重要。因此，活动的选择要符合老年人的接受能力，易学易操作。活动工作者要维护老年人的尊严，不批判不否定，多奖励少惩罚，强化优点，弱化问题，积极鼓励老年人在参与社会活动的过程中，树立自信，创造其乐融融的氛围，从而促进老年人可持续性地参加活动。

（3）参与性

老年活动不是老年人"闭门造车""自娱自乐"，受益对象也不止是老年人，还应经常邀请他们的亲戚、家人、朋友、邻居、社区居民，甚至是他们的照料者参与到活动中。老年人通过参与活动结交更多的朋友，培养更深的情感，拉近人与人，特别是老年人与其他人群的距离。老年人融入家庭、社区、社会，享受祖孙之乐、家庭之乐、同学之乐、邻居之乐……提升他们的主观幸福满意指数。

(4) 安全性

由于群体的特殊性，老年活动的安全性尤为重要。在活动的准备阶段，活动工作者一定要对涉及安全问题的场地、设施、交通、道具等事无巨细地周详考虑，敏锐地排除安全隐患，制定安全事故应急预案。活动尽可能多配备一些经过安全培训、急救培训的工作人员、志愿者进行防护，有些活动还需要配备医护人员。在活动中对可能危及老年人人身、财产、食品、感染安全的事宜应作出真实说明和明确警示，并采取必要措施。

4. 老年活动的作用

(1) 促进身体健康

《"十四五"健康老龄化规划》指出，我国老年人健康状况不容乐观，78%以上的老年人至少患有一种以上慢性病，失能老年人数量将持续增加。适度的体力活动可以提高机体代谢水平，使身体各器官的功能增强，延缓机体衰老；可加大肺活量，可促使心肌加强收缩，增加血液供应，促进血液循环，改善神经系统功能，解除神经紧张，改善睡眠质量。此外，适当的体力活动还能改善消化系统功能，改善肢体活动能力。

(2) 促进生成积极情绪

老年人在活动中，通过与他人的沟通、协作，逐渐走出自我封闭，开始社交；活动中轻松有趣的环节也会使人全身心投入，感受到欢乐愉悦，这样的良好情绪，对老年人的身体健康、心理健康都有着积极的作用。

(3) 提高认知能力

一些脑力开发游戏，可使老年人不断地进行思考、想象、记忆等，能够集中注意力，强化记忆储存能力，保持敏锐的思维；而一些创作型活动，不仅可以锻炼老年人的思维能力、想象能力，还能同时锻炼感知觉，延缓脑细胞衰老。

(4) 促进自我实现

老年人的自我意识，主要体现在他们如何看待自己和人生，如何正确对待即将走完的人生。若过分关注社会上一些对老年人的偏见，或自身某些功能的缺失，老年人就会产生消极的自我认知，自我评价和自我价值感都会降低。老年人经常参与活动，可以增加与当下时代、新老朋友接触互动的机会，重树自信，发挥个人优势，体现人生价值。

(5) 建立社会支持网络

老年活动的开展，增加了老年人与他周围社会环境的互动机会，鼓励老年人建立与他人、群体、社会的联结，从而形成除原有家庭支持之外的新的社会支持网络，对老年人解决问题、克服困难开辟了新的路径。

图 1-4 有益的棋类活动

三、老年活动的相关理论

1. 活动理论与老年活动

活动理论起源于康德与黑格尔的古典哲学，形成于马克思辩证唯物主义，被苏联心理学家维果茨基提出，成熟于苏联心理学家列昂捷夫与鲁利亚，是社会文化活动与社会历史的研究成果。活动理论关注的是实践过程而非知识本身，是人们在发展过程中使用工具的本质、不同的环境作用、社会关系、活动目的与意义，最终达到对主体或客体进行改变的过程和结果。

活动理论主张老年人积极的社会互动，认为老年人应该积极参加社会活动，通过社会互动，帮助老年人重新定义自我，保持生命力，同时能满足老年人的情感需求，更健康地度过老年生活；另外，通过参加社会各方组织的社会活动，可建立属于老年期的社会互动。

2. 马斯洛需要层次理论与老年活动

美国人本主义心理学家亚伯拉罕·马斯洛在 1943 年提出，人的需要从低到高分为五个层次，分别是：生理的需要、安全的需要、归属和爱的需要、尊重的需要、自我实现的需要。马斯洛认为，只有当较低层次的需要得到满足或部分满足时，人们才会产生更高层次的需要。需要层次理论示意图见图 1－5；更多资料，请扫码查看，或至复旦社云平台 www.fudanyun.cn 下载。

资料

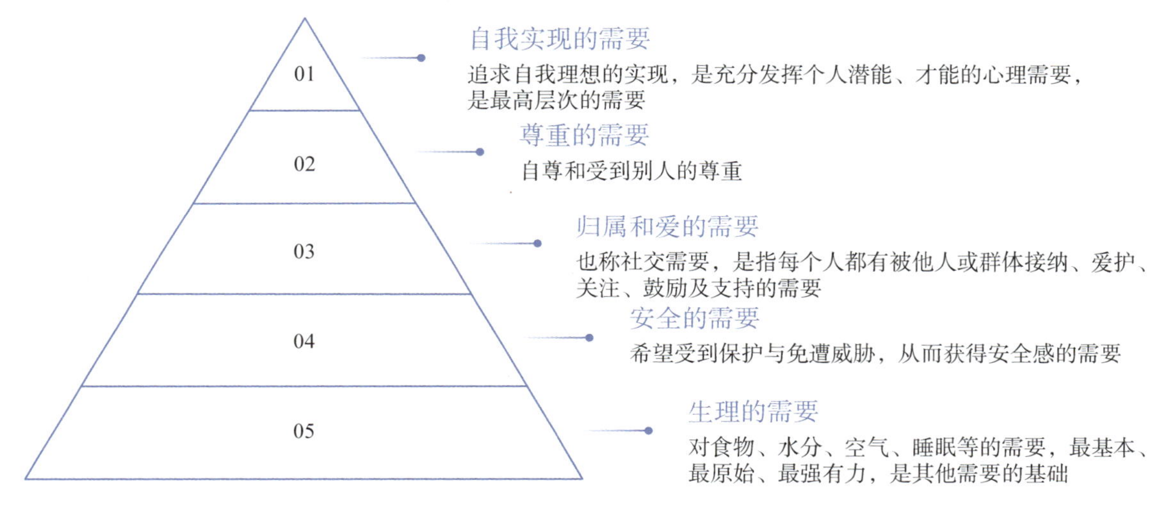

图 1－5　马斯洛需要层次理论示意图

随着经济社会发展，大多数老年人的生理的需要和安全的需要得到了满足，但更高层次的需要未能满足，如退休后基本没有社交，子女不在身边感到孤寂，想要发挥余热却找不到途径等。通过参加老年活动，与他人产生交集与沟通，逐渐在组织中找到归属感，满足归属和爱的需要；通过在活动过程中展现自己，或激发未知的潜能，提高对自己的评价也能获得他人的尊重，满足了老年人的尊重的需要和自我实现的需要。

3. 社会角色理论与老年活动

社会角色理论由美国社会学家、社会心理学家及哲学家乔治·赫伯特·米德创立，它是根据人们所处的社会角色去解释人的行为并揭示其规律的一种学说。该理论认为，社会生活就像一部舞台剧，社会角色允许扮演者有一定的自由发挥空间，但无论谁来扮演某一角色，其行为都有一定相似性，这是由“社会剧本”决定的，而差异性则是由每个人对自身角色的不同理解或不同的角色技能所造成的。

对老年人来说，从青年和中年时期的角色过渡到老年所扮演的角色是否成功，决定其晚年生活是否幸福。进入老年期，一些中年时所承担的角色会丧失，也会得到一些新的角色；角色扮演是否成功关系着

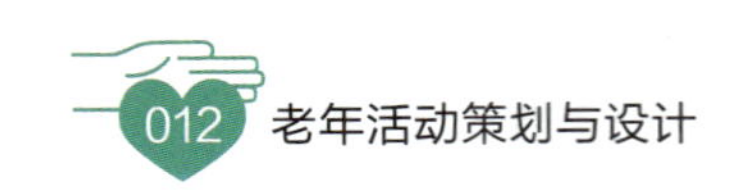

一个人的自尊和自信，也维系着一个人的社会身份。角色理论认为，老年人从原有的角色中成功过渡到与年龄相匹配的角色时，老年人就能拥有幸福满足的生活，如果转化不成功，或无法建立相应的替代角色，老年人就会对自己的生活感到不满。这就提示活动工作者，要在活动中帮助老年人及时调整自己，去适应原有角色的失去或新角色的获得，重新建立有意义的关系。

4. 优势视角理论与老年活动

美国堪萨斯大学社会福利学院的维克、拉普等人在1989年发表的《社会工作实践的优势视角》一文中首次提出了优势视角的观点。1992年，塞勒伯编辑出版了《优势视角：社会工作实践的新模式》一书，不断发展完善该理论。优势视角理论主张运用积极、科学的干预方式整合人与环境的内、外优势资源来培养和提高服务对象的应对能力、主体性及对内外部环境的掌控力，引导他们在实践中逐渐发现自我价值，肯定自己的优势和能力。

优势视角理论提示我们，应该转变看待老年人的视角，注重他们的内在能力和潜在优势，而不是"标签化"地关注他们的病理和缺陷。在开展老年活动时，引领者应以积极乐观的态度去看待老年人及其所处的环境，注重对其资源及优势的挖掘，即便是过去的创伤，也能挖掘出当事人在经历过程中的抗逆力等优势，通过发掘优势不断提升老年人的积极心理和自我价值感。

5. 毕生发展理论与老年活动

毕生发展理论由德国心理学家德保尔·巴尔特斯于1987年提出，是他创建的毕生发展心理学中的核心观念。该理论包括但不限于以下观点：①个体的发展是一生的过程，在人生的每个阶段都会出现发展中的行为变化。②发展形式多样，发展方向也因心理和行为种类不同而有差异。发展过程复杂，包括一系列的发展模式，有前进、有衰退，也有停止。③任何一种行为的发展过程都是复杂的，发展不是简单的朝着功能增长方向的运动，而总是由获得（成长）和丧失（衰退）的结合组成。④心理发展有很大的个体内可塑性，由于个人生活条件和经验的变化，发展可采取多种形式。有关毕生发展理论的更多资料，可扫码查看，也可至复旦社云平台 www.fudanyun.cn 下载。

资料

该理论纠正了之前老年人只是一味退化的错误观点，为人们探究老年人的认知、情绪与个性等的发展提供了理论依据和新的方向。我们了解到生命全程都存在发展，发展总是由获得和丧失组成，进入老年期后仍有发展空间。所以，老年活动工作者可以创设一些发展型活动环境，通过定期训练提高老年人某方面的能力或让其掌握新技能。

6. 社会支持理论与老年活动

20世纪70年代初，鲍尔拜在精神病学研究中提出了依附理论，并正式引入"社会支持"的概念。此后几十年，国内外学者对社会支持的研究持续不断，从不同角度给出了定义或分类。该理论认为，社会支持是一个系统，从来源上可分为正式的和非正式的，正式社会支持系统主要指的是来自政府、组织、部门和社会服务机构的支持网络；非正式社会支持系统是指来自家庭、朋友、邻居的社会支持网络。从内容上可分为工具性支持和表达性支持，工具性支持包括引导、协助、有形支持与解决问题的行为等；表达性支持包括心理支持、情绪支持、自尊支持、情感支持、认可等。

该理论认为，老年人的社会支持网络越丰富，越能抵抗挫折，对社会支持的利用度越高，生活质量就越高。因此，为了构建积极老龄化社会，应加强构建老年人的社会支持网络。例如，加强政府主导力量，营造养老服务大环境等正式支持系统；增加家庭支持，夯实亲友邻里等非正式支持系统，提升老年人内生动力等。

7. 人格发展理论

人格发展理论是由美国精神病学家、发展心理学家和精神分析学家埃里克·埃里克森提出的。人格发展理论把心理的发展划分为八个阶段，指出每一阶段的特殊社会心理任务；并认为每一阶段都有一个特殊矛盾，矛盾的顺利解决是人格健康发展的前提。其中，成熟期（65 岁以上）的主要矛盾是的人的自我整合与失望的冲突。其矛盾的解决方式是个体应回顾自己的一生，总结经验并寻找生活的意义。当矛盾解决，就会形成智慧的品质。

人格发展理论强调社会文化因素和环境对人格发展的影响，认为每个阶段都是自我与社会生活相互作用的过程，存在危机和对立的两极。危机的积极解决会使自我力量增强，形成良好的品质；消极解决则反之。这一理论在教育学和毕生发展研究中有着广泛的应用，帮助人们理解不同生命阶段的心理发展特点和需求。

四、认识活动策划与设计

1. 活动策划与设计的内涵

（1）活动策划与设计的界定

活动策划是为了达到某种预期的活动目标，借助科学的、系统的方法，发挥创造性思维的过程。

活动设计是在通过调研查究分析，对目标对象的各种因素进行准确了解后，对现有资源进行组合和优化配置，制定活动方案的行为；也包括在活动组织实施过程中根据实际情况，对原活动方案的修正过程。

（2）活动策划与设计的特点

① 目的性：鲜明的目的性是活动策划与设计的本质、宗旨，也是活动策划与设计的意义所在。目的的设计不是面面俱到，而是针对活动的定位、参与对象的能力和需要来策划，才更有的放矢。

② 创新性：创新是活动策划的灵魂，好的创意可以为活动策划增色，使得活动设计更具魅力。利用好各项优势，迎合广大活动参与者求新探奇的心态，尽心在活动的各个方面出新招，给予活动参与者崭新的体验，是活动工作者的重大挑战之一。

③ 操作性：活动设计不能流于文案形式，要有具体实际的操作性，在设计过程中要考虑到安全保障、经济效益、社会效益、环境影响等诸多因素，以保证活动的顺利进行。

④ 不确定性：策划既然是一种预测或筹划，不可避免地具有不确定性和一定的风险性，在设计过程中通过活动风险管理尽可能充分考虑。

⑤ 价值性：在活动策划与设计过程中，要考虑活动的新闻价值和体验价值。新闻价值是活动策划与设计能否吸引受众的参与，能否引发媒体的关注，是否具有传播媒介的作用；体验价值是是否能够吸引受众全身心参与，表现为活动参与者精神状态的改变，对活动的满意程度等。

⑥ 可持续性：活动策划不是一次性的短期行为，活动工作者要把眼光放长远，在活动策划前期做可持续性研究，是否有持续举办下去的条件和可能。

2. 活动策划与设计的流程

一般来说，一个完整的活动共分为五个阶段，分别是：

第一阶段，活动调研与预估。

第二阶段，活动目标设定和主题创意设计。

第三阶段，活动方案设计。

第四阶段，活动组织和实施。

第五阶段，活动评估与总结。

活动策划与设计不仅体现在前三个阶段，即便在组织实施和评估总结阶段，活动工作者也要根据实际情况，不断反思、评估前三个阶段的可操作性，并实时调整策划与设计思路。因此，策划设计和组织实施不可人为割裂，活动工作者应对全流程进行系统的学习。

任务拓展

围绕一次合作企业的老年活动案例，总结案例是如何体现老年活动特点的。把你的想法反馈给合作企业。

在线测验

扫码进行在线测验。

任务3 认识老年活动工作者

任务发布

3.1 老年活动工作者应具备哪些知识素养、能力素养?

3.2 老年活动工作者应树立什么样的专业价值观?

知识链接

在当前社会环境下，老年活动工作者不是指特定的一群人或一种职业，而是泛指为老年人开展活动，在活动全过程承担活动倡导者、资源获取者、服务提供者、活动管理者、活动支持者等角色的人，往往由在社区的社区工作者、社团老年领袖，在养老机构的护理主管、楼长、护工等工作岗位的工作人员，实际履行老年活动工作者的职能。

尽管大多数老年活动看起来形式简单，但在养老服务需求多元化、专业化的积极老龄化时代背景下，老年活动工作者的岗位呼之欲出，需要具备专业的知识素养、能力素养和专业价值观才能胜任。

一、知识素养

良好的知识素养是老年活动工作者最基本的素养，也是老年活动开展的基础。对于专业的老年活动工作者来说，首先，要有一定的老年学、老年心理学、老年社会学、老年生理学、老年政策法规等学科的知识，建立对老年人的全方位认知，学会在当前社会环境下系统地看待老年人。其次，要有终身学习的意识和能力，主动涉猎交叉学科的多专业领域知识，如运动保健、康复治疗、神经科学，引入心理治疗、园艺治疗、音乐治疗等国内外老年新理念、新技术、新方法，并结合到活动策划与设计过程中，使得活动深入浅出。

二、能力素养

能力素养指的是活动策划、设计、组织、实施等技巧的运用能力，包括调研、策划、人力资源管理、财务管理和危机管理能力等等。例如，学习了活动策划书的内容与技巧，但不能生搬硬套到所有活动中，而是要根据活动的具体人群、活动能获取到的资源等情况进行灵活调整，撰写出有理念、有方法、能操作、能落实的策划书；对活动现场的管理能力也是极其重要的，万一出现老年人不配合甚至很强烈的抵触情绪，或是现场设备出现故障、活动提前结束等意外情况，都在考验活动组织者的现场管理和应急处理能力。

三、专业价值观

作为老年活动工作者，即使具备了较高的知识素养和能力素养，但缺乏对此项工作的热爱，无法从中找到成就感，仍然很难保证为老服务的质量。优秀的老年活动工作者应树立热爱、尊重、支持、个别化等专业价值观。

1. 热爱

热爱，这里指热爱老年人，热爱老年工作。老年活动工作者，一定要从内心关爱老年人、敬重老年人，尊重他们的思维方式和自主选择，要为老年人提供更多的便利，要为老年人创造颐养天年的环境，要让老年人有选择自己生活方式的权利，并创造条件使他们树立自己新的社会价值自信和家庭价值自信。

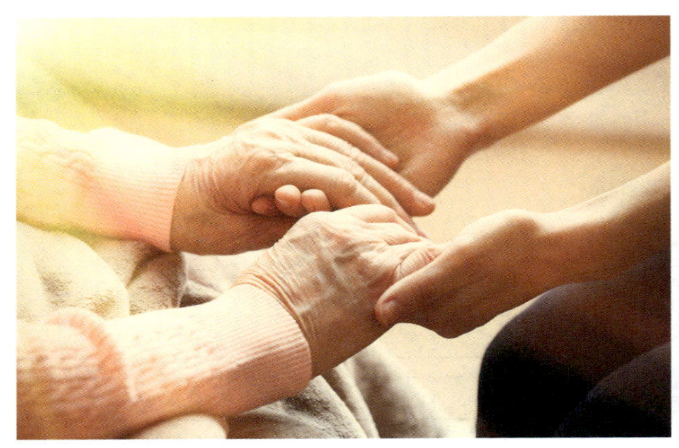

图 1-6　热爱老年人

2. 尊重

尊重，这里指尊重老年人的价值，特别是对残疾、贫困、高龄、失能失智的老年人，不能把他们当作包袱歧视或回避，平等对待。在活动策划组织中，充分尊重老年人参与活动或者不参与活动的意愿，对那些暂时没有参加活动愿望的老年人，活动工作者要对老年人有同理心，加强沟通和理解，而不是去强行建立某种关系。

3. 支持

老年活动工作者的支持并非单纯提供物质上、经济条件上的支持，也不局限于制度上、政策上的支持，还包括对老年人情感上、心理上的支持。通过帮助老年人解决家庭困难和个人困难，切实地保障老年人有时间、有机会参与团体活动；通过排解老年人的顾虑，激发老年人的活动兴趣，促进与外部社会的联结；对老年人耐心、细心、关心，对于他们在活动中取得的任何一点成绩都应及时、真诚地给予称赞和鼓励，以促进他们自信心的建立。

4. 个别化

每个人都是独特的个体，每一位老年人也都是不同的，他们因生活阅历、家庭因素、工作环境、教育背景等的差异导致了思维方式和交流方式的差异，活动工作者不能用某一固定的模式去要求他们所有人，而是应根据每一位老年人的特性，提供不同的照料服务；每位老年人的认知能力和肢体活动能力也不尽相同，活动工作者要在了解评估之后，方能策划出具有针对性、个别化的老年活动方案。

任务拓展

讨论以下案例，说说这位活动工作者的做法有哪些不妥。根据该案例，你还能总结出哪些老年活动工作者应树立的专业价值观？

案例：不识字婆婆参加活动引起的冲突

某日下午，某社区党群服务中心正在开展老年人福利知识竞赛活动。在兑奖处，一位婆婆手指着正在兑换奖品的社会工作者小李破口大骂，语气之愤怒、内容之不堪，让刚入老年服务行业3个月的小李极为委屈，沟通无果后选择离开了现场。原来，冲突起因是活动规则要求老年人抽取写有知识竞答问题的纸条，在兑奖处读出问题并说出答案，活动工作者小李核对正确后赠送礼品。而这位婆婆不识字，小李又坚持自己的立场，结果惹怒了婆婆。她认为小李歧视，小李则认为老人家是第一位参赛的人员，需要遵守规则，否则会影响到后面的所有人。于是，就有了上面的那一幕。

扫码进行在线测验。

项目总结

请同学们根据本项目内容总结。

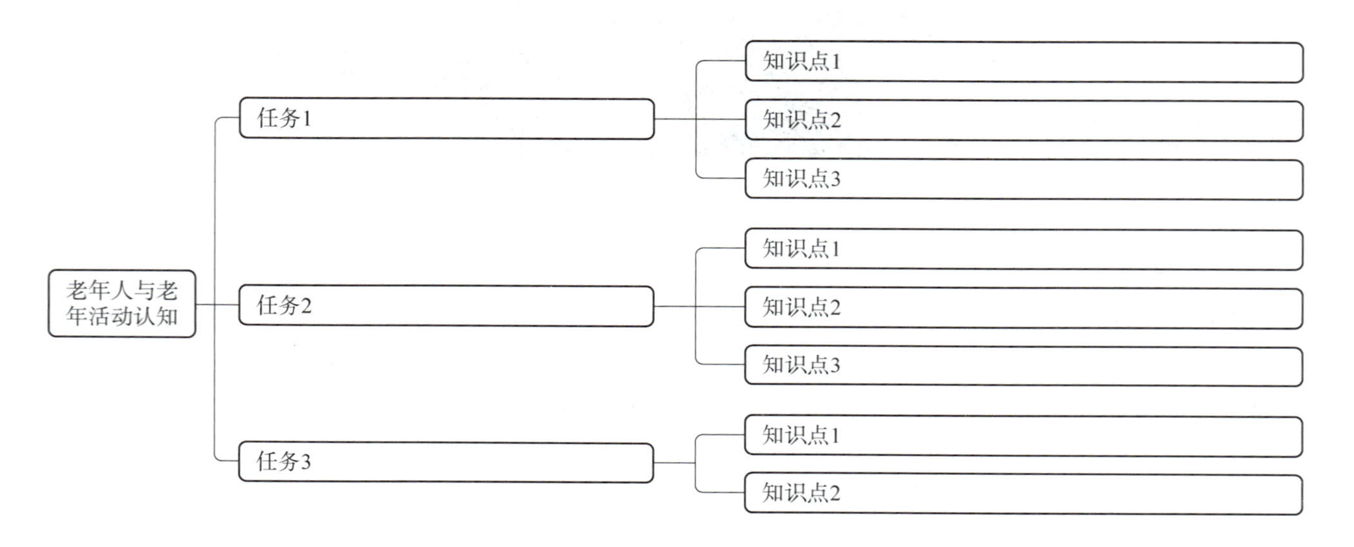

项目实训

1. 实地调查：请到养老机构、社区中了解老年精神文化生活，分享你所看到、听到的有特色的老年活动案例。

2. 焦点访谈：采访企业中活动工作者的工作经历和感受。

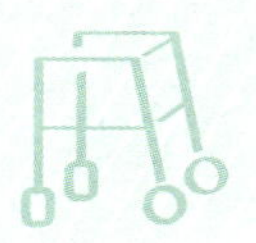

项目二

活动预估与调研

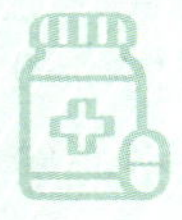

项目目标

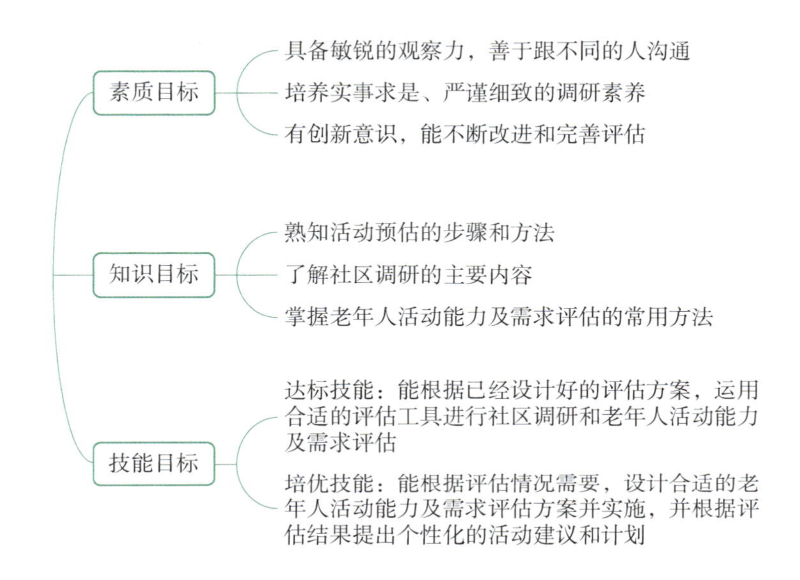

项目要点

1. 重点:掌握常见老年人活动能力及需求评估方法与工具的操作要点。
2. 难点:根据不同任务场景的需要,设计合适的活动能力及需求评估方案。

项目资讯

1. 查阅常见的项目需求调研方法,包括定性与定量的调研方法。
2. 查阅至少三个有关养老产品的公众号,关注当下新推出的老年人能力评估的智能化评估工具情况。
3. 查阅不同地方颁发的老年人能力评估规范,了解老年人能力评估的主要关注点及评估方法。

任务1　开展活动预估

任务发布

1.1　活动预估都有哪些步骤?

1.2 活动预估可使用哪些方法?

知识链接

活动预估阶段是在为老年人提供活动服务之前,活动工作者通过收集社区整体情况,分析老年人的活动能力情况,理解老年人的需求和问题,从而为制定有效、合适的活动计划提供依据。活动预估阶段包括社区调研、老年人活动能力评估、老年人活动需求评估等三大部分。这个阶段是以老年人为中心策划专业活动的基础,不仅可以提高老年人参与活动的积极性,还可以有效避免资源的浪费,提高服务的效率。

一、活动预估的要素

活动工作者在进行老年活动预估之前,需围绕5W1H,明确以下六个要素,见表2-1。

表2-1 活动预估的要素

要素	内　容
Why 预估的目的	本次评估的目的和活动的目的是什么?
Who/Whom 预估的对象	活动发起人是活动工作者抑或是机构/社区相关管理者? 具体的活动对象都有哪些人群?除了老年人外,老年人的家属或照顾者等需不需要也参与其中?
What 预估的侧重点	重点关注的是日常活动能力还是认知能力?需求评估的侧重点是老年人的日常文化娱乐活动需求还是专业性的认知康复等活动的需求?活动的对象不同,所采用的评估方式会有所区别。
When 预估的时间	在评估时间段选择时,注意考虑评估对象的作息等情况;而对于老年人家属来说,需要考虑其工作时间等因素。
Where 预估的地点	对于活动能力较强的老年人,可选择其日常活动的地点进行评估,如公园、小区活动场所、社区其他公共活动中心等;对于活动能力水平较弱的老年人,特别是一些需要重点关注肢体康复等需求的老年人,可选择在其家庭或房间内进行。
How 预估工具和方法	在活动能力评估方面,根据评估侧重点的不同,可选择对应的评估量表进行,也可参考相应的评估量表,进行适当修订。 在活动需求评估方面,参考“身心社灵”等评估框架,设计相应的评估题目,形成问卷或访谈提纲。 在具体评估方法选择上,根据评估内容和评估对象的特点,可综合采用观察法、访谈法、问卷法、文献研究法、实地考察法等方法进行。

二、活动预估的步骤

活动工作者开展老年活动预估,一般经过以下四个步骤,见表2-2。

表2-2 活动预估的步骤

步骤	内容	注意事项
步骤一 确定预估目标	首先明确活动预估目标,包括活动能力评估的目标以及活动需求评估的目标。活动能力状况是活动需求能否成功达成的前提。	先重点评估老年人的能力状况,在此基础上,再评估其活动需求。如对于有认知功能障碍的老年人来说,可重点评估其日常生活活动能力水平及感知觉与精神状态情况,在此能力评估的基础上,进一步了解其认知康复需求。

(续表)

步骤	内容	注意事项
步骤二 设计预估方案	对照预估目标，设计可实施的活动预估方案。预估方案需详细说明预估背景、预估目标、预估对象、预估内容、预估工具与方法、预估时间安排、负责人员、注意事项等内容。	根据预估目标设计相对应的预估内容，并根据预估对象情况，选用合适的预估工具与方法进行。预估方案应一目了然，容易操作。同时，注意考虑老年人的个性化需求，如文化背景、个人偏好等。
步骤三 实施预估方案	对老年人进行实地观察，包括面对面访谈、问卷调查、体能测试等。	尊重老年人的意愿和隐私，确保他们在舒适和放松的状态下进行评估。 活动工作者可根据实际情况，对预估方案进行适当的动态调整。
步骤四 撰写预估报告	预估报告应包括老年人的活动能力、存在的问题、潜在的需求等，根据预估结果，提出具体的建议和干预措施，如康复训练、社交活动推荐等。	记录预估结果，包括量表得分、观察笔记和老年人自我报告的信息等。

三、活动预估的方法

1. 观察法

观察法是活动工作者在自然状态下，有目的、有计划地考察和描述客观对象(如老年人的某种心理活动、行为表现等)而获取事实资料的一种研究方法。

在活动预估过程中，活动工作者以旁观者的角色，了解社区或机构的日常活动规划、安排、活动方式、活动带领者、活动特色，观察老年人对活动的参与性、活跃程度，了解老年团队的日常运作情况，以及老年人间的亲疏、远近、互动关系等。活动工作者采用观察法调研时，不是冷眼旁观，而是友好地观察，必要时跟对方介绍自己，介绍来意，真诚地尝试初次交流。

观察法的优点在于可以直接观察到老年人的行为和反应，获取客观、相对真实的信息，有利于深入了解他们的需求和偏好。但也需要注意，观察法可能存在主观性和局限性，评估者需要进行客观、全面的观察，结合其他评估方法，以确保评估结果的准确性和全面性。

2. 问卷法

问卷法是调查者根据调研目的将一系列事先设计好的问题组合成问卷或表格，分发给有关被调查人员，请求填写答案，然后回收、整理、统计、分析和研究，获取有关信息的调研方法，可运用问卷软件或发放纸质问卷。问卷法对于工作者批量收集活动信息，快速整理、导出数据，形成活动调研报告是非常重要的。

根据调研主题的需要，可以设计单选题、多选题、开放性问答题等作为问卷的问题。问卷一般以匿名形式进行；在进行问题设计时，一般把基础性问题、容易回答的问题放在前面，如个人基本信息；把一些相对比较敏感的问题放在后面，如个人收入的支配方式等。同时，注意问题排序的逻辑性。

为方便老年人填答，建议发放纸质问卷。此外，问卷长度和时间要控制，不能让老年人过于疲劳；问题表述要符合老年人的表达习惯，少用或不用专业词汇，不能超出老年人的理解能力；如有专人在老年人填写问卷时做些辅导，对填表进行说明和补充，将更有利于提高问卷质量。

3. 访谈法

访谈法也是一种常见的需求调研方法，用于收集个人的观点、经验和见解等。访谈法可分为结构化访谈和非机构化访谈两种形式。结构化访谈是按照预先设计好的问题进行的访谈，问题和顺序都是固定的。非结构化访谈则是更加灵活的形式，访谈者可以根据被访者的回答进行深入追问，而非严格按照固

图 2-1 对老年人进行访谈

定问题顺序进行。

相对于问卷调查，访谈法有利于就某个主题或话题，收集更丰富的信息。在活动调研期间，活动工作者可分别邀请机构/社区相关负责人、老年领袖、居民代表、相关专家学者等参与访谈。在访谈过程中，注意礼貌用语，态度诚恳，与访谈对象建立关系，以在访谈过程中获取真实、丰富的需求信息。

4. 文献回顾法

活动工作者在需求调研过程中，可通过查阅相关文献资料，了解针对某些特殊老年人适合开展哪些活动，如在为中轻度认知症老年人开展活动前，可查找相关的文献资源，了解当下比较适合中轻度认知症老年人开展的活动类型等。此外，也可查阅机构/社区过往的服务痕迹资料，了解前期哪些活动的成效是比较好的，是比较受活动对象欢迎的，哪些活动不太适合再次开展等信息。

5. 实地考察法

实地考察用于对活动环境、场地的评估。活动工作者对于活动环境安全负有责任。无论是首次开展活动，或是定期开展活动，活动的场所会因为人数、季节、天气等变化导致风险系数的变化。活动工作者应当就环境中的应急设施设备、应急人员、应急方案、建筑环境安全等展开实地考察调研工作。户外场地关注临时落脚点、急救路径、高空坠物、路面障碍等；室内场地关注电器安全、热水安全、地面情况、通风条件等。另外，场地需评估最大参与者容量。

任务拓展

请收集 1～2 份老年活动调查问卷，分析问卷的设计是否符合老年人的需求。

在线测验

任务测试

扫码进行在线测验。

任务 2 开展社区调研

任务发布

2.1 社区调研的内容包括哪些？

2.2 如何理解社区的需求分析？

2.3 活动前期调研表如何填写？

知识链接

案例

社区调研是指活动工作者根据服务活动逻辑，在前期与机构/社区对接，调研的范围包括关注社区/机构需求，充分考虑资源状况，发掘内外资源参与，解决机构/社区问题，激发机构/社区活力等。社区调研样例“社区老年人精神文化需求及服务状况调查”可扫码查看，也可至复旦社云平台 www.fudanyun.cn 下载。

一、社区调研的内容

1. 社区基本情况

活动工作者首先要了解社区和机构的整体情况。如社区的地理位置、社区变迁史、社区居民和老年人情况(数量、比例、分布),社区组织,社区意识,社区共同关系,社区设施等要素;机构的属性是养老院、护理院、康复医院、老年公寓、福利院还是居家养老中心、托老所?机构属于什么级别?床位数、老年人总数、各护理级别的人数、照护人员数量等条件如何?机构有各自独立的经营理念、工作方针,社区管理也各具特色,所以老年活动实施的客观条件在某种程度上具有较大差异。活动条件发生变化,活动内容也要相应作出调整。在活动实施前,对机构和社区调研相关的活动基本信息,进行沟通确认非常重要。

2. 社区问题分析

首先,对问题进行描述。不只是客观事实的描述,还要了解居民对问题的感受及想法等。其次,界定问题。工作人员要明确问题性质,为解决问题提供方向。如社区的活动动力不足,是因为社区属于新移民社区,居民之间互相不熟悉的共同性问题,还是因为社区老年人年龄层次偏大的群体性问题,又或者是因为社区服务中心缺乏活动组织的支持和必要的活动资源等特别化问题。活动工作者要在调研中依据问题的范围来确定问题大小及严重程度,最后寻找问题本源及加剧的原因,挖掘解决问题的动力因素。

3. 社区需求分析

在了解社区问题的基础上,需对社区的需求进行界定。依据英国学者布雷德绍提出的需求理论,可从四个维度进行社区需求分析。

第一,感觉性的需求。指社区居民或服务对象感受到或意识到,并用言语表述出来的需求。如在走访某城乡结合部社区时发现隔代抚养情况普遍,居民们感到对孩子的家庭教育力不从心,活动工作者根据这一需求提出了“四点半课堂”活动,不仅在放学后为孩子们提供个性化辅导,同时也提供增强家庭和孩子沟通的亲子小组活动,解决了社区的棘手难题。

第二,表达性的需求。指社区居民或服务对象把自身的感觉通过行动表达出来的需要。如A社区老年居民多次在社区居民议事协商会议中提出引入智慧养老服务体系的议题,表达了他们的集体需求。

第三,规范性的需求。指由专家学者、专业人士、政府行政官员评估而决定的需要。如广州市民政局印发的《广州市基本养老服务清单(2024年版)》中规定了60周岁以上老年人可享受的服务项目有老年人照护需求综合评估、社区养老服务等11项服务项目;而65周岁以上老年人在前面11项服务项目的基础上,还可以享受老年人健康管理、认知功能筛查这两项服务。对照这个文件,广州市的各相关单位,需满足辖区内老年人的规范性需求。

第四,比较性的需求。指社区居民或服务对象将所得到的服务与其他类型社区进行比较而认为有所差别的需求。比如A社区认为B社区的居家养老服务中心在三伏天提供的特色养生保健活动很有效果,A社区居民提出他们也希望能引入这类型活动。

4. 社区资源评估

社区资源评估是指在为老年人策划和实施活动之前,对其周围可利用的活动资源进行系统的调查和分析。这一过程对于确保活动能够顺利进行,满足老年人的需求,并取得预期效果至关重要。社区资源评估的内容主要包括以下方面。

① 人力资源评估:评估社区内是否有足够的工作人员或志愿者来组织和实施活动;评估工作人员或志愿者的专业技能和经验是否适合所策划的活动;了解他们是否有足够的时间和精力来参与活动的组织和实施。

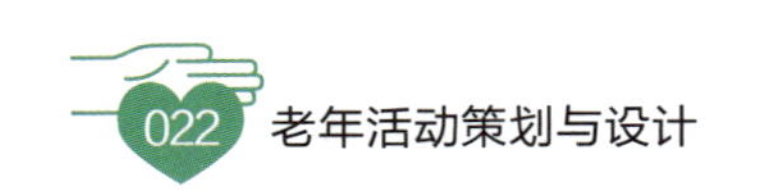

② 物质资源评估：评估是否有适合的活动场所，如社区中心、公园、文化中心等；评估活动场所的安全性和舒适度，以及是否具备所需的基本设施，如卫生间、座椅、音响设备等；评估是否有足够的物质资源来支持活动的实施，如活动用品、设备、材料等。

③ 财力资源评估：评估是否有足够的资金来支持活动的策划、组织和实施；了解资金来源，包括政府拨款、社区捐赠、商业赞助等；评估资金的使用是否合理，以及是否有预算控制和财务管理措施。

④ 社会资源评估：评估社区内的其他组织或团体是否可以提供支持或合作，如养老机构、医疗机构、社区服务中心等；了解社区内的合作伙伴是否有相关的资源和能力来共同举办活动；评估社区内的居民对活动的看法和支持程度，以及他们对活动的期望和需求。

依据社区机构的实际情况，根据活动调研的需求可设计活动前期调研表，见表 2-3。

表 2-3　社区/机构活动前期调研表

项　目		内容
社区/机构名称		
社区/机构发展简史		
社区/机构类型(星级)		
活动环境	地理位置	
	规模大小	
	活动设施	
老年人口结构	数量	
	性别比例	
	年龄比例	
	受教育程度比例	
	自理能力状况	
	认知能力状况	
	家庭经济状况	
资源类型	人力资源(社区工作人员、志愿者等)	
	物力资源(社区活动室等)	
	财力资源(资金支持情况等)	
	社会资源(社会团体、社会组织等)	
文化特色	如文化习俗、特色活动等	
问题分析	过往活动组织情况	
	过往活动人群分析	
	过往活动效果分析	
活动需求	感觉性需求	
	表达性需求	
	规范性需求	
	比较性需求	

二、社区调研的渠道

1. 上级管理部门

事先向上级管理部门，如民政局、老龄办、老干部局、街道、社区服务中心等调研本年度、本阶段的重点中心工作，了解工作计划的大方向，明确活动定位。

2. 活动组织机构

活动策划必须量力而行，只求活动策划方案本身的完美而忽略活动组织机构的实力，很大程度上会导致活动策划的失败。因此，对活动主要组织机构的实力进行调研是不可或缺的一个重要环节，主要包括主办方的财务状况和筹资能力，承办方的内外部支持能力、良好的凝聚力和向心力等。

3. 社会组织

向各类老年社团、学会、协会、离退休干部中心、老年之家等社会组织、社会团体了解是否有可利用的课程、技术、人力等优质活动资源。调研历史性的活动或同类活动的举办情况，发掘潜在活动的差异化价值。

4. 媒体网络

到涉老网站、微博、微信公众号、电视栏目、期刊报纸等媒体，探索可行的活动宣传途径。

5. 政策法规

调研国家政策和地方法规，了解活动的举办是否在法律和政策的允许范围之内。

6. 潜在合作伙伴

调研当地产业链的企业或知名企业的需求，主动寻求活动的潜在赞助商和合作伙伴。

任务拓展

请以学习小组为单位，到当地社区开展一次老年人智能手机学习活动的社区调研，研究该活动在这个社区开展的可行性，并填写活动前期调研表。

任务测试

扫码进行在线测验。

在线测验

任务3 开展老年人活动能力评估

任务发布

3.1 日常生活活动能力(ADL)量表等基本评估工具如何使用?

3.2 老年人活动能力评估对老年活动策划与设计的意义是什么?

3.3 常见的智能评估手段有哪些?

知识链接

一、老年人活动能力评估的概念

1. 老年人活动能力评估的定义

老年人活动能力评估是指通过一系列测试和评估，了解老年人在日常生活、认知功能和社会参与等方面的能力和状况，包括但不限于日常生活活动能力（ADL）、平衡与步态、关节活动度、营养状况、视力和听力、吞咽功能和失能等方面的评估。通过老年人活动能力评估，活动工作者可以较全面地了解老年人的活动能力、记忆能力、思维能力、沟通交流能力等情况，了解老年人参加活动的可能性以及在多大程度上参加活动，什么类型的活动更适合老年人。

2. 老年人活动能力评估的关键要素

在对老年人活动能力情况进行评估时，以下几个关键要素，需重点关注。

① 日常生活活动（ADL）：这些是老年人须独立完成的日常基本任务，如洗澡、穿衣、上厕所、吃饭和移动（如从椅子到床）等。

资料

② 工具性日常生活活动（IADL）：这些是更复杂的日常活动，通常需要使用工具或设备，如使用电话、购物、烹饪、清洁和财务管理等。工具性日常生活活动评估量表，可扫码查看，也可至复旦社云平台 www. fudanyun. cn 下载。

③ 认知功能：包括记忆、注意力、解决问题和决策能力，以及执行功能等，如能否做好当天自我活动的计划安排并实施。

④ 情感和社会功能：包括情绪管理、社交技能、与他人的关系以及参与社区活动的意愿和能力等情况。

⑤ 身体功能：包括肌肉力量、协调性、灵活性和平衡能力，这些都是参与各种活动的基础。

⑥ 环境因素：老年人的居住环境也会影响他们的活动能力，包括无障碍设施、安全和便利性等。例如，对于居住在高层无电梯的老年人，外出情况会受到较大影响。

此外，在进行老年人活动能力评估时，不仅要关注老年人当前的功能水平，还包括评估他们可能面临的潜在风险，如跌倒、疾病和认知衰退，以便在后续的需求评估及活动方案设计过程中，能设计出更符合老年人需求的活动方案，提高他们的生活质量。

二、老年人活动能力评估常用工具

资料

关于老年人活动能力评估的评估工具较多，活动工作者可参照地方或国家层面发布的规范标准中相应的评估量表，如《老年人能力评估规范》（请扫码查看，也可至复旦社云平台 www. fudanyun. cn 下载）；也可根据具体评估的内容需要，选择相对应的比较成熟的评估量表进行，或选择某个工具中的某些条目进行评估。

1. 日常生活活动能力评估工具

如功能性活动问卷（FAQ）、日常生活活动能力（ADL）量表（见表 2－4）、工具性日常生活活动能力（IADL）量表。这些评估工具可以评估老年人在日常生活活动中的自理能力和功能性活动能力情况。

表 2－4　日常生活活动能力（ADL）量表

项目	分数	内　　容	得分
1. 大便控制	10 5 0	□无大便失禁，并可自行使用塞剂。 □偶有失禁（每周不超过一次）或使用塞剂时需人帮助。 □需别人处理。	
2. 小便控制	10 5 0	□日夜皆不会尿失禁，或可自行使用并清理尿套。 □偶尔会尿失禁（每周不超过一次）或尿急（无法等待便盆或无法及时赶到厕所）或需别人帮助处理尿套。 □需别人处理	
3. 个人卫生	5 0	□可独立完成洗脸、洗手、刷牙及梳头发。 □需别人处理。	

（续表）

项目	分数	内容	得分
4. 入厕	10	□可自行进出厕所，不会弄脏衣物，并能穿好衣服，使用便盆者，可自行清理便盆。	
	5	□需帮助保持姿势平衡、整理衣物或使用卫生纸。使用便盆者，可自行取放，但须依赖他人清理。	
	0	□需他人帮助。	
5. 进食	10	□自己在合理的时间内（约 10s 吃一口）可用筷子取眼前的食物。若需进食辅具时，应会自行穿脱。	
	5	□需别人帮助穿脱进食辅具或只会用汤匙进食。	
	0	□无法自行取食或耗费时间过长。	
6. 床和椅转移	15	□可独立完成，包括轮椅的刹车及移开脚踏板。	
	10	□需要稍微的协助（例如，予以轻扶以保持平衡）或需要口头指导。	
	5	□可自行从床上坐起，但移位时仍需要别人帮助。	
	0	□需别人帮助方可坐起来或需别人帮助方可移位。	
7. 行走于平地上	15	□使用或不使用辅具皆可独立行走 50m 以上。	
	10	□需要稍微的扶持或口头指导方可行走 50m 以上。	
	5	□虽无法行走，但可独立操纵轮椅（包括转弯、进门、接近桌子）	
	0	□需别人帮助方可坐起来或需别人帮助方可移位。	
8. 穿脱衣服	10	□可自行穿脱衣服、鞋子及辅具。	
	5	□在别人帮助下，可完成一半以上的上述动作。	
	0	□不能自行穿脱衣服。	
9. 上下楼梯	10	□可自行上下楼梯（包括抓扶手、使用拐杖）。	
	5	□需要稍微帮助或口头指导。	
	0	□无法上下楼梯。	
10. 洗澡	5	□可独立完成（不论是盆浴或沐浴）。	
	0	□需要别人帮助。	

填表说明：在日常生活活动能力（ADL）评估量表中，如果评分结果＜20 分，则表示老年人生活完全依赖；20～40 分，说明老年人生活需要很大帮助；40～60 分，老年人生活需要帮助；＞60 分，老年人生活基本自理。

操作技能点：首先，在对老年人进行日常生活活动能力评估时，需先跟被评估对象说明评估的来意，征得评估对象的同意，并告知评估对象只需根据自身情况来如实回答或操作即可，不用担心做得不好等。其次，在评估过程中，注意用评估对象熟悉的语言对评估条目的内容进行解释说明，引导被评估的老年人完成相应的评估项目。此外，在评估的过程中，需注意观察评估对象的状态，如发现其出现不适等情形时，应先暂停评估，待安全后才可继续进行。

2. 认知功能评估工具

简易精神状态检查量表（MMSE）和蒙特利尔认知评估量表（MoCA）。这些评估工具用于评估老年人的认知功能和记忆力水平。

3. 社会参与能力评估工具

如社会参与量表（SPPB）和老年人参与度量表（IPA）。这些评估工具用于评估老年人在社会参与方面的能力和状况。

4. 平衡与步态评估工具

如 Berg 平衡量表和 Tinetti 步态评估量表。这些评估工具可以帮助评估老年人的平衡能力和步态稳定性。

5. 关节活动度评估工具

如关节活动度量表（ROM），用于评估老年人关节的活动范围。

6. 营养状况评估工具

如营养风险筛查量表(NRS)和营养状况评估量表(PNA)。这些评估工具用于评估老年人的营养状况。

7. 视力和听力评估工具

如视野检查和听力测试。这些评估工具用于评估老年人的视力和听力状况。

8. 吞咽功能评估工具

如吞咽功能评估量表(DFA),用于评估老年人的吞咽功能。

三、常见的智能评估手段

随着科学技术发展,活动工作者在开展需求评估过程中,也采用一些智能化评估手段对老年人的活动能力和需求情况进行综合评估。

1. 智慧养老需求评估系统

目前,智慧养老需求评估系统主要采用智能化的评估 APP 形式,构建包含老年人能力、老年人健康状况、社会支持等评估维度,活动工作者可根据评估的需要,采用个性化的评估模板,边问询边在相应选项上做标注,智能化评估系统能自动计算评估结果,进行结果校验和统计分析,及时生成评估报告。

2. 情景互动式康复训练系统

情景互动是通过躯体的感应装置对人体的姿势、动作和位置信息进行采集、分析和识别处理,实现用户与虚拟环境直接进行自然交互的技术。情景互动注重患者的本体感觉和参与度,让老年人更直观地投入训练中以增加训练的趣味性、沉浸性。

对于老年人活动能力情况的评估和训练,目前市场上也推出了很多情景互动式康复训练系统。在老年人参与游戏过程中,这类系统能快速精准地进行数据采集,量化评估,训练效果实时反馈,系统自动分析并形成临床报告。可针对不同关节、不同方向进行训练,使老年人的训练精细化、具体化。

图 2-2 情景互动式康复训练系统

3. 智能评估产品

目前市场上已经开发出来的智能评估产品有智能腕表类、智能健康终端、穿戴式呼叫/定位终端等类型产品,有生活化、轻量化的穿戴式设备,也有远程化和非接触的无感设备。活动工作者可根据老年人需求,对老年人的身体健康情况等进行实时监测与评估,并根据监测到的老年人的身体情况水平,设计对应的活动服务。

总体来说,目前市场上开发的智能评估工具,主要集中在老年人综合需求评估及日常健康监测等方面。随着技术的发展及需求越来越多样化,养老领域将开发出更多的智能化产品。

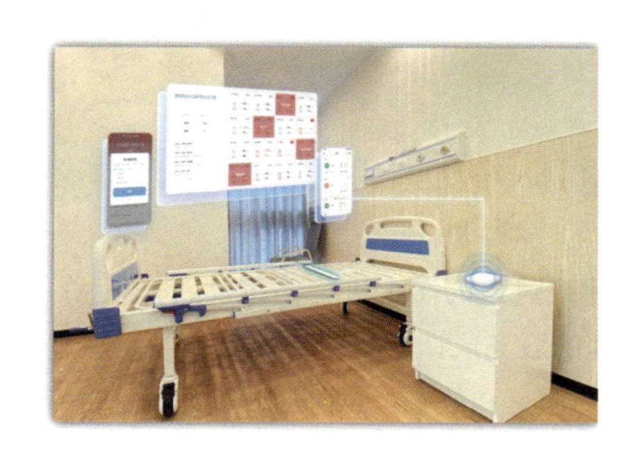

图 2-3　远程设备：在床状态监测

图 2-4　轻量设备：智能腕表

四、老年人活动能力评估的意义

1. 促进社会参与

老年人活动能力评估是制定合适的老年活动策划和设计方案的依据，有助于促进老年人的身心健康和社会参与。根据评估结果，可以确定老年人的活动能力等级，从而制定相应的活动方案。例如，对于能力较强的老年人，可以安排一些挑战性较高的活动，如旅游、体育锻炼等；对于能力较弱的老年人，可以安排一些简单易行的活动，如手工制作、唱歌等。

2. 提高自我效能感

老年人活动能力评估的结果可以为老年人提供有益的信息，帮助他们了解自己的能力和限制，参与合适的社会活动，提高对生活的自信心。

3. 提高生活质量

老年人活动能力评估还可以发现老年人的潜在问题，如跌倒、认知障碍等风险。针对这些问题，可以提前采取预防措施，如加强安全防护、进行认知训练等，以提高他们的生活质量。

任务拓展

请尝试使用认知功能评估工具对家中的老年人开展评估。

任务测试

扫码进行在线测验。

在线测验

任务 4　开展老年人活动需求评估

任务发布

4.1　老年人“身心社灵”全人健康模式的活动需求评估框架是怎样的？

4.2　怎么填写老年人活动需求评估表？

知识链接

一、老年人活动需求评估的概念和范围

1. 老年人活动需求评估的概念

需求评估是指运用合理的评估方法，对某一特定群体或对象的需求进行系统性、科学性的调查和评估，以了解其需求的具体情况、程度和优先级，为制定合理的服务或计划提供依据和指导。通过老年人活动需求评估，可以更好地满足老年群体的需求，提高活动的质量和效果，实现资源的合理配置和利用。

2. 老年人活动需求分析的范围

了解活动对象的身体健康情况、兴趣爱好、特点、职业、学历、家庭背景、生活习惯和方式、社会参与度、人际交往、家庭关系；了解老年人亲属对活动的期待、家人的休闲时间安排等，为后期进一步制定活动目标及具体的活动计划提供依据。

二、老年人活动需求评估的框架

为更好地了解老年人的活动需求情况，活动工作者可借助一些常用的活动需求评估框架对老年人的活动需求情况进行评估。个体的需求评估的常用框架模式包括阿尔德弗尔的 ERG 需求理论：生存需求、关系需求和成长需求（该理论相关资料可扫码查看，也可至复旦社云平台 www. fudanyun. cn 下载）；马斯洛需要层次理论：生理的需要、安全的需要、归属和爱的需要、尊重的需要和自我实现的需要；“身心社灵”全人健康模式。结合老年人日常活动需求评估实际情况，在老年人活动能力情况评估的基础上，我们重点对“身心灵社”全人健康模式评估框架进行介绍。

资料

1. “身心社灵”全人健康模式评估框架的定义

在老年服务活动领域，最为常用的需求评估框架是“身心社灵”全人健康模式，它在老年领域、医护领域、心理学领域、教育领域运用较多。世界卫生组织提出，健康包含了四个方面——身体、心理、社交和灵性的健康，简称“身心社灵”。全人健康的概念是指个体乃由身体、心理、社交、灵性四大层面构成，个体的整体健康取决于这四个层面的平衡发展。每个人都需要积极地关注自己这四方面的需要，维持整体的健康，以面对人生的挑战。

2. “身心社灵”全人健康模式评估框架的内容

“身心社灵”全人健康模式评估框架的内容可参考表 2 - 5。

表 2 - 5 “身心社灵”全人健康模式评估框架的内容

	内容	评估维度/方向
身体健康	能留意身体信息，做出适合自身情况的照顾调整	健康状况、感官能力、自我照顾、活动能力等
心理健康	认识和学习认知、情绪和行为的健康；建立正向思维和正向心理	情绪、自我形象、生活满意度、认知等
社交健康	建立及维系和谐的人际关系	家庭状况/结构、工作/社会参与、经济、角色、沟通、社交接触等
灵性健康	对信仰进行探索与追寻；认同自我的人生意义与价值；灵活从容地面对生命的挑战	宗教/信仰、生命意义、信念、生死态度等

活动工作者根据老年人具体情况，综合运用问卷法、访谈法、观察法等方法，借助“身心社灵”全人健

康模式的评估框架，在了解老年人的活动需求后，可以用表格的形式，呈现老年人的活动需求情况。老年人活动需求评估表可参见表 2－6。

表 2－6 老年人活动需求评估表

<table>
<tr><td rowspan="6">基本资料</td><td>姓 名</td><td></td><td>出生年月</td><td></td><td>性 别</td><td>□男 □女</td></tr>
<tr><td>学 历</td><td></td><td>籍 贯</td><td></td><td>文化程度</td><td></td></tr>
<tr><td>婚姻状况</td><td colspan="3">□未婚 □已婚 □丧偶 □离婚</td><td>工作史</td><td></td></tr>
<tr><td>宗教信仰</td><td colspan="3">□佛教 □伊斯兰教 □天主教
□基督教 □其他</td><td>性格描述</td><td></td></tr>
<tr><td>健康情况</td><td colspan="5">自理能力等级：□自理 □半失能 □失能
认知状态：□疑似轻微失智 □轻度失智 □中度失智 □重度失智
精神状况：
疾病情况：
听力：
视力：
服药情况：
吞咽功能：
其他需注明情况：
所需辅具：□轮椅 □拐杖 □助行器 □眼镜 □助听器 □其他</td></tr>
<tr><td>背景资料</td><td colspan="5">成长经历：
职业经历：
重要生命事件：</td></tr>
<tr><td rowspan="3">生活史</td><td rowspan="2">社会网络</td><td colspan="5">家庭成员：
家庭关系：
绘制家庭结构图：</td></tr>
<tr><td colspan="5">和朋友关系：
和邻居关系：
和社区关系：
重要影响的人：</td></tr>
<tr><td>兴趣爱好</td><td colspan="5">□音乐歌唱 □英语口语 □书法绘画 □戏曲表演 □电影电视
□看书读报 □棋牌麻将 □电脑上网 □养草种花 □手工制作
□投资炒股 □健身锻炼 □摄影摄像 □宠物 □旅游
□其他（注明： ）</td></tr>
<tr><td>需求</td><td colspan="6">服务类：
□心理疏导 □康复理疗 □营养改善 □法律协助 □养生保健 □情绪支持
□人际沟通 □环境适应 □深入评估 □义工服务 □资源联结 □亲朋探望
□其他（注明： ）
活动类：
□旅游活动 □认知活动 □康健活动 □怀旧活动 □园艺活动 □志愿活动</td></tr>
</table>

(续表)

	□亲情活动 □学习活动 □艺术活动 □团康游戏 □其他活动(注明:)
评估印象	对活动的兴趣:□兴趣浓烈 □兴趣一般 □无兴趣 □可培养兴趣 对活动类型的建议:□团体活动 □特定对象活动 □个体活动 对活动内容的建议: □旅游活动 □认知活动 □康健活动 □怀旧活动 □园艺活动 □志愿活动 □亲情活动 □学习活动 □艺术活动 □团康游戏 □其他活动(注明:) 评估人: 日期: 年 月 日

填写要点:在填写老年活动需求评估表时,每项信息应根据了解到的情况如实填写完整;对于一些需要着重标记的事项,在勾选相应选项后,可重点补充说明。例如,在填写"需求"项时,假设有老年人表示有书法方面特长,可以志愿教社区内青少年学书法,工作者可勾选"义工服务",并注明"可教授青少年书法"。对于文字填写的栏目,可简要填写,如需着重说明的,也可在旁边或附页补充说明。

四、老年人活动需求评估的意义

1. 更好地了解活动对象的需求和喜好

需求评估体现了以老年人为中心的服务理念,通过评估,可以深入了解社区/机构整体需求情况及老年人的兴趣爱好、偏好和需求等,有针对性地设计和组织活动,提高活动的吸引力和参与度。

2. 提高活动的有效性和满意度

通过动态评估社区/机构及老年人的需求和反馈,可以及时调整活动目标、活动内容和形式,使设计的活动更符合老年人的期望,提高活动的效果和满意度。

3. 提升老年人的幸福感和生活质量

通过开展符合老年人需求的各类活动,一方面,促进老年人之间的社交互动和情感交流,增强他们的社会支持网络;另一方面,促进他们的身体健康和认知能力,有益于身心健康,延缓衰老。这有利于增强老年人的生活幸福感和满意度,提升生活质量。

任务拓展

请学习新入院认知症老年人活动能力及需求评估方案,在学习小组内讨论该方案的评估目标和使用的评估方法、评估工具等,根据本项目的内容,提出方案优化和改进之处。

案例情境:某养老院失智照护专区,准备为10位近一个月内新入住的轻度认知症的老年人开展认知干预活动。在活动方案策划之前,需先进行活动能力及需求评估,见表2-7。

表2-7 新入院认知症老年人活动能力及需求评估方案

评估背景	养老院内失智照护专区近一个月内新入住了10位轻度认知症的老年人,为更好地为这10位入住老年人提供适切的服务活动,延缓其认知能力退化过程,提高其生活质量,故开展此次活动能力及需求评估。
评估目标	1. 了解其个人基本信息:包括年龄、籍贯、职业史、家庭关系、人际交往情况等。 2. 了解其活动能力水平:包括日常生活活动能力、认知功能、视力及听力、社区参与水平等情况。 3. 了解其活动需求:包括兴趣爱好、情绪控制、非药物治疗史等情况。
评估对象	失智照护专区新入住的10位轻度认知症老年人本人、家属或原主要照顾者、养老院内的责任照护员。

（续表）

评估内容	1. 个人基本资料：年龄、籍贯、职业史、婚姻情况、子女情况、亲戚情况、同事/朋友情况等。 2. 身体情况：疾病史、语言表达能力、记忆力、注意力、定向力等。 3. 其他有关信息：兴趣爱好、近期情绪状况、入院前参与认知康复活动情况等。
评估工具	1. 活动能力评估相关量表：参考标准《老年人能力评估规范》，选用"老年人能力评估表""基础运动能力评估表""精神状态评估表""感知觉与社会参与评估表"等量表对这10位老年人活动能力情况进行评估。 2. 活动需求评估相关量表：在活动能力评估的基础上，以了解其认知康复需求为重点，针对不同评估对象，设计相应的访谈提纲。
评估方法	1. 观察法：观察这10位老年人近期在院区的行为、情绪、语言、与其他老年人互动交流情况。 2. 访谈法：对老年人本人及其责任照护员，以面对面访谈的形式进行；对其家属或原主要照顾者，以电话访谈的形式进行。 3. 文献研究法：查阅入院评估表、病历等个人档案资料，了解基本信息情况。
评估时间安排	2025年×月×日至2025年×月×日，预计3个工作日完成。对于老年人，主要在上午早餐后进行；对责任照护员及家属或原照顾者的评估，以其方便时间为准。
评估负责人	活动员小王
注意事项	1. 运用合适的语言对老年人进行访谈，且注意单人单次访谈的时间不宜超过1小时。 2. 在与老年人及家属沟通时，需说明来意，并征得其知情同意。 3. 查阅老年人个人档案资料时，需征得档案管理员的同意，并注意个人信息的保密。 4. 对责任照护员的访谈，不应影响其日常照护工作的开展。 5. 在评估后，需根据评估情况填写老年人活动需求评估表。

任务测试

扫码进行在线测验。

在线测验

项目总结

请同学们根据本项目内容总结。

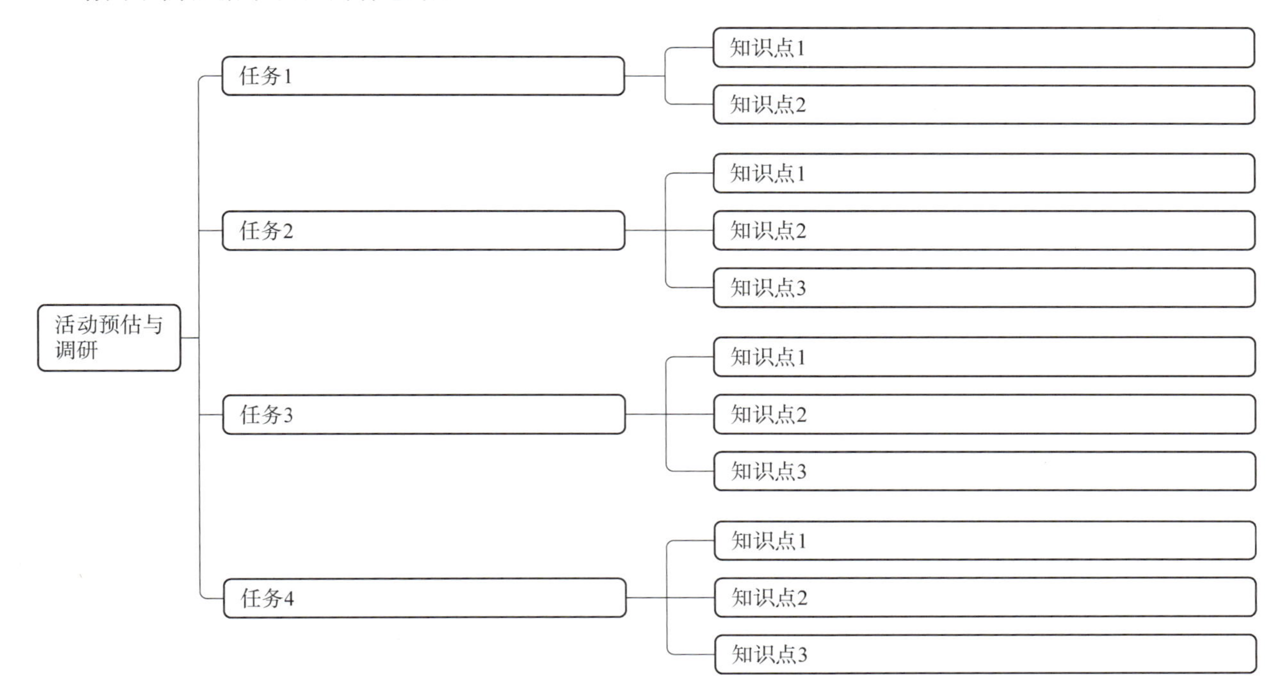

项目实训

1. 模拟实训：请以 8～10 人小组为单位，为某养老机构自理区新入住的老年人进行日常活动能力及需求评估方案设计。

2. 岗位实境：各小组根据模拟实训中的评估方案设计，到当地社区或机构，选择某一老年人群体，开展活动需求评估。

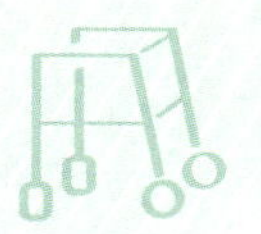

主题策划与方案设计

项目目标

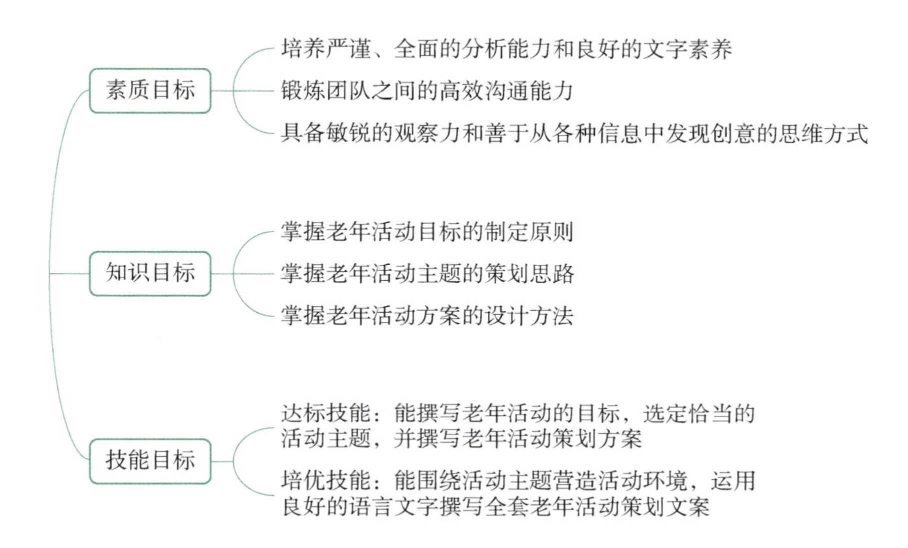

项目要点

1. 重点：根据 SMART 原则确定老年活动方案的活动目标。
2. 难点：撰写全套老年活动策划文案。

项目资讯

1. 查阅至少三个详尽的老年活动策划方案，了解撰写要求。
2. 征集社区或机构的老年活动安排表，看看哪种形式最受老年人喜欢。

任务 1　设定活动目标

任务发布

1.1　如何理解活动目标的 SMART 原则？

1.2　如何撰写活动的总目标和具体目标？

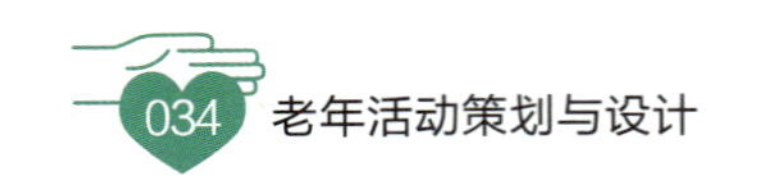

知识链接

经过前期的老年活动调研与预估，活动工作者明确了服务对象的活动需求与活动能力，对活动背景也有了足够的了解，接下来要做的是根据预估方案，设定活动目标。

一、活动目标设定的原则

设定活动目标可采用 SMART 原则，即明确性（Specific）、衡量性（Measurable）、可接受性（Attainable）、相关性（Relevant）、时限性（Time-bound）。

1. 明确性

所谓明确性就是要用具体的语言说明要达成的活动效果。明确的目标几乎是所有成功的活动策划的一致特点。很多活动策划方案明显的弊端在于活动的目标定得比较宽泛、千篇一律，如“娱乐老年人身心、丰富晚年生活、扩大交际圈……”。这样，就导致活动抓不住重点。专业的活动策划目标不应局限于表层的娱乐性，需要对老年人的需要进行分层解析，根据活动能力水平和认知能力水平，分类制定出更切实相关的活动干预目标，然后再分组有的放矢地实施活动。例如，同样是开展肢体康健活动，活力老年人、偏瘫老年人、轮椅老年人、卧床老年人对于肢体康健和身心活化活动的时长、强度、动作设计等方面的需求是不一样的。活动的目标越具体，越有利于量身定做方案，并通过分类实施取得更好的干预效果。

2. 衡量性

如果制定的活动目标没有办法衡量，就无法判断这个活动目标是否实现。例如，“提高居民的满意度”这个目标，满意度是否进行了测量？达到多少满意率算是提高？再如，“提高认知症家庭的活动参与度”这个目标，尽可能量化成“增加 30％认知症家庭的参与数量”，使得活动策划者与评估者都有一个统一的、标准的、清晰的、可衡量的标尺。对目标的可衡量性应该首先从数量、质量、成本、时间、满意程度等方面进行，如果仍不能进行衡量，则可以考虑将目标细化和流程化。

3. 可接受性

所谓可接受性是指活动目标要能够被活动的目标群体、活动工作者、组织机构所接受，如果策划者一厢情愿地进行活动设计，不考虑服务对象的需求、活动操作的可行性、对活动策划的建议，其导致的后果可能是浪费了大量的人力、物力、财力，还满足不了服务对象的需求，甚至让服务对象对组织失去信任，影响今后活动的开展。因此，活动目标的设置要结合前期调研预估中服务对象的需求，坚持成员参与、上下左右沟通，使得拟定的活动目标在机构与目标群体、工作人员之间达成一致。

4. 相关性

相关性是指本次活动的目标必须与社区和机构的整体愿景、工作计划、理念方向保持一致，与调研时发现的问题分析和需求分析相关。同时，相关性还指活动目标和活动设计的相关度，检验活动的效果必须紧扣目标的实现程度开展评估。例如，面对一些逐渐失去生活自理技能的中度认知症老年人，活动工作者设定的活动目标是强化中度认知症老年人的生活自理技能，设计了缠绕毛线、剥豆子等简单的日常家务活动和为布娃娃穿衣、系鞋带、换尿不湿等一系列情境活动。需求调研与目标设定、活动设计三者之间紧密的相关性使得这个系列的活动取得了非常好的效果，很多平时有消极情绪、不愿意走出房门社交的认知症老年人都主动参与这个活动，并追着询问下一次活动的时间。

5. 时限性

活动目标的时限性是指目标是有时间限制的，没有时间限制的活动目标无法评估。要根据活动内容、活动形式，拟定出完成目标所需的具体时间要求。例如，为一位帕金森病老年人策划康健活动，应在整体活动计划中明确每个阶段（月）的活动干预目标。这样在活动执行一个阶段后，对照目标去评估进度，对照老年人的康复状况再适时调整活动的目标，如此循环往复。

二、设定老年活动目标

活动目标分为总目标和具体目标，在高度凝练的总目标之下，具体活动目标的写法应注意以下几点。

① 具体目标明晰化、层级化。一般来说，老年活动的具体目标以三个为宜，如果目标太多，反而无法聚焦。

② 几个目标当中，把最重要的具体目标放在最前面，依次往下写。

③ 用正向的语言表达目标，如采用“增强……，促进……，优化……，改善……”等句式表述，而不是用负向的语言表述，如“避免……，减少……”。

三、老年活动目标示例

基于当下普遍采用的老年活动分类，我们提供一些活动目标案例供参考。实际使用时需结合SMART原则，以不同老年人的需求和能力为中心进一步细化、量化。

① 社交娱乐类活动：为每一位参与者链接至少一位新朋友，建立微信社群，认识个性特点、提供交流机会、丰富老年生活、促进身心愉悦等。

② 认知训练类活动：提高反应力和执行力、增加感官刺激、锻炼定向能力、训练对颜色的辨识度、强化记忆能力、改善自理信心、减轻照护压力、活跃机构氛围等。

③ 运动康健类活动：预防老年疾病、提高肌肉力量、改善活动能力、强化心肺功能、调节身体状态、配合康复训练、增加训练兴趣等。

④ 缅怀往事类活动：重温趣味童年、引发时代共鸣、缓解负面情绪、勇于面对创伤、增强自我认同、重塑生命价值、整合人生意义、传承生活智慧、指导当下生活等。

⑤ 操作类活动：加强精细动作、提高认知能力、改善社交欲望、促进体能发展、促进积极情绪等。

⑥ 兴趣学习类活动：养成终身学习的能力、培养广泛的兴趣、提供人际交往和社会支持的机会，提高综合素质，接轨新时代等。

⑦ 公益服务类活动：吸引至少50%以上的空巢老年人参与志愿服务，挖掘自身优势和资源、获得成就感、实现晚年价值等。

⑧ 艺术类活动：丰富精神世界、提高审美鉴赏能力、陶冶情操、舒缓压力、改善生活质量等。

⑨ 亲情类活动：实现代际之间的交流，融洽家庭关系，让至少80%以上的参与家庭增加亲情互动次数等。

⑩ 旅游类活动：调节生活压力、增长知识见闻、重建社会关系、促进文化交流、锻炼身体机能、调节心理状态、感受时代脉搏、获得精神和心灵的满足等。

⑪ 节庆类活动：促进亲友团圆、感受节日氛围、紧跟时代步伐、增强归宿感、体现亲情关爱等。

任务拓展

某社区计划开展一次“大手牵小手，一起来加油”的社区祖孙运动会，请你根据运动会的主题，设计本次活动的总目标和具体目标。

在线测验

扫码进行在线测验。

任务2 策划活动主题

任务发布

2.1 如何围绕活动主题策划相关的子主题活动?

2.2 活动的主题环境如何设计?

知识链接

作为活动方案的引子,凝练活动主题是进行具体活动策划的重要步骤;主题是活动的核心思想,活动的开展必须围绕主题来进行。

一、活动主题的策划原则

1. 目标相关原则

首先,需要明确本次老年活动的目的是教育、宣传,还是娱乐、交友等。目的明确后,主题的凝练就有了明确的方向。主题不需要太过张扬,也不需要过于直白,但它应该是一种能暗示和隐喻、能唤起受众对于活动目标的理解。

2. 参加者中心原则

考虑目标受众的需要和兴趣,确保主题能够引起他们的共鸣和参与欲望。老年活动策划就必须扣紧老年人的需求和能力,不能以工作者自己的想法和经验为先导。比如,面向抗美援朝老兵开展的红色教育活动,可以采用"读红色家书,讲红色故事,传红色基因"这样的活动主题,既体现了活动对象的需要,又突出了红色文化的特色。

3. 体现特色原则

主题设计坚持独特性原则,就能使活动开展错位竞争,以更为鲜明的主题、形式和内容,使活动产生更大的吸引力、更强的竞争力和更长的生命力。

① 根据活动的特色和内容,选择最能代表活动特色的关键词或短语,吸引目标受众的注意。

② 活动主题的选择要和主办地的特点有机地结合起来。因地制宜,紧紧抓住举办地的地理位置、政治、经济等诸多方面所具有的最鲜明的特点。例如,佳木斯国际泼雪节以"打造冰雪魅力城市、体验中俄民俗风情"为活动主题,将佳木斯这个中俄边境城市独特的地理、民族文化元素展现出来,是很多其他城市的活动无法替代的。

③ 活动主题的选择可以和时令、节日元素结合起来,策划"独一无二"的活动项目。

④ 尝试从新的角度或结合当前的社会热点来凝练主题,使其具有创新性,又与现实紧密相关。

一般凝练出来的活动主题,可利用对称等文学修辞手法进行润色。一般活动主题有精确、简洁、新颖、易读易记易传颂等特点。例如,"回首社区十年路,共绘未来精彩图"这一主题,一下子表现出社区活动的历史和未来,使得活动成为展示社区文化的载体,也化为牵系社区与居民情感的纽带。

4. 主线清晰原则

老年活动可以是由几个子项目组成的单次活动,也可以是若干个子活动组成的系列活动,而主题就是贯穿各子活动和子项目的一条主线。离开主题,各个子活动便失去了中心,从而也就失去了特色。

例如，以“我和祖国心连心”为主题，在清晰明确的主题下，主要活动层次丰富，形成合力，突出了活动的中心主题，包括：

子活动 1：手工活动——制作五星红旗。

子活动 2：搭建活动——搭建天安门城楼积木。

子活动 3：集体观看爱国主义电影。

以“我和端午节有个约会”为主题的节庆活动，包括以下五个子主题活动，分别是：

子活动 1：戏端午——跨越时空的游戏。

子活动 2：说端午——鲜为人知的故事。

子活动 3：唱端午——追思情怀的民谣。

子活动 4：品端午——独一无二的味道。

子活动 5：喜端午——量身定做的惊喜。

这些子活动围绕着主题开展，跨度为几天至一周，为老年人营造了浓浓的节庆主题氛围，获得了深刻的活动体验。相关教学视频可扫码查看。

视频

二、活动主题的策划要素

1. 选定主题物品和仪式

例如，寻找春天活动里的“风筝”、端午节活动里的“粽子”、怀旧活动里的“老照片”“老物件”等，就是一个个鲜活的活动主题物品，它们是整个活动的灵魂和载体。如果缺乏主题物品的老年活动，则会影响老年人的感知，无法“拥有”，就会觉得活动有些抽象、虚幻，产生不了参与的欲望。围绕着主题物品，需采用“一根针多条线”的方式挖掘、编排一些民族性、地方性的仪式或活动项目。例如，围绕端午节的主题物品，设计包粽子、煮粽子、分粽子、赛粽子、钓粽子等主题仪式，将端午节打造成集趣味性、习俗性于一体的活动。

2. 寻找文化和主题故事

公众对于文化故事和趣闻一般都比较感兴趣，尤其是挖掘节日的文化背景，有利于烘托整个活动的主题，提升活动的文化品位，增强活动的吸引力。讲到端午节，人们往往会想起屈原的传说，但是民间还有伍子胥、孝女曹娥、古越民族祭祖等各种版本的传说，如果在活动中将这些典故整理成一个个故事片段，并邀请志愿者或者老年人演绎出来，不仅能增加活动的互动性，也非常有知识性。

3. 营造活动的主题环境

活动的主题环境可以烘托活动的氛围，听觉、视觉、嗅觉、味觉、触觉等五感共同作用于活动参与者，让其形成独特的感受。

听觉环境设计：背景音乐、主题音乐等对于烘托活动的现场气氛、激发公众的欢快心态，具有重要的作用。所以，在活动准备前设计一个与主题相关的现场音乐的播放列表，按照活动的节奏播放音乐，能产生强烈的听觉感染效果。

视觉环境设计：视觉系统主要由符号系统和视觉效果来营造，主要包括各种装饰色调、标牌、标语和标识、灯光、绿植、投影等，引导参与者体验和感受活动主题。

触觉环境设计：由可触摸的物质材料组成，如有质感的宣传单、礼品包装、餐具、桌布、礼物等。

嗅觉环境设计：活动空间的香氛或食物散发的气味会激发参与者的欲望，根据不同的活动主题选择不同的气味组合。

味觉环境设计：很多活动会提供食品和饮品，考虑到老年人群的特殊性，要在了解清楚疾病史和过敏史后，再谨慎选择适合老年人食用的食物。

案例

相关案例“芳华星空·追光音乐会”可扫码查看，也可至复旦社云平台 www.fudanyun.cn 下载。

总之，一切尽在细节中，从策划设计到活动实施，任何细节都不能忽视。不管是迎宾、签到、现场摆台、现场布置，还是食物、音响、娱乐，它们从活动一开始到结束，都在主题营造中起着各自的作用。主题的微妙暗示应该编织于整个活动过程中，从活动参与者进门那一刻到活动结束，所有的细节都在为主题和活动目标服务。

任务拓展

请结合上述“芳华星空·追光音乐会”案例，总结这次活动的主题环境设计方法。

在线测验

任务测试

扫码进行在线测验。

任务3 设计活动文案

任务发布

3.1 老年活动方案的撰写体例是怎样的？
3.2 一周活动安排表的制作要求有哪些？
3.3 如何制定活动预算表？

知识链接

在大型的老年活动中，策划者接触和使用到的文案往往包括老年活动策划方案、活动进程表、活动预算表、活动课表、活动海报和邀请函、活动通稿等。设计老年活动文案，是活动工作者的必备技能之一。

一、老年活动方案

一般来说，为确保活动目标与主办单位总体目标相一致，促使活动涉及的各部门工作相互协调、相互配合，活动策划方案应该经过活动主办单位和上级主管部门的审核、批准。因此，活动策划方案的规范性、完整性是成功实施活动的载体。

1. 活动方案设计要素

活动方案内容繁多，当有了活动主题创意，可借助6W2H方法，帮助我们讨论活动方案的核心内容以及活动实现的可能性。6W2H方法的涵义如下。

Why：为什么？

Who/Whom：谁举办/谁参加？

What：做什么？

When：什么时候？

Where：在哪里？

How：怎么做？

How Much：多少钱？

2. 活动方案撰写体例

围绕以上的核心问题，需按照体例的规范性撰写活动方案，不同的活动方案，应根据活动阐述的需要进行丰富完善、组合搭配。主要有以下几个要素。

（1）活动名称、活动主题

活动名称应具体、简明，能体现活动的主题。可采用“活动单位＋活动类型＋文体”方式命名，如《福祉养老院趣味体育游戏方案》；也可采用“主标题＋副标题”方式命名，主标题一般是高度凝练的活动口号，副标题指出活动单位和活动类型，如《“幸福双旦，爱满社区”——××社区老年文艺活动方案》（具体案例，可扫码查看，也可至复旦社云平台 www.fudanyun.cn 下载）。

案例

（2）活动背景

活动背景和活动目标回答了为什么的问题。活动背景着重介绍活动开展的原因，可以从活动的相关政策、活动涉及的习俗文化、活动的发展历程、活动组织机构的状况和活动对象的需求等角度撰写，全面、深入说明活动的必要性和价值。

（3）活动调研

活动调研包括调研方法和调研结果，分析该活动的必要性和可行性。

（4）活动理论

选用合适的理论依据和观点支持本次活动，常见的有需求层次理论、社会学习理论、人格发展八阶段理论、优势视角理论、生态系统理论、社会支持网络理论、社会互动理论、人本主义理论、活动理论等。在撰写理论时，注意需说明所选用的理论在活动中是如何运用的。

（5）活动目标

活动目标是在背景分析的基础上，介绍这次活动要解决什么问题，希望透过活动在宏观、中观、微观层面达到哪些长期、短期的具体影响，如经济效益、社会利益、媒体效应等。

（6）活动对象

回答了谁参加的问题——以哪个机构或者社区为活动对象？适合参与活动的人数是多少？年龄、性别、身心状况是否需明确要求？有身体功能障碍和认知障碍的老年人是否适合参加？如果参加，需要什么条件？

（7）活动时间

回答了什么时候的问题。列出活动计划开展的日期和时间段，如 2025 年 4 月 25 日 14:00—15:20。如果有若干个系列活动，要把握好各个子活动的进行时间、休息时间，并根据老年人的接受能力，确认恰当的时间间隔，在方案中写清楚每个子活动的起止时间。

（8）活动地点

回答了在哪里的问题。选择活动地点应考虑的因素主要有三个：是否与主题风格一致；是否经济适用；是否交通便利。对于小型老年活动，机构或社区内部可以提供场地就比较容易解决。对于大型的老年活动或户外活动来说，可能会采用租借场地的方式，那么场地的安全性、关联交通的便利性、设备的稳定性决定了活动的实际效果。在策划方案中，建议除了阐明活动的具体地址之外，最好提供清晰的公共交通路线或接送地点，以地形平面图的方式勾画出活动场地。

（9）组织机构

回答了谁举办的问题，由组织机构和工作人员组成。组织机构是指负责活动的组织、策划、服务和营销等事宜的有关单位。目前，我国老年活动的组织机构主要包括企业、行业、协会、社会组织、政府、街道、社区、新闻媒体等。在大型的活动中，为了明确职责，常常细分为发起活动的主办单位，承接活动的承办单位，以及协办单位、支持单位、赞助单位、鸣谢单位等。工作人员包括哪些？实习生和志愿者参与情况如何？对工作人员的数量要加以说明。

(10) 活动设计

回答了怎么做的问题。活动设计包括前期准备工作(如活动宣传、志愿者招募、培训、资源链接等)，活动流程(具体的子活动内容和形式)和活动末期工作(后期跟进、评估、通稿、报道等)。在活动方案中，应对活动工作团队做好明确的分工，使得具体工作和负责人一一对应。

(11) 活动宣传

活动宣传包括前期宣传和后期宣传，主要有传统媒体宣传和新媒体宣传两种途径，根据活动的受众选择适合的宣传途径。

(12) 活动预算

回答了多少钱的问题。预算是指为达到活动目标，而开展的费用评估、预算编制和成本控制等方面的管理活动。在活动方案中呈现活动价格和活动的初步预算，可以帮助活动主办方了解活动所需要的大致经费范围，便于下一步筹集活动资金。在预算表中列出活动中所需要的资源，包括人力、场地、活动物资等资源的取得方式，如购买、租借还是自有，以及所需的金额。

(13) 活动评估

在活动方案中要一一对应活动目标，确定活动评估目标，建立活动成果量度准则。例如，从活动对象的参与率和引发媒体的关注度评估活动的社会价值；从活动参与者精神状态的改变和参与活动的时长来测量活动的体验价值及客户满意度。

(14) 应急预案

应急预案是任何活动都应该有的，在方案策划时首先先行假设，然后提出解决办法，尽量根据经验预测会有哪些突发事件，然后策划控制对策。应急预案主要包括可能存在的非人为的且导致活动无法正常进行的情况或突发人为情况，以及针对这些突发情况的应对方案等内容。

(15) 注意事项

活动全过程涉及的其他需要注意的内容。例如，活动前：关于场地动线设计、活动设备检查、做好热身活动，友情提醒老年人穿衣、出行等；活动中：工作人员不要离开老年人身边，时刻观察老年人的活动状态，有适当的工作人员比例，对特殊需求的老年人给予特别关注；活动后：及时整理场地，妥当安排老年人返程等。

二、老年活动安排表

又叫活动计划表、活动课表等，是把多个(日)活动串起来，有连续性、规律性的计划，便于活动对象清楚地了解近期活动安排，做好日常规划。活动安排表既有每周活动安排表，也有月度活动安排表，根据需求制定。

1. 制定活动安排表的步骤

(1) 评估老年人的能力和需求

跟活动策划方案一样，活动安排表要基于对活动对象的充分评估调研，找到符合老年人能力可及、兴趣所至的活动进行安排。

(2) 了解老年人的作息习惯

在制定活动安排表时间时，社区活动不能忽视老年人日常做家务、接送孙辈上下学、运动锻炼的时间。机构活动要了解机构设定的生活起居、饮食加餐时间。因此，活动安排表是在尽量不打破老年人作息习惯的基础上，有规律地安排活动，目的是让老年人生活更充实。

（3）了解可整合的活动资源

活动资源是提供服务的前提。如果在活动安排表中，每天一次，或上下午各安排一次活动，那么是否有长期、持续性的活动资源就是关键。是否有可以长期使用、相对固定的活动场所？是否有专职或兼职的活动工作者？是否能链接所在社区、老年大学、社会组织、社区内企业等正式资源？链接老年人家庭、邻居、志愿者、其他社区组织等非正式资源而取得支持？有时候老年人本身就是活动的优势资源，老年人可以自己组织、带领老年人活动，这种现象在社区中尤为普遍。活动工作者要充分调动一切可利用的活动资源，与活动对象的需求匹配之后，才能合理规划活动频次和活动内容。

（4）制作活动安排表

对于养老机构来说，失能、半失能、轻度失智、中度失智的老年人对活动的需求与自理、低龄老年人的活动需求一定不同。如果条件允许，最好每个不同的生活区域，如失智区、失能区、半失能区、自理区能分开制定该区域的活动安排表，独立开展活动。表 3－1 为养老机构分区主要活动安排示例。

表 3－1　养老机构分区主要活动安排

区域	主 要 活 动	频率
自理区	1. 健身养生操 2. 兴趣小组 3. 团康游戏 4. 主题活动	5 次/1 周 5 次/1 周 5 次/1 周 1 次/1 周
失能/半失能区	1. 手指操/卧床游戏/上肢运动/下肢运动 2. 现实导向/认知刺激 3. 音乐活动/怀旧疗法/蒙特梭利活动	7 次/1 周 3 次/1 周 3 次/1 周
认知区	1. 现实导向/认知刺激 2. 身心机能活化(身心体操/高尔槌球/宾果投掷) 3. 园艺疗法/怀旧疗法/蒙特梭利活动	7 次/1 周 3 次/1 周 3 次/1 周

表 3－2 为失智区一周认知功能专项活动安排示例，活动目标是面向轻度、中度认知障碍老年人（或者需要加强认知功能的老年人），初步让老年人体验认知功能专项活动的玩法。

表 3－2　失智区一周认知功能专项活动安排表

<table>
<tr><th>时间</th><th>星期日</th><th>星期一</th><th>星期二</th><th>星期三</th><th>星期四</th><th>星期五</th><th>星期六</th></tr>
<tr><td>上午 8:00</td><td colspan="7">早餐</td></tr>
<tr><td>上午 9:00</td><td rowspan="2">家庭日</td><td rowspan="2">八段锦</td><td rowspan="2">手指操</td><td rowspan="2"></td><td rowspan="2">音乐照护</td><td rowspan="2"></td><td rowspan="2">家庭日</td></tr>
<tr><td>上午 10:00</td></tr>
<tr><td>上午 11:00</td><td colspan="7" rowspan="2">午餐</td></tr>
<tr><td>中午 12:00</td></tr>
<tr><td>下午 1:00</td><td colspan="7" rowspan="2">午休</td></tr>
<tr><td>下午 2:00</td></tr>
<tr><td>下午 3:00</td><td rowspan="2">家庭日</td><td rowspan="2">怀旧工坊
家有萌娃</td><td rowspan="2">认知训练
图形识别</td><td rowspan="2">园艺种植
树叶贴画</td><td rowspan="2">艺术园地
手指画</td><td rowspan="2">认知训练
数学运算</td><td rowspan="2">家庭日</td></tr>
<tr><td>下午 4:00</td></tr>
</table>

（续表）

时间	星期日	星期一	星期二	星期三	星期四	星期五	星期六
下午 5:00	晚餐						
晚上 6:00							
晚上 7:00	自由活动						

（5）收集活动反馈信息

在每个活动周期结束后，活动工作者应该收集活动对象，包括家属和照护人员对活动的意见，整理老年人参加活动的反应状态，看看老年人是否有困难？活动时长是否合适？还有哪些老年人的需求没有被关注到？活动计划执行一个月后，根据反馈信息，动态调整活动安排表。

2. 制定活动安排表的要求

（1）主题多元

在活动安排表中，尽量在一个周期内提供多种类型具有复合训练功能的活动，既有训练老年人的反应力、记忆力等思维能力和认知水平的活动，也有锻炼老年人的肌肉、力量、精细动作等能力的肢体活动，还有重视语言交流、鼓励表达新想法的学习分享活动，为老年人提供多感官多刺激的活动环境，动静结合，穿插在每一天里。在周末，如果能邀请老年人与子孙、亲朋好友相聚，开展亲情活动，对机构入住老年人来说是最大的情感支持。

（2）图文并茂

文字部分尽量命名简短清晰，直截了当，如手工活动、活力操、营养课堂，文字不能过多，便于老年人一目了然。最好插入能体现活动主题的卡通化、形象化的彩色图片，有助于帮助文化程度不高或者视觉能力下降的老年人识别。图 3 - 1 为一周老年活动安排示例。

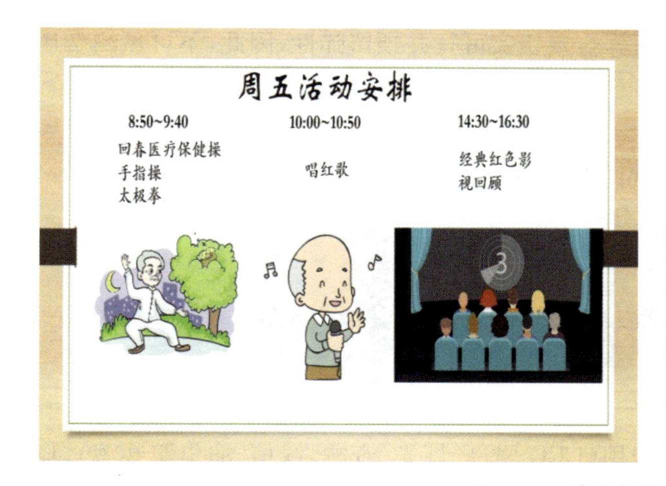

图 3-1　养老机构一周老年活动安排

（3）时间紧凑

考虑到老年人的能力状况，每次活动坚持的时间不能太长，建议每次活动时间在 40～60 分钟左右。对于老年人来说，在固定的时间做固定的事情，有益于建立稳定的作息和锻炼时间定向力。因此，在活动安排表中，每天活动的时间尽量保持一致，如每天的 9:15—10:00。

请扫码查看某同学的一周活动安排表设计作业（也可至复旦社云平台 www. fudanyun. cn 下载），请思考：该安排表中的时间设置如何优化？

案例

三、老年活动预算表

活动预算表是活动工作者在活动目标的指导下，对未来活动和相应的财务结果进行充分、全面的预测与筹划，以帮助活动管理者更有效地管理活动和最大程度实现活动目标。

1. 制定活动预算的流程

制定活动预算包括三个环节：一是资源计划，即确定每一活动环节需要的资源（人力、设备、材料等）；二是成本预估，即对资源计划中所需要的资源成本进行估算；三是编制预算，即依据估算的资源成本分配到活动的各环节。

（1）资源计划

编制开展活动所需要的资源需求计划。资源的取得方式，如捐赠、租赁还是购买，对活动的成本影响很大，应该尽可能考虑所能获得的活动资源，重视各种资源的平衡协调，努力降低因为资源使用不当而导致的成本增加。

（2）成本预估

明确活动所需的资源种类和资源数量后，要做的工作就是预估成本。分项估算每个活动资源的成本，累计相加得出活动总成本。资源划分越细，成本估算越准确。分项合计、累计相加的方法，被称为“从下而上”的方法，依赖性强，偏差性小，但估算工作量大。与之相对应，成本预估还包括“从上到下”的估算，是指依据丰富的管理经验和历史数据进行估算。这样的方法，推断成分为多，相比较误差的可能性要大。两种预估方法都存在优缺点，因此，将两者结合起来是最可取的预估方式。

（3）编制预算

编制预算的过程是将预估成本分配到活动各环节具体工作中，从而确定活动实际情况的基准。与成本估算一样，可以将预算总额按照“从下而上”或“从上而下”进行分解。在预算时既要充分考虑实际需要，又要坚持节约，真正做到“物尽其用”。成本预算应该与活动的质量目标和进度目标相关联，通常质量

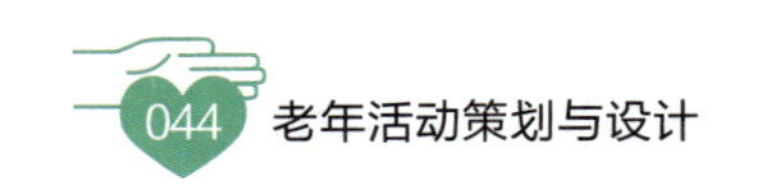

越高，成本预算越高；进度越快，成本预算越高。项目预算应该切实可行并预留弹性，因此，不可预测费用是预算中不可或缺的一项。

2. 老年活动预算表的组成

老年活动预算表是反映活动收支情况的报表，包括收入预算和支出预算，一般由科目、具体项目、单价、数量、规格、总价、备注说明等部分构成。

（1）收入预算

老年活动的收入大致来自于上级拨款、自有资金收入、结转收入、赞助、其他收入等。

（2）支出预算

举办一场大型的老年活动一般包括以下成本。

① 活动场地费用：包括场地租赁费用，设施租赁费用（LED屏幕、灯光、音响、绿植、演出服装等），场地清扫费用等。

② 活动宣传推广费：包括宣传品制作与印刷、广告投放、媒体公关等费用。

③ 人员经费：包括工作人员工资、实习生工资、志愿者补贴、演员补贴、专家费用、督导费用、培训费用、人员保险等。

④ 活动材料费：活动实施过程中需要购买的活动用品、易耗品、礼品等费用。

⑤ 办公经费：包括项目招标、活动调研、文印档案资料、办公用品、行政管理、交通费、餐饮费、住宿费、出差补贴等。

⑥ 不可预测费用：指活动过程中发生的未预见的其他费用，约占预算总额的10%～15%。

表3－3是常见的老年活动预算表，如果是大型活动，则需要在每个项目下，再细分子项目，从而达到预算的准确性。

表3－3 老年活动预算表

<table>
<tr><td rowspan="5">收入</td><td>科目</td><td colspan="3">金额（单位：元）</td><td colspan="3">说明</td></tr>
<tr><td>自筹经费</td><td colspan="3"></td><td colspan="3"></td></tr>
<tr><td>企业赞助</td><td colspan="3"></td><td colspan="3"></td></tr>
<tr><td>政府拨款</td><td colspan="3"></td><td colspan="3"></td></tr>
<tr><td>总计</td><td colspan="3"></td><td colspan="3"></td></tr>
<tr><td rowspan="12">支出</td><td>科目</td><td>具体项目</td><td>单价</td><td>数量</td><td>规格</td><td>总价</td><td>说明</td></tr>
<tr><td rowspan="3">场地费用</td><td>场地租赁费用</td><td></td><td></td><td></td><td></td><td></td></tr>
<tr><td>设施租赁费用</td><td></td><td></td><td></td><td></td><td></td></tr>
<tr><td>场地清扫费用</td><td></td><td></td><td></td><td></td><td></td></tr>
<tr><td rowspan="3">宣传费用</td><td>宣传品制作</td><td></td><td></td><td></td><td></td><td></td></tr>
<tr><td>广告投放</td><td></td><td></td><td></td><td></td><td></td></tr>
<tr><td>媒体公关</td><td></td><td></td><td></td><td></td><td></td></tr>
<tr><td rowspan="3">人员经费</td><td>实习生工资</td><td></td><td></td><td></td><td></td><td></td></tr>
<tr><td>志愿者补贴</td><td></td><td></td><td></td><td></td><td></td></tr>
<tr><td>专家费用</td><td></td><td></td><td></td><td></td><td></td></tr>
<tr><td rowspan="2">材料费</td><td>活动道具</td><td></td><td></td><td></td><td></td><td></td></tr>
<tr><td>礼品</td><td></td><td></td><td></td><td></td><td></td></tr>
</table>

（续表）

	科目	具体项目	单价	数量	规格	总价	说明
	办公经费	活动调研					
		办公用品					
		交通费					
		食宿费					
	不可预测费用	一般为预算总额的10%～15%					
	总计						

任务拓展

请以学习小组为单位，自选一个活动类型和主题，设计一份内容完整的老年活动策划方案。

任务测试

扫码进行在线测验。

在线测验

项目总结

请同学们根据本项目内容总结。

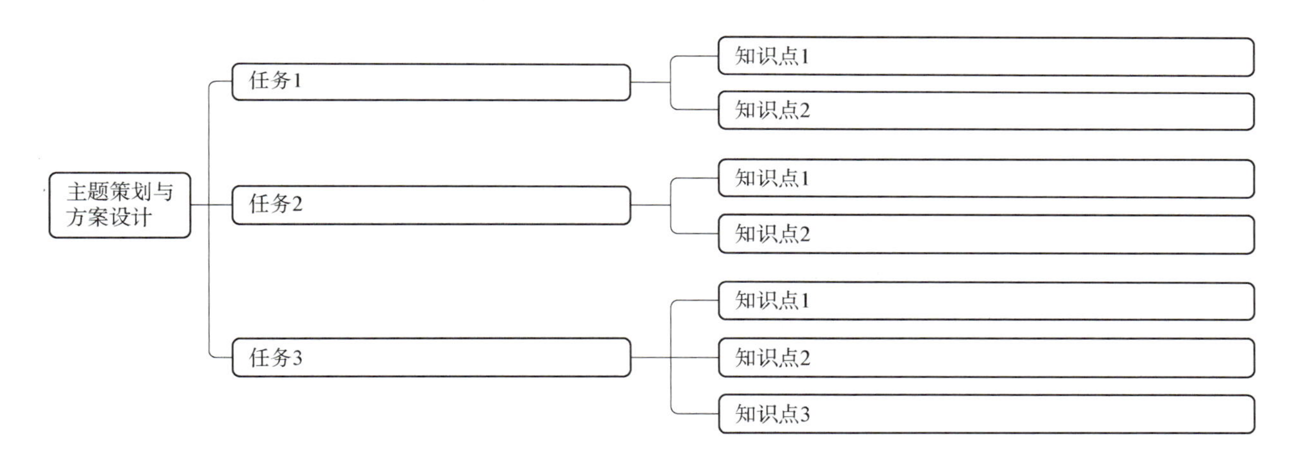

项目实训

各小组进入到当地养老机构，对机构老人的情况进行评估和了解之后，根据老年人的需求和能力，分区设计一周活动安排表。例如，一组：失智老年人区；二组：失能老年人区；三组：半失能老年人区；四组：自理老年人区。

项目四

活动组织与实施

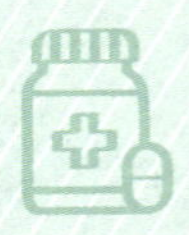

项目目标

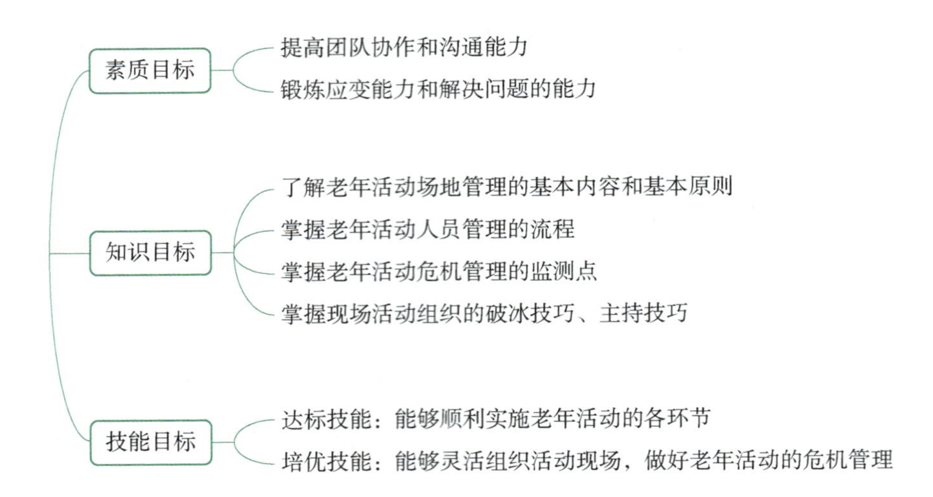

项目要点

1. 重点：掌握老年活动场地管理的要点和老年活动现场组织技巧。
2. 难点：合理安排活动人员分工，实施老年活动危机管理。

项目资讯

1. 查阅《无障碍设计规范》《中华人民共和国无障碍环境建设法》和地方性无障碍环境建设条例，了解保障残疾人和老年人无障碍环境的设计要求。

2. 收集适合老年人开展的团体游戏。

任务1 老年活动场地管理

任务发布

1.1 老年活动场地布置的具体要求有哪些？

1.2 老年活动场地管理的内涵是什么？

知识链接

一个安全友好的老年活动场地不仅能满足老年人社交、休闲、娱乐和健身、康养等活动需求，还为他们提供了稳定的精神归宿和情感依托。

一、老年活动的场地布置

1. 场地布置的原则

（1）安全性

老年活动首先要确保所有活动对象的人身安全、财物安全。因此，在场地布置上要考虑老年人平衡能力下降、视力听力衰退等身体特点，在场地设施的稳固性、地面平整无障碍物、活动动线设计、安全出口（消防通道）设置等方面必须符合适老化、无障碍设计的规范标准（相关规范请扫码查看，也可至复旦社云平台 www.fudanyun.cn 下载）。同时，还要考虑到设备设施的安全问题，在场地的规划中增加防盗设施，悬挂必要的标语加以提醒。每个活动场地的管理须成立应急小组，制定应急预案，视情况处理突发事件，在每次活动前对场地进行系统检查。

资料

（2）便利性

活动场地功能分区清晰，如休息区、活动主场地、后勤保障区等（某老年大学的功能分区设计，请扫码查看，也可至复旦社云平台 www.fudanyun.cn 下载）；空间规划要考虑到特殊人群，避免过于复杂的路线和转弯，减少老年人因迷路或混淆方向而引发的安全隐患。设置醒目的指示牌，方便初到活动场地的参与者熟悉场地。设置一些高低不等的台阶和坡道，通道宽度足够，方便老年人行走和轮椅通行。提供充足的老年人能随时驻足休息的区域，设置合适的座椅和遮荫设施。老年活动场地内或旁边设置卫生间，以便老年人活动时如厕。

案例

（3）舒适性

活动场地应注重光线和通风的利用，通过合理的窗户设计和照明布局，确保活动室内光线充足、空气流通。尽量提供有扶手的、座位较宽的座椅供老年人使用。同时，温度控制也是重要的一环，确保老年人在不同季节参与活动都能体感适宜。

（4）美观性

除了功能性外，老年活动场地也应考虑到老年人的审美需求，兼顾美观性。在设计中，可以运用色彩、照明、家具和装饰等元素，营造出舒适、温馨的氛围。同时，需要考虑到整体的设计风格和主题，使其与机构/社区的品牌形象和服务理念相符合。

（5）文化性

活动空间可以融入当地的文化元素，让老年人在养老的同时能够感受到特色文化的魅力。例如，设置一些文化展示区和手工艺品制作区、怀旧物品陈列区等。

2. 场地布置的内容

（1）布局规划

① 活动区域划分，具体如下：

公共活动空间：公共活动空间是养老机构和社区中最大的活动空间，可以容纳多个老年人同时进行活动。这个空间应该宽敞明亮，设施齐全，可以开展各种集体活动并便于老年人互动，如健身操、唱歌、舞蹈等，打造老年友好型社交空间。

例如，某康养社区的会馆服务对象主要为60～85岁不同年龄阶段的老年人群体。会馆内设置了7大类、28个功能空间，打造让老年人感到有温度的、有情感的空间与服务。

图 4－1　某康养社区的会馆活动区域设计

图 4－2　某老年公寓的室外长廊

室内活动空间：室内活动空间可以根据功能隔成一个个相对独立的活动场所，如康健活动空间、感官刺激区、小组活动区、怀旧室、阅览室等，便于开展各类团体活动。

室外活动空间：室外活动空间是供老年人进行户外活动的场所，如散步、健身、园艺种植、晒太阳等，这个空间应该宽敞、安全、环境优美。步道宽度至少 1.2 米，确保两人并肩行走不拥挤。步道两旁可种植绿植，设置座椅和休息亭，便于老年人在自然环境中散步、休憩。同时，设置一些健身设施和休息座位，以满足老年人的不同需求。

② 通道与流线设计，具体如下：

无障碍通道：确保所有通道均符合无障碍设计标准，包括平缓的坡度、合适的宽度、明确的指示标识和扶手等，便于轮椅和助行器的通行。

紧急疏散路线：明确标识出紧急疏散路线，并在关键位置设置应急照明和报警系统。定期进行疏散演练，提高老年人的安全意识。

休息区布局：休息区应分散布置于活动区域的边缘或交界处，形成多个小型休息区，方便老年人在活动间隙就近休息。每个休息区都应有良好的通风和采光，配备柔软的座椅和遮阳设施。

流线与导向：公共人流进入主入口后，须能够立刻找到所去方向；使用清晰易懂、颜色对比鲜明的导向标识，指示活动区域、卫生间、医疗急救点等关键位置，减少老年人的迷路风险。

③ 设施与细节，具体如下：

座椅与桌子：选择符合人体工学的座椅和桌子，座椅应设有扶手和可调节高度的功能，桌子边缘圆滑无锐角，确保老年人使用的安全性与舒适性。

例如，适老化书桌的设计，桌面有导水槽镂线，能防止洒落的水流到地面造成隐患；桌面四角挖孔扶手设计，助力老年人起身；考虑到老年人日常使用拐杖，桌子边上设计了拐杖孔，专门放置拐杖。桌腿用实木制作，结构稳固。

图 4-3 适老化书桌

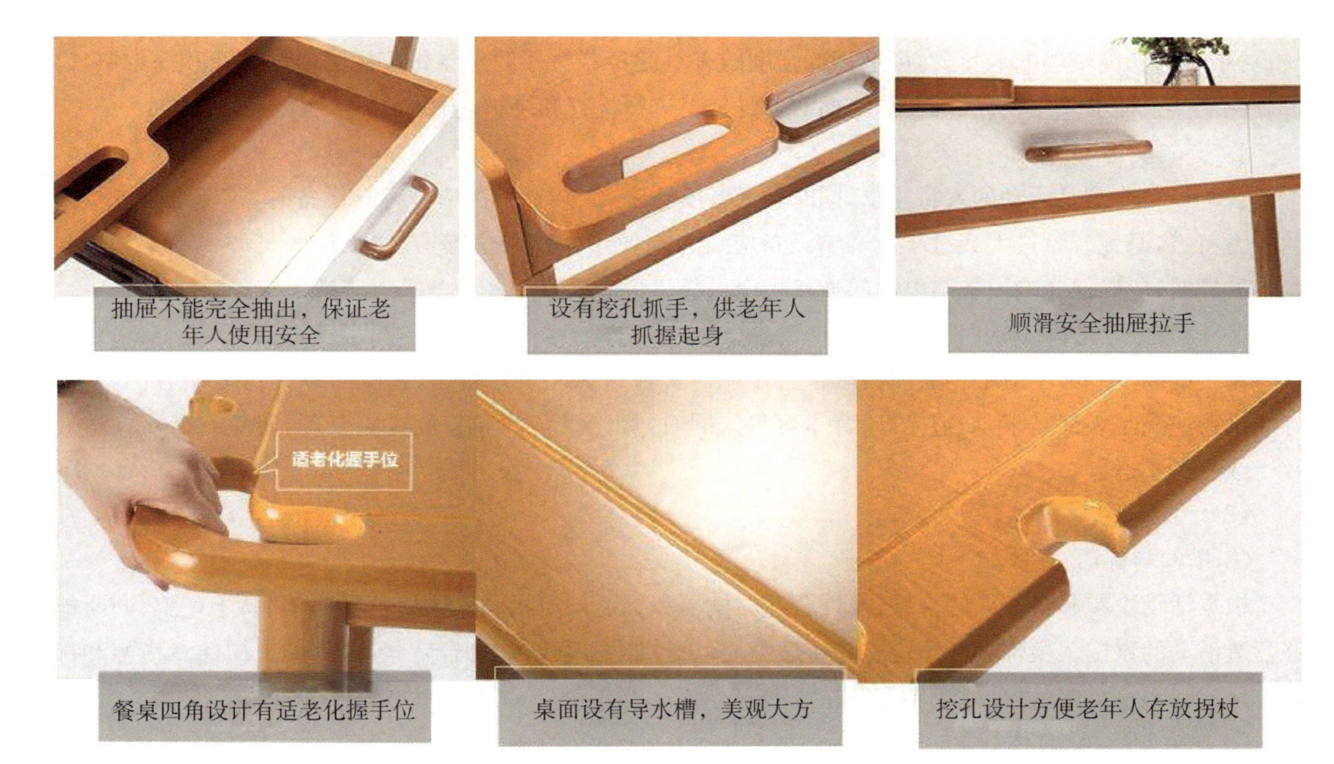

图 4-4 适老化书桌设计细节

再如，可根据活动人数和活动形式需要自由组合的六角组合适老桌，如图 4-5。

图 4-5 六角组合适老桌

图 4-6 适老化蝴蝶桌

还如，适老化蝴蝶桌（桌型酷似蝴蝶展翅，故名蝴蝶桌），桌面边缘内凹设计，方便老年人贴近桌面；四角经过精细打磨形成圆角，减少磕碰损害。

照明与通风：采用柔和充足的自然光与人工照明相结合，避免直射光造成眩光。保持场地通风良好，必要时安装空气净化设备，提升室内空气质量。

卫生设施：设置无障碍卫生间，配备扶手、紧急呼叫按钮等设施。提供足够的洗手池和清洁用品，保持环境整洁卫生。

医疗急救：配备医疗急救包和 AED（自动体外除颤器），与附近医疗机构建立合作关系，确保紧急情况下能迅速得到医疗援助。

（2）设施配备

① 运动器材，具体如下：

根据老年人的身体状况和运动习惯，选择合适的运动器材。如对于关节炎患者，可选择关节活动器材；对于心肺功能较弱的老年人，可选择低强度的有氧健身器材。健身器材应标明使用方法和注意事项，以确保老年人能够安全使用。同时，定期对健身器材进行检查和维护，确保其正常运行。

② 音响设备，具体如下：

音响设备应满足活动的音量需求，同时保证音质清晰、无杂音。在选择音响设备时，应考虑到老年人的听力特点，避免音量过大或过小。音响设备应放置在便于操作的位置，方便工作人员调整音量和播放内容。同时，应确保音响设备与电源的连接稳定可靠。

③ 舞台与灯光，具体如下：

舞台的高度和大小应根据表演需求进行定制。舞台边缘应设置扶手或护栏，以确保表演者的安全。灯光设备应满足表演需求，如追光灯、背景灯等。同时，灯光设备的安装位置应合理，避免对老年人造成眩光或视觉不适。

（3）装饰布置

① 横幅与标语，具体如下：

根据活动主题和老年人的喜好，设计合适的横幅和标语。横幅和标语应简洁明了、易于理解，同时能够营造活动的氛围。横幅和标语应悬挂在显眼的位置，如场地入口、舞台背景等。同时，应注意横幅和标语的尺寸和颜色搭配，以吸引老年人的注意力。

② 花卉与绿植，具体如下：

在场地内摆放适量的花卉和绿植，可以营造温馨、自然的氛围。花卉和绿植的选择应考虑到老年人的喜好和季节变化。花卉和绿植的摆放位置应合理，避免影响活动进行和老年人的通行。同时，应定期更换花卉和绿植，保持其新鲜度和美观度。

③ 灯光与照明，具体如下：

灯光和照明设备应根据活动需求进行布置。例如，在休息区设置柔和的暖光源，营造舒适的休息环境；在表演区设置明亮的灯光，确保表演效果。灯光和照明设备的亮度应适中，避免对老年人的视力造成不良影响。同时，应确保灯光和照明设备的稳定性和安全性。

3. 场地布置的评估

场地布置的评估是预测老年活动的不良后果及安全隐患的过程，是确保老年人在安全环境下进行活动的重要步骤，是对活动实施后可能造成的环境影响进行的分析、预测和评估。表 4-1 对老年活动场地布置提出了预防对策和减轻不良环境影响的措施。

图 4-7 色彩明快的老年活动空间

表 4-1 场地布置的评估表

评估内容	评估建议
地垫边角卷起或容易打滑	移除地毯或用胶带将边缘固定
活动室桌椅欠牢固或有安全隐患	加强桌椅稳定性，消除安全隐患
活动室内地面容易打滑	定期清理水渍、更换防滑地毯，建议老年人穿防滑鞋
活动用具放置位置较高，放置方式欠稳	活动用具放置于安全可及位置，方便老年人放取，活动用具固定稳固，防止翻倒
活动室内桌子边角突出	桌子包角，防止损伤老年人
活动时，老年人座位间距过小	适当增加人员的间距防止误伤
地面有线头等异物，使得老年人行动时过于小心	收起电线，固定电线于不妨碍行走的位置
环境灯光昏暗	老年人对照明的要求比年轻人要高 2～3 倍，需要改善照明，使室内光线充足
活动场地内放有很多不必要的设备，妨碍老年人转移	收起不必要的设备，以免阻挡老年人活动
桌面高度过高或过矮	调整桌面高度，方便老年人操作乐器，方便轮椅停放
未有专门的轮椅或者拐杖停放区域	增加轮椅、拐杖物品等停放区域
没有急救箱	增加急救箱，对于突发状况(癫痫、外伤等)及时处理
温度过冷或过热	建议温度恒温，避免过冷或过热，以防老年人生病
活动场地通风欠佳	增加通风及消毒设施
活动场地色彩明亮、对比强烈或色彩昏暗	活动场地布置温馨，色彩明快
没有帮助手灵活性欠佳的老年人进行抓握的用具	增加辅助带
活动室没有足够的活动用具供使用	考虑到团体身心活化需求量较多，请提前准备
活动室内未配有随身扩音器	考虑到老年人听力较差，组织活动时最好佩戴扩音器

二、老年活动的场地管理

老年活动的场地管理是一个系统性的工作，旨在确保活动场地的正常运行、设施的维护以及参与者的安全。有效的场地管理能够提升老年人的活动体验，保障他们的健康和安全，同时，也是活动组织者责任心的体现。

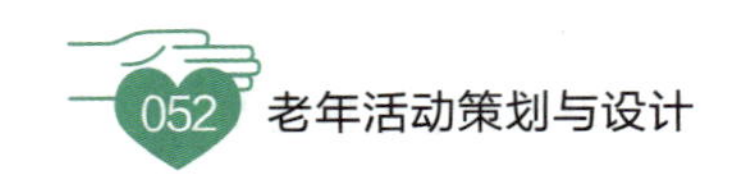

1. 管理制度

案例

制定明确的管理制度:包括场地的开放时间、使用规则、设施维护标准等,确保场地管理的规范性和一致性。社区文体活动室管理制度案例请扫码查看,或至复旦社云平台 www. fudanyun. cn 下载。

设立管理岗位:明确管理岗位的职责和权限,如场地管理员、设施维护员等,确保各项管理工作得到有效执行。

2. 设施维护

定期检查设施:对场地内的设施进行定期检查,及时发现并修复损坏或老化的设施,确保设施的安全性和可用性。

保养设施:定期对设施进行保养,如清洁、润滑等,延长设施的使用寿命,提高使用效果。

3. 安全管理

安全巡查:定期对场地进行安全巡查,确保场地内无安全隐患,如电线裸露、地面湿滑等。

应急预案:制定应急预案,对可能出现的突发情况进行预先规划,如火灾、地震等,确保在紧急情况下能够迅速应对。

4. 环境维护

保持环境整洁:定期清理场地内的垃圾和杂物,保持环境整洁、卫生。

控制噪音:确保活动场地内的噪音不超过规定标准,避免对周边环境和居民造成干扰。

任务拓展

某社区将在社区服务中心一间约 180 平方米的活动室举行老年人插花活动,大约 12 名自理及半自理(坐轮椅)的老年人参加活动。请为这个活动提出场地布置的要求,并附上平面图。

在线测验

任务测试

扫码进行在线测验。

任务 2 老年活动人员管理

任务发布

2.1 活动人员管理的流程是什么?

2.2 活动人员有哪些岗位职责?

知识链接

活动组织需要人来完成,人员的素质直接影响活动服务水平的高低,人员和任务要求的一致性程度直接决定了活动目标能否实现。因此,活动组织方要按照活动实施的各个岗位需求,对人员进行有效的管理。

活动组织方为了活动能够正常开展,顺利完成各项任务,必须按照要求为各个分工(岗位)配备合适的人员,如主持人、协调者、接待人员等,并对其进行有效的培训和管理。如果人员安排不合理,将影响活动的正常开展,阻碍活动目标的实现。

一、活动人员管理的原则

1. 因事择人原则

因事择人即人员的选择要按照工作的实际要求来进行。要使工作能够顺利完成，就要保证选择的人员具备相应的素质和技能。除此之外，在进行人员配备时，人员本身的意愿和经验也应进入考虑范围。

2. 量才使用原则

量才使用就是根据每个人的能力大小安排合适的岗位。人的差异是客观存在的，一个人只有处在最能发挥其才能的岗位上，才能干得最好。要根据人的特点来安排工作，使人的工作热情得到最大限度的激发，既不能大材小用，也要尽量避免小材大用。

3. 用人所长原则

所谓用人所长，是指在用人时不能够求全责备，管理者应注重发挥人的长处。在现实中，由于人的知识、能力、个性发展是不平衡的，活动中的工作任务要求又具有多样性，因此，完全意义上的“通才”“全才”是不存在的，即使存在，也不一定非要选择用这种“通才”，而应该选择最适合空缺职位要求的候选人。有效的人员配备就是要能够发挥人的长处，并使其弱点减少到最小。

4. 动态平衡原则

活动组织过程中面临的情况随时会发生变化，对于人员的要求也是不断变动的，因此人员也要及时协调和调整，以应对不断变化的情况。所谓动态平衡，就是要根据变化的情况和新的要求及时调整人员安排，使那些能力突出的人，去承担活动中更具挑战性的工作，同时也要使能力平平、不符合岗位需要的人得到合理的调整，最终实现人与岗位的动态平衡。

二、活动人员管理的流程

1. 明确任务清单

① 全面梳理活动任务。组织专业团队，对活动所需完成的各项任务进行全面梳理，确保不遗漏任何环节。

② 任务分类与优先级排序。根据任务的重要性和紧急性，将任务分优先级，确保关键性任务优先完成。

2. 制定用人计划

(1) 设置岗位要求

按照活动要求，设置不同的任务分工并设置相应岗位，根据不同的任务和不同的工作性质，制定岗位职责。一般大型的老年活动需要涉及的岗位有总指挥、主持人、礼仪接待、外联、公关、布展、签到、媒体接待、后勤服务、设施维护、安保等。各类活动根据需求调整岗位及职责。老年活动的活动人员及岗位职责，可见表 4-2。

表 4-2　活动人员及岗位职责表①

岗位	岗位职责
总指挥	把握最新活动动态，传达、安排和调控各负责人 把控整体活动进展(包括前期、中期、后期)
主持人	熟悉活动具体流程，提前准备好主持词 活动现场主持活动事宜

① 何静，周良才. 社会福利机构活动策划与组织[M]. 北京：电子工业出版社，2015：69—71.

(续表)

岗位	岗位职责
外联负责人	负责重要领导的前期沟通工作 负责政府企业的活动交接，洽谈工作 负责重要企业代表的前期准备接待工作 负责活动材料采购工作
公共关系负责人	准确传达总负责人的指令 协调各负责人在活动前、活动中和活动后的事务 协助各负责人的工作 做好内部工作人员的沟通工作
现场布展负责人	设计和制作现场会展布置的材料 门口至走道的布展（水牌、易拉宝等） 签到台的布展（桌花、背景等） 活动现场桌面（资料和纸笔的放置、水、水果等） 讲台布置（桌花、话筒等） 现场演示终端设备放置 活动现场其他部分的装饰和布展
现场签到负责人	提前制定活动现场签到表格 公司内部人员签到（发放资料） 媒体签到（发放资料） 嘉宾签到（发放资料） 参会企业代表签到（发放资料） 签到名单核实及整理
媒体接待负责人	媒体预约和核实到场 媒体签到和资料发放（协助） 现场和媒体的会务沟通 活动后与媒体交接、核实新闻发布情况
餐饮安排负责人	提前确定餐饮人员名单 确定餐饮场地和菜品 提前安排餐后准备工作（如安排车辆接送领导或者安排休息场所）
迎宾礼仪负责人	活动的服装准备、前期彩排 引导参加活动人员从门口至会场 引导参加活动人员至签到台 引导参加活动人员至会场就座 引导讲话领导上下台 引导领导离席、退场、就餐
设备维护负责人	提前准备活动现场需要的设备 测试和安装活动现场演示设备 做好设备的应急准备 及时整理设备设施
安保维护负责人	维护活动现场秩序 协助迎宾礼仪做好引导 协助后勤工作（收集物资）

（续表）

岗位	岗位职责
后勤负责人	活动物资运输工作 活动物资管理工作 活动物资收集工作 维护活动现场秩序 活动现场卫生工作

（2）明确责任关系

为每个任务指定明确的责任人，并明确任务之间的协作关系，确保各项工作能够顺利衔接。

3. 确定备选人员

（1）确定人员的来源

即确定是从外部招募还是从内部调配人员。养老机构或社区开展活动大多需要招募志愿者，志愿者管理是老年活动人力资源管理中最有特色的一项工作，需要从招募、培训、激励、评估等各个环节有效管理活动志愿者。招募活动志愿者公告、活动志愿者登记表请扫码查看，或至复旦社云平台 www.fudanyun.cn 下载。

案例

（2）确定备选人员

对应聘人员根据岗位标准要求进行考察，根据岗位要求选拔具有不同知识结构和水平、不同能力结构和水平的人与之匹配。在考察时既要严格按照岗位需求，又要照顾到不同岗位之间的配合，合理安排性别、年龄、地域等，增强人员的异质性，从而增强团队处理问题的能力。

4. 开展培训指导

（1）进行岗前培训

由于不同的活动或同一活动不同岗位对人员要求都有所不同，所以在确定人选后要开展岗前培训，以提供针对性的指导，切实提高人员与岗位需求的契合度。例如，活动过程的礼仪人员、活动进程开展的推进人员和设备控制人员等要有相关的专业知识与技能，并且具有良好的沟通意识，才能保障活动无缝连接，一气呵成。

（2）开展指导监督

对工作中存在的问题要进行及时指正，并给予及时指导，促进工作顺利开展。指导与监督对于活动的顺利进行及后续的工作评估有很大作用，可以保证活动的顺利进行，减少活动瑕疵。活动后，可以及时对活动各个环节进行合理有效的评估，总结经验教训。

5. 老年活动志愿者管理

完整的活动志愿者管理包括以下几个环节：计划、招募与选拔、定位与培训、配置与协调、激励与反馈。

（1）志愿者的计划

活动志愿者计划是根据特定活动的整体规划，分析和预测活动对志愿者的需求和志愿者的供给情况。活动服务岗位分析是志愿者招募的前提，主要估算所需志愿者的类型、数量和任职条件。

（2）志愿者的招募与选拔

明确了志愿者的岗位和任职条件后，就需要开展志愿者招募。通过发布活动志愿者需求公告、按要求招募志愿者。

案例

① 招募公告。一份完整的志愿者招募公告（案例请扫码查看，也可至复旦社云平台 www.fudanyun.cn 下载），需要简单介绍活动背景和组织机构；详细描述志愿者的岗位和任职条件；详细介绍工作情况，包

括工作内容、志愿者服务收获和对志愿者的承诺等；明确应募者需要准备的材料；注明应募者的方式和联系方式。

② 招募途径。招募对象：大学生、退休人员、社区居民、企业志愿者、退休老干部等，以及其他有志于参与养老服务的人群。志愿者为活动提供服务有两种组织形式：一种是集体志愿者，一种是个体志愿者。集体志愿者最常见的招募渠道是高校、中学等教育单位或企业等，从有效协调的角度来看，集体志愿者是最理想的组织形式。例如，我国大量的志愿者隶属于各级团组织的青年志愿者协会，相关活动可以通过联系各学校的团组织代为招募。此外，可以通过联系志愿者义工组织，开展活动合作项目，如临终关怀志愿组织、义工联等。个体志愿者是根据活动的工作需要，通过散发机构宣传品、张贴招募启事、利用大众传媒、口头宣传等方式从社会上招募，通过志愿者推荐或亲友介绍等方式招募。

招募方式：线上线下结合，通过社交媒体、社区公告、大学校园、企业合作等多渠道发布志愿者招募信息，组织说明会，介绍志愿服务的意义与内容。

招募时间：每季度举办一次大规模招募活动，平时保持开放招募状态。

③ 选拔。选拔标准：注重志愿者的适应能力、沟通能力、心理素质、爱心、恒心、责任心等方面的考察，确保志愿者具备与老年人良好互动和援助的能力。

选拔流程：初步筛选简历后，进行面试，了解志愿者的动机、特长、可投入的时间等，确保与招募单位的志愿服务需求匹配。

（3）志愿者的定位与培训

① 定位：根据活动的需求以及志愿者的供给状况，将志愿者分配到各个岗位上，通过有系统有目的的培训，招募的志愿者才能成为活动工作团队中有效的一份子。

② 培训内容：包括为老服务的价值观、组织核心理念、归属感的培训，还包括面向特定活动对象的养老服务行业的礼仪与沟通技巧培训，又包括特定岗位的技能培训以及活动程序、规范要求、紧急事务处理、志愿者的权利和义务等方面的培训。活动工作者要根据志愿者所从事的不同岗位，进行模块化培训和轮岗培训，包括理论讲解、实际操作、模拟训练、案例分析等培训形式。

③ 培训频率：新志愿者在参与服务前需参加培训，每月组织一次定期培训，确保志愿者能够及时获得新知识。

（4）志愿者的配置与协调

① 配置：建立志愿者信息登记系统，包括志愿者基本信息、联系方式、特长、可投入时间等。志愿者岗位配置柔性化，岗位不仅要周详，还要留有适当的弹性空间。

② 协调：在遇到紧急任务时，能够对不同活动岗位的志愿者进行重新分配使用，而不受其所在岗位和分工的约束，以保证各项活动顺利开展。

志愿者的配置与协调必须遵从协同性原则，即活动志愿者的管理主体之间、志愿者与正式员工之间、不同部门的志愿者之间以及同一部门的志愿者之间，通过合理的组织结构以及有效的分工合作，形成一种大于个体分力之和的合力。

（5）志愿者的激励与反馈

① 激励：活动志愿者的激励方式分为内在激励与外在激励。内在激励源于志愿者因参与活动而产生的内在满足感，如公民的责任感、团队归属感、个人的种种精神需求，包括以志愿者身份为骄傲，为能够展示和实现自我价值而满足，对活动意义的自觉认识等。外在激励则是指志愿者因为提供志愿服务而受到表扬、嘉奖、宣传，如专用勋章、赞助商提供的物品和制服等。内外激励之间具有较为复杂的交叉效应关系，外激励能够增进内激励，而志愿者活动又往往以内激励为主导。内外激励相辅相成，共同促进志愿者以积极的心态为活动提供优良服务。

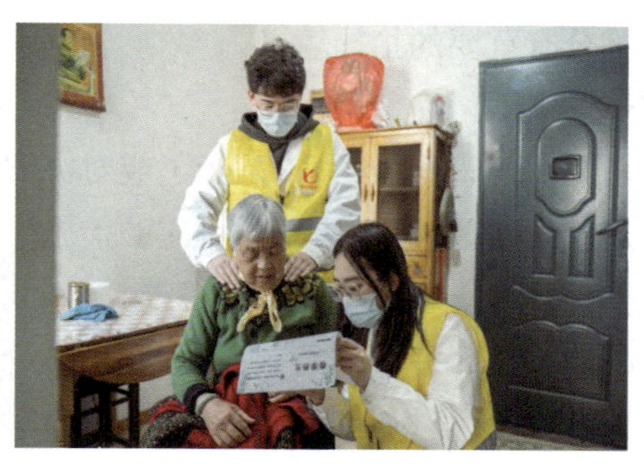

图 4-8　志愿者为老年人提供志愿服务

② 反馈：实行志愿者反馈机制，对表现优异的志愿者给予表彰与奖励，提升志愿者的归属感和荣誉感。

任务拓展

某养老机构的康乐活动部正在招募活动志愿者，请为他们设计一份《活动志愿者登记表》，内容包括但不限于个人信息、服务时间、服务经历、服务意向、注册日期等。

任务测试

扫码进行在线测验。

任务 3　老年活动危机管理

任务发布

3.1　老年活动危机管理的关键监测点有哪些？

3.2　如何撰写老年活动危机干预方案？

知识链接

一、危机管理的定义和原则

1. 危机的定义

世界著名管理学家赫尔曼认为，危机是指一种情境状态，在这种形势下决策主体的根本目标受到威胁，且作出决策的反应时间很有限，其发生也出乎决策主体的意料之外。赫尔曼的定义强调了危机具有以下几个关键特征。

一是根本目标受到威胁：危机状态下，决策主体的核心目标或优先事项受到直接威胁。

二是时间压力：决策者需要在非常有限的时间内作出反应，这种时间压力是危机管理中的一个重要因素。

三是出乎意料：危机的发生往往超出了决策者的预期，使得原有的计划和策略可能无法直接应用。

赫尔曼的定义不仅涵盖了危机的基本特征，还强调了危机管理的紧迫性和挑战性，对于理解和应对各种类型的危机具有重要的指导意义。

2. 危机管理的原则

危机管理是专门的管理科学，它是为了应对突发的危机事件，抗拒突发的灾难事变，尽量使损害降至最低点而事先建立的防范、处理体系和对应的措施。危机管理过程中需遵循6F原则。

(1) 事先预测原则(Forecast)

活动危机的形式是多种多样的，每一种危机不论何种形式，都对活动构成威胁，应该在危机发生前制定危机应变方案，以确保危机到来时能有准备地面对危机，并顺利度过危机，将危机给组织的负面影响降到最低。有了危机应变方案，当危机来临时，就可以从容地面对危机，就有了充分的准备去抓住主动权。同时，还可通过加强培训，树立员工的危机意识。

(2) 迅速反应原则(Fast)

危机消息的出现，经常使组织的形象受到消极的影响。媒介的消息来源渠道是复杂的、不同的，有时是相互转载的。因此，不同主体可能会对同一危机事件的传播，在内容上有很大的差异。当危机发生时，作为危机的发生者，应该以最快的速度，把危机的真相通过媒介告诉大众，确保危机消息来源的统一，最大可能地消除大众对危机的各种猜测和疑虑。

(3) 坦诚沟通原则(Frank)

在危机面前，采取主动行为是非常必要的，应寻求积极主动向外界做出反应、统一口径及时公布信息的同时，紧紧抓住直接影响组织生存发展的各环节，与各利益相关者展开积极沟通。为了取得主动，在策划方案时，就要准备一些必要的原始材料。例如，一些照片、各种设备的最新技术指标、图表等，用来介绍给一些相关的组织和媒体，并在危机时提供给媒体，以显示与媒体充分合作的良好态度，最终赢得宝贵的时间来进一步收集危机的第一手资料。

(4) 尊重事实原则(Fact)

面对危机，组织只有开诚布公地说明事情的原委，诚恳地接受批评后才能淡化矛盾、转化危机。无论面对的是何种性质、类型及起因的危机事件，组织都应该主动承担义务，积极进行处理。即使起因在受害者一方，也应首先消除危机事件所造成的直接危害，以积极的态度去赢得时间，以正确的措施去赢得老年人及其家属，创造妥善处理危机的良好氛围。以诚相待还表现为维护老年人及其家属利益，以老年人及其家属代言人的身份出现，主动弥补老年人及其家属的实际利益和心理利益。

(5) 灵活变通原则(Flexible)

在出现危机时，最好成立一个以养老机构或社区重要人物为中心的新闻中心。这一中心可以是临时性的，也可以是长期性的。在危机发生时，它的作用在于将危机真相告诉老年人及其家属，有助于使大批媒体采编人员在离开危机地后，仍然能获得很多关于危机的消息，尽可能地避免媒体事后的猜测。

(6) 承担责任原则(Face)

危机事件往往会造成组织利益和公众利益的冲突激化，从活动危机管理的角度来看，无论谁是谁非，组织应该主动承担责任。目光短浅的组织，为了保护自身、获取短期利益，在危机管理中往往将公众利益和社会责任束之高阁，最终却为之付出巨大代价；而具有强烈责任感的组织，宁愿以牺牲自身短暂利益换来良好的社会声誉，树立和不断提升组织和品牌形象。

二、老年活动的危机监测点

老年活动危机是指在老年活动过程中，由于各种不可预见或不可控制的因素，导致老年人身心状态或安全受到威胁或损害的情况。这些危机可能包括但不限于健康危机、心理危机、安全危机等。以下是在老年活动中应关注的关键危机监测点。

1. 活动流程

在活动进行过程中，由于活动工作者专业经验的认识差别，可能导致现场操作的偏差，致使活动不能正常进行。所以，需要在活动实施前对活动流程再审视，对活动的操作性进行预演模拟测试，集思广益发现问题，并及时修正。对不可避免的问题可以提前回避，风险性问题要采取多套备用方案，以备临时之需。

2. 安全保障

在活动前，应该对消防设备、照明等安全设施进行检查，确保处于可用状态；应该对疏散准备、疏散区域、疏散距离、疏散线路、疏散运输工具、安全庇护场所及回迁等做出细致的规划和准备。对于老年活动而言，还要考虑人为破坏性因素，如闲杂人员滋生事端，有破坏、盗窃活动设备的行为，或其他威胁到人员财产和安全的行为。发生事件以后，意外疏散小组必须反应迅速、协调有序，合理调配和使用应急疏散资源。

3. 健康监测

老年群体是弱势群体，活动前应事先与120急救中心和相关医院联系，成立应急医护小组，准备急救药品和医疗设备。在活动期间，应定期监测老年人的血压、心率、血糖等生命体征，以及注意是否出现头晕、胸闷、呼吸困难等异常症状。当老年人突发疾病或发生事故时，应立即拨打医院急救电话，相关负责人迅速采取措施抢救受伤人员，同时要防止事故扩大，保护好现场，第一时间与老年人家属取得联系。老年人参加活动健康监测要点如下。

(1) 心率监测

运动中的心率(脉搏)监测需要有一个短暂的停顿，然后找到脉搏测量位置，轻轻按压即可感到波动。一般采用记录10秒脉，然后乘以6的方式计数。为提高准确度，如果在开始计数和停止计数时都摸到一次波动，只记录一次而不要算作两次。如果所测得的心率在所设定的靶心率范围内，表明运动强度是合理的。

(2) 呼吸困难

运动中的呼吸困难可以表现为气短、喘息、剧烈咳嗽，原因可能是运动过于剧烈、运动性哮喘、心脏病发作等。因此，运动中出现呼吸困难首先需要判断其发生的原因，如果排除运动强度的因素，往往可能是比较严重的情况，需要及时找医生或专业急救人员进行处理。

如果是由于运动导致的呼吸困难，往往是因为呼吸过浅、频率过快、寒冷刺激。这时可以通过降低呼吸频率，采用“两步一吸、两步一呼”的方式进行呼吸。如果是在寒冷季节进行户外运动采用嘴呼吸时，要注意将舌头抵住上腭，让空气从舌头两侧流过，其目的在于增加吸入空气的温度和湿度，降低对胃肠道的刺激，减少发生呼吸肌痉挛的可能。

(3) 头晕

运动中出现头晕多见于中暑。如果在炎热季节锻炼，突然感到头晕、不出汗、出现恶心呕吐现象时，要考虑中暑的可能，这时需要尽快到阴凉处休息；如果头晕加重，需要及时找专业急救人员进行处理。

导致运动中头晕的常见原因是大脑供血不足，最为常见的状况是在运动后突然停止活动(如坐下)，导致下肢静脉血液不能有效回流，大脑暂时性供血不足。一定要记住：剧烈运动后，不能立即坐下、蹲下、躺下或站立不动，要通过慢走、慢跑等保证血液回流，减少运动后头晕情况的发生。

(4) 肌肉痉挛

导致运动中肌肉痉挛(抽筋)的常见原因有寒冷刺激、疲劳、出汗过多、用力过猛等。肌肉痉挛时可以适当补充运动饮料，然后对痉挛肌肉进行缓慢用力牵拉，使肌肉保持在持续拉长的状态15～20秒，多数痉挛会缓解。随后，再对痉挛肌肉进行按摩、热敷等进一步放松处理。

(5) 中暑先兆

中暑先兆发生在炎热季节，是由高温环境引起的，以体温调节中枢功能障碍、汗腺功能衰竭和水及电解质丢失过多为特点。根据发生机制不同，可以分为热射病、热痉挛和热衰竭。主要处理方法是脱离热源或热环境，降低体温，补充水和电解质。根据类型不同，还需要降低头部和体内温度、缓解肌肉痉挛、促进血液回流。

(6) 心绞痛

活动中发生心绞痛的原因可以分为两大类：稳定型和非稳定型。稳定型心绞痛只在运动时发生，停止活动或减轻运动强度，症状会明显缓解；非稳定型心绞痛则无发生规律，在安静时也会发生，往往是心脏病发作的前兆。心绞痛的个体差异很大，现场处理需要专业人员。

需说明的是，心绞痛和心脏病发作的感觉很像，但心绞痛可以通过停止运动或服用硝酸甘油而缓解；心脏病发作是由于动脉硬化导致狭窄，若处理不当后果严重。

(7) 腹痛

腹痛是运动过程中一种常见的症状，在耐力项目中发生率较高，其中 1/3 的人查不出发病原因，而仅与活动有关。其发生与缺乏锻炼、准备活动不充分、身体疲劳、呼吸过浅过快、饥饿有关。

运动性腹痛的发生原因复杂，与肝脏淤血，呼吸肌痉挛，胃肠道痉挛，腹内疾病(如肝炎、溃疡病、慢性阑尾炎)有关，还有一部分原因不明。

对运动性腹痛的处理取决于发生的性质，对能查明原因的需要及时消除病因。对运动中发生的腹痛首先应当减速，并加深呼吸，用手持续按压疼痛部位。如果仍然疼痛，应当暂时停止运动，按压合谷、内关等穴位，多数腹痛会缓解。

(8) 关节扭伤

关节扭伤可能会伤及韧带、肌肉、关节软骨，在锻炼中要积极预防这类损伤，因为这些组织一旦损伤愈合很困难。通过关节相关部位的静力性练习可以提高关节的稳定性，减少这类损伤的发生。

如果发生扭伤，首先需要进行 15～20 分钟的冷敷(可用自来水、冰袋等)，然后一定要进行加压包扎(采用弹力绷带进行 24 小时有一定压力的缠绕，以减轻肿胀)，休息 2～3 天，在休息时要把受伤肢体抬高放置。

除以上处理办法，活动现场工作者应根据老年人实时的身体状况、病史、用药史等情况进行相应的处理。

4. 情绪观测

不排除有些认知症、谵妄症老年人可能因环境变化、社交压力等原因出现突发情绪失控、游走、暴力语言、不当行动等精神性行为症状。因此，要在活动前对老年人精神心理状态进行排查，如有情绪问题，需要家属或照护人员陪同。在活动期间，应密切关注老年人的情绪状态，如焦虑、抑郁、情绪低落等。一旦发现老年人出现以上表征，活动工作者应及时提供心理疏导和干预，然后陪同老年人先行离开活动现场。

5. 食品安全

老年人的饮食需求特殊，需要特别关注。在活动期间，应提供符合老年人营养需求的饮食，并确保食品的来源、保存、烹饪等环节的安全卫生。同时，要考虑到老年人可能存在的慢性疾病(如糖尿病、高血压、高血脂等)，饮食应尽可能个性化，符合其特定的营养需求。提供富含蛋白质、维生素、矿物质及膳食纤维的食物，确保碳水化合物、脂肪、蛋白质等营养素的合理搭配。食物应易于咀嚼和消化，如软烂的肉类、细碎的蔬菜、软糯的米饭等。

6. 天气变化

在活动前，应了解天气预报，并根据天气情况制定相应的应对措施，如遇酷暑、寒冷或雷雨等极端恶劣天气，应延期举办活动；如果天气情况尚能允许正常举办活动，要给活动参与者在衣着、户外用品、出行准备等方面加以提醒，也可将活动从户外改为室内。在活动期间，应密切关注天气变化，如温度、湿度、风力等，并根据天气变化适当调整活动项目和活动时长，以确保老年人的安全和舒适。

三、老年活动的危机管理流程

老年活动危机管理对于确保老年人的安全和活动的顺利进行至关重要。通过有效的危机管理，能够迅速识别、评估和应对危机，最大程度地减少危机对老年人的伤害和损失，保障老年人的生命安全和身心健康。

1. 危机识别与评估

(1) 危机识别

在老年活动过程中，需要密切关注老年人的身体状况、情绪变化以及活动现场的情况，及时发现可能存在的危机。

(2) 危机评估

一旦发现危机，需要迅速对危机情况进行评估，确定危机的性质、范围和影响程度。评估的标准可以包括老年人的健康状况、心理反应、场地安全状况、活动流程的顺畅性等。

2. 危机干预

(1) 干预原则

老年活动危机干预应遵循迅速反应、科学决策、人文关怀等原则。在危机发生时，需要迅速启动应急预案，科学决策应对措施，同时关注老年人的情感需求，提供必要的心理支持和安抚。

(2) 干预措施

① 健康危机：立即进行紧急医疗救助，如拨打急救电话、进行心肺复苏等，同时联系医疗机构进行进一步治疗。

② 心理危机：提供心理支持和干预，如与老年人沟通，进行心理疏导，提供心理咨询等；帮助老年人调整心态，缓解心理压力。

③ 安全危机：组织疏散、应对紧急情况，如启动紧急出口、使用消防设备、进行安全疏散等，确保老年人的生命安全。

3. 危机后续处理

(1) 危机总结

在危机干预结束后，需要对危机干预过程进行总结和反思，分析危机发生的原因、处理过程中存在的问题和不足，并提炼经验教训。

(2) 改进措施

根据危机总结的结果，针对危机管理中存在的问题和不足，提出改进措施和建议。这些措施可以包括加强监测和预警、完善应急预案、提高应急响应能力等。

4. 其他事项

(1) 相关法律法规

列出与老年活动危机管理相关的法律法规和政策文件，为危机管理提供法律支持和依据。

(2) 应急预案

提供老年活动应急预案，帮助组织者和参与者制定和完善自己的应急预案，提高危机应对的效率和效果。老年活动应急预案案例，可扫码查看，也可至复旦社云平台 www.fudanyun.cn 下载。

案例

请在学习小组内用头脑风暴的方法，为社区自理老年人参观当地博物馆的活动准备一份应急预案，

从天气、人员、物品、地点、意外等方面考虑。

在线测验

任务测试

扫码进行在线测验。

任务4 活动现场组织技巧

任务发布

4.1 如何策划老年破冰游戏?

4.2 现场老年活动如何主持?

知识链接

在现场活动组织中,活动工作者的破冰技巧和主持技巧至关重要,它们不仅关乎活动的氛围营造,更关系到老年参与者的体验和收获。

一、老年活动的破冰技巧

破冰,又叫做热身活动,是指在正式活动之前,活动主持人(或活动工作者)通过有趣的团体游戏、小活动等热身手段,辅以热情洋溢的口头语言和肢体语言,来营造一个轻松愉快、减少陌生感的活动环节。

1. 参与者心理分析

活动开始阶段,参与者往往不知道自己该做什么,故在心理和行为上容易出现矛盾、困惑和焦虑等问题。因此,需要对参与者心理进行分析。

(1) 矛盾的心理与行为特征

他们既对活动充满好奇和期待,也希望与其他参与者或活动工作者建立良好的互动,但又不无疑惑和焦虑。

(2) 小心谨慎与相互试探

大多数参与者的行为十分拘谨,说话做事显得小心谨慎。

(3) 沉默而被动

由于刚开始加入活动,不懂活动规范,怕说错话、做错事,不少参与者会表现为沉默、观望、等待的特征,大都希望在别人怎么说、怎么做之后,再被动跟进。由此,整个活动现场显得沉默,进程缓慢,缺乏自发性和流畅性。

(4) 对活动工作者的依赖性

刚开始活动,参与者往往依赖活动工作者,视其为权威,以其为中心,而忽视了自己在活动中的角色和能力。

2. 破冰游戏的作用

(1) 促进参与者之间的交流与互动

破冰游戏能够帮助老年人打开心扉,主动与他人交流,增加彼此之间的了解和信任。

(2) 营造轻松愉快的氛围

通过有趣的破冰游戏,可以缓解老年人的紧张情绪,让他们更加放松地参与活动。

(3) 增强活动的吸引力和趣味性

精彩的破冰游戏能够吸引老年人的注意力,提高他们对活动的兴趣和参与度。

3. 破冰游戏的实施

(1) 选择适合老年人的破冰游戏

一是根据人际熟悉程度选择游戏。如果老年人之间互相不认识,那么热身游戏的目的在于促进他们之间的了解。例如,“年龄排队”这个游戏通过让不认识的老年人,在不能说话的情况下,运用肢体语言等方式进行沟通,在规定的时间内按照年龄大小排队,再轮流介绍自己,这是一次沟通的探索,让老年人彼此认识,促进了解。如果老年人之间比较熟悉,但是跟活动工作者之间不相识,可以通过耳熟能详的“你画我猜”游戏,发现有默契关系的老年人组合,创造轻松愉快的活动氛围。

例如,“抛气球”这个破冰游戏能让不熟识的老年人通过抛接气球,再自我介绍,加深了解。

图 4-9 “抛气球”游戏

二是根据老年人的兴趣爱好选择游戏。如果参与者中有喜欢音乐的老年人,可以组织一场“音乐接龙”游戏,让大家轮流唱出与上一个参与者所唱歌曲相关的歌曲。如果老年人对历史文化感兴趣,可以设计一场“历史人物猜猜看”的游戏,通过描述历史人物的特征或事迹,让其他人猜测是哪位历史人物。

资料

老年团体游戏的类型可扫码查看,也可至复旦社云平台 www.fudanyun.cn 下载。

(2) 制定详细的破冰计划

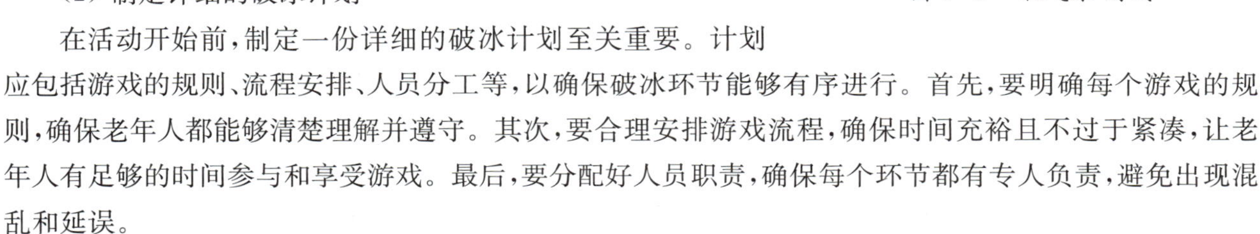

在活动开始前,制定一份详细的破冰计划至关重要。计划应包括游戏的规则、流程安排、人员分工等,以确保破冰环节能够有序进行。首先,要明确每个游戏的规则,确保老年人都能够清楚理解并遵守。其次,要合理安排游戏流程,确保时间充裕且不过于紧凑,让老年人有足够的时间参与和享受游戏。最后,要分配好人员职责,确保每个环节都有专人负责,避免出现混乱和延误。

(3) 营造温馨和谐的氛围

在破冰环节中,营造温馨和谐的氛围至关重要。可以通过播放轻柔的音乐来营造轻松愉快的氛围,让老年人在音乐中放松心情。同时,可以展示一些温馨的图片或视频,如家庭合照、自然风光等,让老年人感受到家的温暖和舒适。此外,还可以设置一些装饰物或道具,如气球、彩带等,增加活动的趣味性和吸引力。

(4) 鼓励老年人积极参与

在破冰过程中,要鼓励老年人积极参与游戏和活动。可以通过口头鼓励、示范引导等方式,激发老年人的参与热情。同时,要关注老年人的情绪变化,及时给予安慰和支持。如果老年人表现出害羞或犹豫的情绪,可以主动与他们交流,了解他们的需求和担忧,并采取相应的措施来帮助他们克服心理障碍。

(5) 灵活调整破冰环节

根据老年人的反馈和活动效果,灵活调整破冰环节的内容和方式。如果某个游戏不受欢迎或者效果不佳,可以及时更换其他游戏或者调整游戏规则。同时,要密切关注老年人的反应和情绪变化,根据他们的需求来调整活动的节奏和氛围。如果老年人表现出疲惫或不适的情况,可以适当休息或调整活动的强度和内容。

4. 注意事项

(1) 尊重老年人的意愿

在破冰过程中,要尊重老年人的意愿和选择。如果老年人不愿意参与某个游戏或者活动,不要强迫他们参与。

(2) 关注老年人的身体状况

在破冰环节中,要特别关注老年人的身体状况。如果老年人出现身体不适或者疲劳的情况,要及时停止游戏和活动,并给予必要的照顾和关注。

(3) 确保活动的安全性

在破冰过程中,要确保活动的安全性。选择适合老年人的游戏和活动,避免过于激烈或者危险的动作和行为。同时,也要提供必要的安全保障措施,如安全帽、护膝等。

二、老年活动的主持技巧

主持技巧作为活动成功的关键因素之一,对于提升活动效果、增强老年参与者的满意度具有至关重要的作用。

1. 主持技巧概述

(1) 语言表达技巧

主持人应使用通俗易懂、亲切友好的语言和老年参与者交流,避免使用过于专业或复杂的词汇。同时,主持人应注意语速适中、语调抑扬顿挫,以吸引老年参与者的注意力。

(2) 情感沟通技巧

主持人应关注老年参与者的情感需求,通过倾听、理解、鼓励等方式与老年参与者建立情感联系。在主持过程中,主持人应真诚、热情地与老年参与者互动,营造温馨、和谐的氛围。

(3) 活动掌控技巧

主持人应熟悉活动流程,对各个环节进行合理安排和掌控。在主持过程中,主持人应注意时间、活动的节奏以及参与者参与度的把握,确保活动顺利进行。

(4) 应对突发情况技巧

在老年活动组织中,可能会出现各种突发情况,如设备故障、参与者身体不适等。主持人应具备良好的应变能力,迅速采取合适的措施解决问题,确保活动的顺利进行。

2. 具体实施

(1) 提前准备

在活动开始前,主持人应投入充足的时间进行精心准备。首先,深入了解活动的内容、目的和预期效果,这有助于主持人把握整个活动的主题和氛围。其次,主持人应了解参与者的基本情况,包括他们的年龄、兴趣爱好、健康状况等,以便在主持过程中更好地与参与者沟通。

制定详细的主持计划是确保活动顺利进行的关键。主持计划应包括活动的流程安排、时间控制、互动环节设置等。主持人还应准备好相关的道具、音乐等,确保在活动过程中能够随时调用,为参与者提供最佳的参与体验。

(2) 营造氛围

在活动开始时,主持人应通过亲切的问候和简短的自我介绍与老年参与者建立联系。问候和自我介绍应简短而真诚,让老年参与者感受到主持人的热情和友好。

为了营造温馨、轻松的氛围,主持人可以播放轻松愉快的音乐,展示温馨的图片或视频。这些元素能够迅速拉近主持人与老年参与者之间的距离,让他们感受到活动的温暖和友好。同时,主持人还可以通过幽默风趣的语言和表情，让参与者在轻松愉快的氛围中度过整个活动。

(3) 引导互动

在主持过程中，主持人应鼓励老年参与者积极参与互动环节。提问和小组讨论是激发老年参与者思考和表达欲望的有效方式。主持人可以设计一些与活动主题相关的问题，引导老年参与者进行深入思考，并鼓励他们分享自己的见解和经历。

同时，主持人应密切关注参与者的反应和情绪变化。当发现参与者对某个话题感兴趣或存在疑惑时，主持人应及时调整话题内容或解释方式，以满足参与者的需求。当参与者表现出积极参与的态度时，主持人应给予及时的鼓励和赞扬，以增强他们的自信心和归属感。

(4) 灵活应变

在老年活动组织中，可能会出现各种突发情况。主持人应具备良好的应变能力，以应对各种不可预见的情况。当设备出现故障时，主持人应迅速采取备用方案或更换设备，确保活动的顺利进行。当参与者出现身体不适时，主持人应立即采取措施并联系医护人员，确保参与者的安全。

此外，主持人还应根据现场情况灵活调整主持方式和内容。当发现某个话题或环节不受欢迎时，主持人可以迅速切换到其他话题或环节，以吸引参与者的兴趣。当参与者对某个话题表现出浓厚兴趣时，主持人可以适当延长该话题的讨论时间，以满足参与者的需求。

(5) 总结反馈

在活动结束后，主持人应对活动进行总结和反馈。首先，回顾活动的亮点和成功之处，总结经验教训。然后，分析活动中存在的问题和不足之处，提出改进意见和建议。

同时，主持人应与老年参与者进行互动交流，了解他们对活动的感受和建议。通过收集参与者的反馈意见，主持人可以更加准确地了解活动的实际效果和参与者的需求，为今后的活动组织提供参考依据。此外，主持人还可以将参与者的反馈意见反馈给活动组织者和相关部门，以促进活动的不断改进和提高。

任务拓展

全班分为 4 组，每组 2 人做活动主持人，其余人扮演老年人，在实训室内组织、实施一次 20 分钟的老年破冰游戏。评价方式：组内自评(30%)、小组互评(40%)、教师评分(30%)，同时引入增值评价，综合赋分。

表 4-3　活动现场组织评价表

评价维度	评 分 细 则	组内自评(30%)	小组互评(40%)	教师评分(30%)
主持技巧(20 分)	仪态大方、庄重，面带微笑 自我介绍亲切自然，跟老年人热情交流			
游戏设计(20 分)	游戏设计适合老年活动对象 游戏目的性、操作性强			
示范讲解(20 分)	游戏规则讲解清晰 用老年人宜接受的方式示范，便于老年人理解			
游戏道具(10 分)	道具准备充足，道具容易获得、安全性强			
游戏组织(20 分)	游戏环节清晰、顺序合理 现场无意外事故 团体参与度高，小组配合好			

(续表)

评价维度	评 分 细 则	组内自评（30%）	小组互评（40%）	教师评分（30%）
游戏总结(10 分)	带领团队做好活动的分享交流			
总分				
加分项(10 分)	自己动手制作活动道具,体现创意			

在线测验

任务测试

扫码进行在线测验。

项目总结

请同学们根据本项目内容总结。

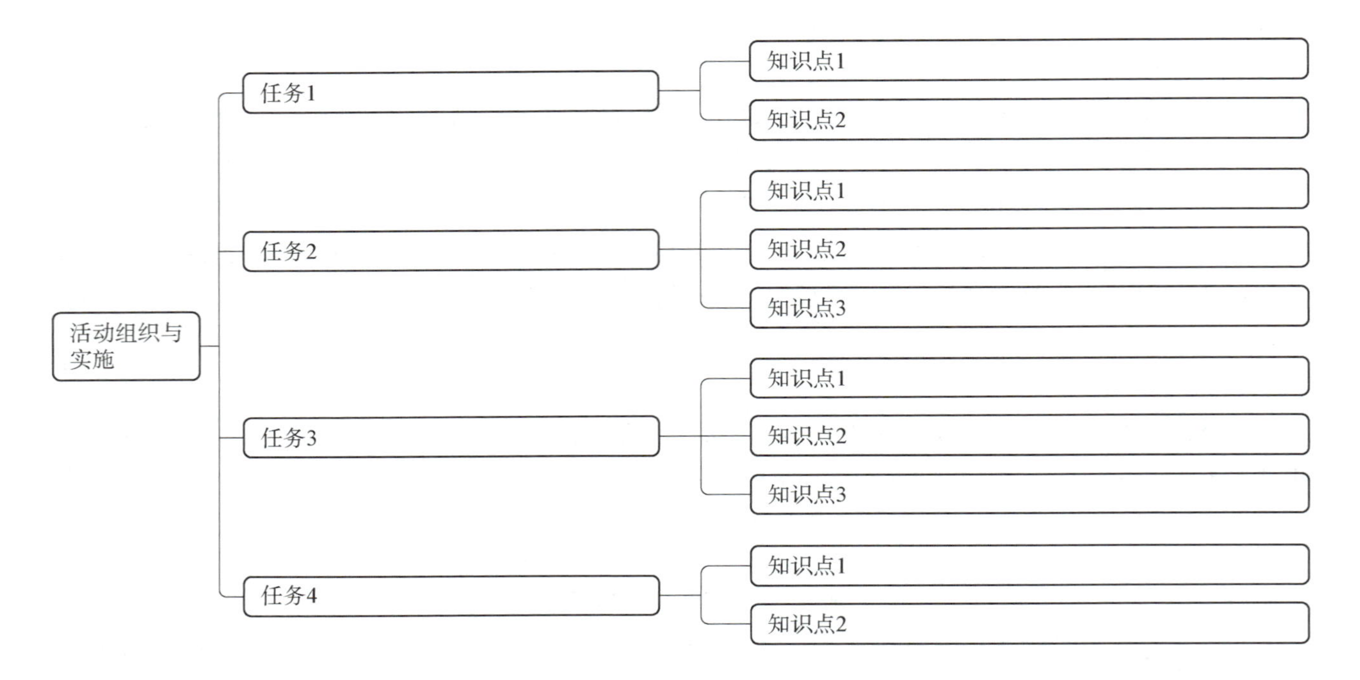

项目实训

请各小组到当地养老机构或社区,使用《场地布置的评估表》对活动环境开展评估和改进,并实施一次破冰活动,体会破冰技巧和主持技巧。

项目五

活动评估与总结

项目目标

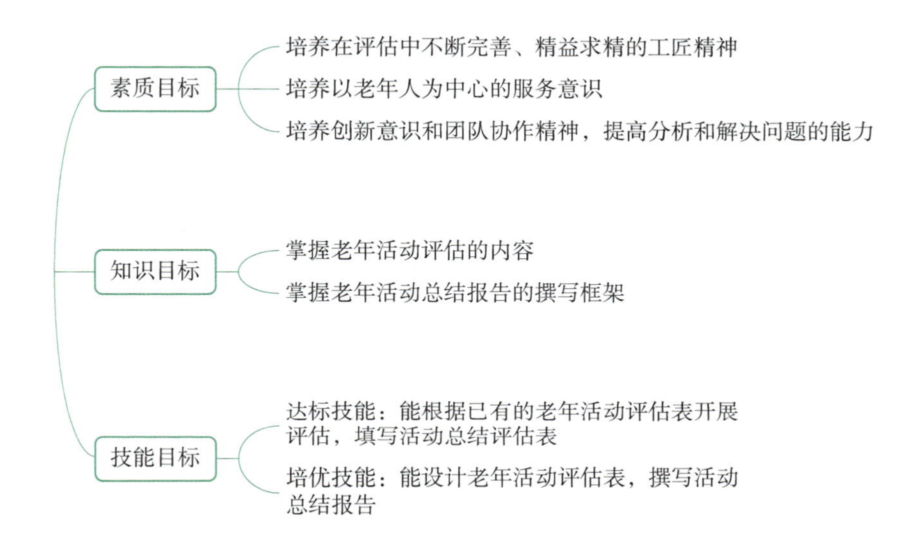

项目要点

1. 重点：掌握过程评估与结果评估的内容。
2. 难点：撰写活动总结报告。

项目资讯

1. 复习项目二“活动预估与调研”的内容，回顾相关的定量与定性调研方法的内容。
2. 通过微信公众号、期刊等途径，查阅不同类型老年活动的评估与总结案例。

任务1　认识活动评估

任务发布

1.1　活动过程评估的内容有哪些？

1.2　活动结果评估的内容有哪些？

知识链接

一、老年活动评估的概述

1. 老年活动评估的定义

老年活动评估阶段，既是老年活动的最后一个阶段，也贯穿于老年活动的全过程。是指运用科学的研究方法和技术，系统地评估活动过程和结果，考查活动的效果是否达到了预期的目的与目标的过程。老年活动的评估具有持续性、互动性、层递性等特点。

2. 老年活动评估的特点

（1）持续性

老年活动评估贯穿老年活动服务的全过程，包括活动前期的需求调研设计与实施是否科学合理、活动相关准备工作是否到位、活动实施过程中参与对象的参与情况及反应、其他合作方的参与及反馈、活动结束后的效果反馈等内容。

（2）互动性

老年活动评估并不是活动工作者单方面就可以完成的，需要与活动其他相关方进行积极互动才能完成。如关于参与老年人对活动满意度的了解，需在每次活动结束后，留出与老年人面对面交流的时间，通过发放满意度调查问卷等评估表，询问活动感受及对活动的看法。同时，也应询问机构或社区中的工作人员，了解他们参与这次活动的评价和这次参与活动的老年人表现与平常有哪些不同，并做好记录。

（3）层递性

活动工作者在进行活动评估方案设计时，需从简到难、由浅入深地进行相应的内容设计，这样评估内容才更容易被接受。

3. 老年活动评估的意义

（1）监督工作进度

活动评估是一个不断收集活动效果和进度的过程。通过对它们的分析可以起到督促、提醒活动工作者注意工作方向和进度的作用。

（2）巩固活动成果

通过活动评估，可以帮助活动组织者和活动参与对象回顾活动的过程，帮助活动参与对象总结参与活动中的愉快经历，增强今后继续参与活动的动力。通过对整个活动开展的评估，找出活动开展过程中的不足。为今后类似活动的更好开展积累经验，以求完善。

（3）进行社会交代

由于当前大多数老年活动为公益性、非营利性活动，得到了政府、各公益组织、赞助单位和个人的各类支持。活动评估是活动组织者向社会、公众、上级主管部门、赞助单位等，交代其在多大程度上实现了活动目标和其社会功能的过程，说明社会资源的使用情况和效益，接受社会公众的监督。

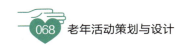

二、老年活动评估的内容

1. 过程评估

过程评估是对整个活动过程进行监测，了解活动是如何进行的，活动是否实现了预期目标，包括对工作过程的每一步骤、每一阶段分别做出评估，关心的重点是活动过程中的各种步骤和程序怎样促成了最终的结果。过程评估主要是了解和描述活动的内容，回答服务过程中发生了什么，以及为什么发生；活动开展过程中遇到什么困难，疏忽了什么；和活动策划阶段存在什么出入；今后在开展活动时可以从这次活动中学到什么，以及未来如何避免。

过程评估着重评估从活动策划开始到活动方案执行和完结的整个服务过程。在具体评估过程中，根据活动的不同阶段，关注不同的评估焦点。

（1）前期筹备评估

前期筹备工作包括需求评估、活动计划和目标设计、沟通协调、活动宣传、资源调配情况等方面。

① 需求评估：前期的需求评估方案设计是否合理，需求评估过程是否符合专业伦理、数据是否真实，需求评估报告是否完整等内容。

② 活动计划和目标：活动计划是否明确、合理，活动目标是否与需求评估结果相呼应，是否符合老年人的需求和兴趣等。

③ 沟通协调：筹备过程中与老年人、家属、社区和相关部门等人员的沟通是否充分、有效。

④ 活动宣传：采用的宣传方法是否符合目标活动对象的日常生活习惯，能否有效吸引目标老年人报名参加活动，宣传的频率和时间等是否合适、有效。

⑤ 资源调配情况：相关资源链接和调动情况，包括人力资源调用情况，即社区或机构志愿者、其他相关合作方的参与情况；物资资源筹措情况，前期筹措到多少物资资源支持活动的开展等。此外，活动所需的资源和设备是否充分，是否满足活动的需要。

（2）执行过程评估

执行过程评估包括活动流程、参与人员表现、活动内容吸引度、工作人员表现、活动环境布置等方面。

① 活动流程：活动是否按照计划进行，时间安排是否合理，参与者是否能够顺利参与活动。

② 活动参与者表现：活动参与者的参与度和互动情况，他们是否能够在活动中感到舒适和安全，能否积极参与各个活动环节过程中。在参与过程中，有哪些特殊表现等。

③ 活动内容吸引度：评价活动内容是否吸引人，是否有教育意义，是否能够满足老年人的实际需求。

④ 工作人员表现：工作人员分工合作安排是否合理，各个岗位的工作人员的职责履行情况，工作人员相互配合是否流畅，工作人员能否及时留意到活动过程中的变化，并给予恰当回应，工作人员和参与活动老年人的沟通互动情况等。

⑤ 活动环境布置：活动现场环境布置能否满足活动顺利开展的需要，以及安全保障情况等。

2. 结果评估

结果评估，又叫作效果评估，偏重评估活动目标的达成度。例如，活动取得的成绩：影响人数、影响面、活动品牌提升、活动群体的信心和满意度增强；活动存在的不足：活动方案是否完善、宣传是否到位、执行力强不强、参与对象的配合等。常见的结果评估方式是满意度调查。

资料

由于组织单位的支持，以及场地、人员、资金支持等各方面条件不同，活动目标的达成过程中有很多不可预知的影响因素。因此，一般在做活动总结评估时，需将活动结果与活动过程结合起来。结果评估与过程评估的区别可扫码查看，也可至复旦社云平台 www.fudanyun.cn 下载。

（1）活动目标达成情况评估

对接活动计划目标内容，逐一评估活动目标的达成情况。

① 活动目标：活动是否实现了预设的目标，包括提高老年人的社交能力、促进身心健康等。

② 活动效果：老年人对活动的满意度和活动的效果，包括他们的情感反应和活动后的感受。

③ 长期影响：活动是否促进了老年人的长期参与和社会参与，以及活动对他们的生活质量和福祉的影响。

④ 活动产出：除了无形的效果、影响之外，活动产出更关注有形的产品、报告、视频等可测量、可视化

的结果。例如，建立一个居民微信群；形成一本社区文化活动手册；创建一支志愿者队伍等等。

（2）活动财务情况评估

对经费预算及资金使用、经济效益等方面进行评估。

① 预算和成本：活动的预算是否合理，是否有效地控制了成本。

② 资金使用：活动资金的使用是否透明，是否按照既定的财务规则和程序进行。

③ 经济效益：活动是否产生了预期的经济效益，包括可能的赞助收入和长期影响。

三、老年活动评估的方法

老年活动评估需要了解参与活动的老年人、家属、照护人员、活动工作者、社区工作人员及其他活动相关组织、人员的反馈情况，综合选择观察法、满意度调查法、访谈法、焦点小组、前后测评估法等方法进行。

1. 观察法

观察法是一种直接、客观的评估方法，活动工作者通过观察老年人在活动过程中的行为、表情、反应等来评估活动效果。这种方法可以帮助活动工作者了解老年人的参与度、互动情况和活动体验。在观察法中，活动工作者可以关注以下几个方面。

① 参与度：评估老年人是否积极参与活动，是否愿意与活动中的其他参与者互动。

② 互动情况：观察老年人在活动中的交流和合作，了解他们是否能够与同伴建立良好的关系。

③ 活动体验：观察老年人的情绪和表情，了解他们在活动中的满意度以及是否能够从中获得愉悦感。

④ 活动适应性：观察老年人对活动内容和形式的适应程度，了解是否存在不适合他们的环节。

⑤ 安全情况：关注老年人的安全问题，确保活动过程中无安全隐患。

观察法的优势在于能够直接观察到老年人在活动中的实际表现，为评估活动效果提供客观依据。然而，这种方法也可能存在一些局限性，如评估者可能受到主观偏见的影响，以及难以深入了解老年人的主观感受和需求。

2. 满意度调查法

满意度调查法比较常见的是以问卷的形式进行，收集老年人在活动结束后的满意度和反馈。这种方法可以帮助活动工作者了解老年人对活动的主观感受和体验，以及他们对活动的满意程度。满意度调查法适用于评估活动对老年人的影响，但可能难以观察到老年人的实际行为和互动情况。

图 5-1 满意度调查

满意度调查法问卷的设计，可以包括以下几个方面的内容。

① 活动整体满意度：评估老年人对整个活动的满意程度，以及他们在活动中的愉悦感。

② 活动内容满意度：了解老年人对活动内容的兴趣和满意度，包括活动主题、形式等。

③ 活动组织满意度：评估老年人对活动组织过程的满意度，包括时间安排、场地布置等。

④ 活动效果满意度：了解老年人对活动效果的满意度，包括身心健康、社交能力等方面的提升。

⑤ 活动建议：收集老年人对活动的改进建议，以便于优化活动质量。

满意度调查法的优点是可以了解老年人对活动的主观感受，为评估活动效果提供重要依据。然而，这种方法也可能存在局限性，如老年人可能因为礼貌而给出较高的满意度评价，或者他们可能无法准确表达自己的需求和感受。

3. 访谈法

访谈法是通过与老年人进行一对一的深入对话，深入了解他们的需求、体验和对活动的看法。这种方法可以帮助深入了解老年人的主观感受、满意度，以及他们对活动的看法和建议。访谈法适用于深入了解老年人的个人体验和需求，但可能需要耗费较多时间和资源。

图 5-2　访谈法

访谈法可以分为以下几个步骤。

① 建立信任：在与老年人进行访谈时，首先要建立信任关系，使他们感到舒适和放松。

② 开放式问题：提出开放式问题，鼓励老年人自由表达自己的看法和感受。

③ 关注细节：关注老年人在活动中的具体经历和感受，了解他们对活动的期望与现实之间的差距。

④ 倾听与回应：认真倾听老年人的回答，给予适当的回应和反馈，以显示尊重和关注。

⑤ 归纳总结：访谈结束后，对老年人的回答进行归纳总结，提炼出有价值的信息。

访谈法的优点是可以深入了解老年人的需求和体验，为评估活动效果提供详细依据。然而，这种方法也可能存在一些局限性，如访谈过程中可能受到活动工作者主观偏见的影响，以及需要耗费较多时间和资源。访谈的注意事项请扫码查看，也可至复旦社云平台 www. fudanyun. cn 下载。

资料

4. 焦点小组

焦点小组是一种通过小组讨论的方式，让评估对象就活动相关话题进行讨论和交流。相对于访谈法，焦点小组相对来说效率较快，适用于邀请活动相关方，包括志愿者、其他工作人员等，就活动过程执行情况等进行评估。焦点小组需要活动工作者具备较强的引导互动交流能力。

焦点小组的步骤包括以下几步。

① 选择合适的小组成员：可以选择参与活动老年人代表、志愿者代表、社区或机构工作人员、活动赞助者等共同参与。

② 确定讨论话题：提前准备与活动相关的话题，如本次活动大家的满意情况、活动内容设计的合理性等问题。

③ 引导讨论：工作人员就提前准备好的问题，引导小组成员进行讨论，活动工作者注意运用适当的沟

通技巧引导讨论，确保讨论的顺利进行。

④ 记录与分析：记录讨论过程中的关键信息，对评估对象的观点进行归纳和分析。

⑤ 总结与反馈：在讨论结束后，向评估对象反馈讨论结果，并邀请他们提出改进建议。

焦点小组的优点是可以在较短时间内，收集到不同群体的观点与看法，为评估活动效果提供丰富信息。然而，也可能存在一些局限性，如可能由于不同人员间关系影响到真实意见的表达。

5. 前后测评估法

前后测评估法是社会调查研究中常用的方法之一。在老年活动评估中，主要通过活动干预前的前测数据和干预后的评估数据或状态作对比，来评定参与老年人在特定指标上的变化情况，从而评估干预措施的有效性。

(1) 主要概念

① 前测(Pre-test)：是在实施干预措施之前，对参与者的相关知识、技能、态度、行为或其他特定指标进行的初始测试。它的主要目的是获取参与者在干预开始前的基线数据，作为后续比较的参照点。例如，在开展老年人认知干预活动之前，通过问卷、测试或观察等方式，了解老年人的认知功能初始水平，像记忆能力、注意力集中程度、情绪状态等方面的状况。

② 后测(Post-test)：是在干预措施结束后，对参与者使用与前测相同或相似的工具和方法，再次对相同的指标进行测试。后测数据用于和前测数据进行对比，通过分析两者之间的差异，来评估干预措施对参与者产生的影响。例如，在老年人完成认知干预活动后，再次测试他们的认知功能，看看经过干预后的记忆能力、注意力、情绪状态等是否有所改善。

(2) 设计步骤

① 确定评估目标和指标。

目标明确：清晰界定通过前后测想要评估的目标。例如，评估一个老年人健身活动项目，目标可能是提高老年人的身体机能和活动能力。

指标选取：根据评估目标，选择具体的、可测量的指标。对于老年人健身项目，可选取的指标包括肌肉力量(如握力)、身体柔韧性(如弯腰手指触碰脚趾的程度)等。

② 选择合适的测试工具和方法。

工具适配性：根据评估指标选择合适的测试工具。对于测量老年人的认知功能，可以使用如简易精神状态检查表(MMSE)；对于身体机能测试，可以使用专业的体能测试设备，如握力计等。

方法一致性：前测和后测的方法要保持一致，以确保数据的可比性。例如，如果前测是通过实地观察老年人的日常活动能力来收集数据，后测也应该采用同样的实地观察方式，并且观察的场景、任务等细节也要尽量相同。

③ 实施前测。

数据收集：在干预措施开始前，按照选定的测试工具和方法，收集参与者的初始数据。这一过程要确保数据的准确性和完整性。例如，在进行问卷调查时，要向参与者解释清楚问题的含义，避免误解。

记录保存：认真记录前测数据，建立良好的数据管理系统，方便后续与后测数据进行对比分析。

④ 实施干预措施。

按计划执行：按照预定的方案开展干预活动，如在老年人活动策划中，严格按照设计好的活动内容、活动时间和活动方式来组织活动。

过程监控：在干预过程中，适当监控活动的进展情况，确保活动的质量和效果符合预期，如观察老年人在活动中的参与度、情绪状态等。

⑤ 实施后测。

时间选择：在干预措施结束后的适当时间进行后测。这个时间间隔要根据干预措施的性质和预期效果来确定。对于短期的技能培训项目，可能在培训结束后立即进行后测；而对于一些长期的生活方式干预项目，可能需要等待一段时间，让效果充分显现后再进行后测。

对比分析：使用与前测相同的工具和方法收集数据，然后将后测数据与前测数据进行对比分析。可以通过计算差值、百分比变化等方式来量化评估干预措施的效果。例如，计算老年人在健身活动前后握力的差值，分析握力提升的百分比，以此来判断健身活动对提高老年人肌肉力量的效果。

（3）评价

① 优点。

效果评估直观：能够直接对比干预前后的变化，清晰地展示干预措施是否产生了预期的效果。例如，通过前后测可以直观看到老年人在参加活动后，其活动能力、心理状态等方面是否得到了改善。

提供改进依据：通过分析前后测数据的差异，可以了解干预措施在哪些方面有效，哪些方面需要改进。例如，如果发现老年人在某一认知领域的提升不如预期，就可以针对性地调整活动内容或方式。

② 存在的不足。

外部因素干扰：前后测之间的时间间隔内，可能会受到其他外部因素的干扰，影响对干预措施效果的准确评估。例如，在老年人健康干预项目中，可能在干预期间老年人自行改变了饮食习惯，这会对最终的评估结果产生混淆。

测试工具和方法的局限性：测试工具本身可能存在误差，或者前测可能会对后测产生一定的影响，如参与者在前测中熟悉了测试内容，从而在后测中表现更好，这种情况可能会高估干预措施的实际效果。

任务拓展

请比较活动调研预估和活动评估总结的异同。

任务测试

扫码进行在线测验。

在线测验

任务 2　制定活动评估表

任务发布

2.1　如何制定满意度评估表？

2.2　如何制定活动目标达成度评估表？

知识链接

一、老年活动满意度评估表

对于活动的满意度评估，一般以量表的形式进行。活动工作者在进行量表设计时，应注意量表简洁明了，便于填写和统计分析。同时，为了确保评价的客观性和准确性，可以设计不同级别的评分标准，如“非常满意”“满意”“一般”“不满意”等，以便于量化分析。此外，还可以考虑加入开放性问题，以便于收集更详细的反馈和建议。具体可参考表 5-1 和 5-2。

表 5-1 老年活动满意度评估表

为了提高活动组织质量，请大家积极配合，认真翔实地填写满意度调查表。本次填写为匿名填写，请您根据感受的真实情况，在对应方框里打✓即可。在此，感谢您的支持，同时为耽误您的时间表示歉意。

填表日期：　年　月　日

序号	评估项目/维度	评估内容	评估标准				
			1	2	3	4	5
			非常满意	比较满意	一般	比较不满意	非常不满意
1	活动总体满意度	您对本次活动的总体满意度如何？					
2	活动内容满意度	您对本次活动的内容满意吗？					
3	活动组织满意度	您对本次活动的组织安排满意吗？					
4	活动形式满意度	您对本次活动的形式满意吗？					
5	活动环境满意度	您对本次活动的环境满意吗？					
6	对工作人员满意度	您对本次活动工作人员的服务态度满意吗？					
7		您对本次活动工作人员在活动中的表现总体满意吗？					
8	活动安全性满意度	您对本次活动的安全措施满意吗					
9	建议与意见	您对本次活动的建议					
10	收获情况	您参加本次活动的收获					

需要注意的是，在表 5-1 中，“评估项目/维度”栏目内容为了便于活动工作者了解所对应评估内容设置的目的，在实际操作时，可不用列出；另外，为了便于老年人填写，需在表格前写清楚指导语，注明填写的目的与用途、填写的方式、表达感谢等。

表 5-2 智能手机学习活动满意度调查表

尊敬的老年朋友：

您好！非常感谢您参加本次智能手机学习活动。为了更好地了解您对本次活动的感受和评价，以便我们今后改进活动内容和方式，特设计此份调查问卷。您的回答将对我们非常有帮助，请您根据实际情况如实填写。本问卷采用匿名方式，不会泄露您的任何个人信息。再次感谢您的支持与配合！

×××养老院

××××年××月××日

1. 您的年龄：

　A. 60～65 岁　B. 66～70 岁　C. 71～75 岁　D. 75 岁以上

2. 您的性别：

　A. 男　B. 女

3. 您对本次活动所教授的智能手机功能（如微信聊天、视频通话等）感兴趣吗？

　A. 非常感兴趣　B. 比较感兴趣　C. 一般

　D. 不太感兴趣　E. 完全不感兴趣

4. 您对活动中工作人员的教学方法（如讲解、演示、手把手指导、互动问答等）满意吗？

　A. 非常满意　B. 比较满意　C. 一般

　D. 比较不满意　E. 非常不满意

（续表）

5. 活动中提供的学习资料（如操作手册、演示视频等）对您的学习帮助情况如何？
A. 非常有帮助　B. 有一定帮助　C. 帮助不大
D. 几乎没有帮助　E. 完全没有帮助
6. 活动的时间安排（如每次活动时长、活动频次等）合理吗？
A. 非常合理　B. 比较合理　C. 一般
D. 比较不合理　E. 非常不合理
7. 您对活动场地的环境（如场地大小、设施设备、舒适度等）满意吗？
A. 非常满意　B. 比较满意　C. 一般
D. 比较不满意　E. 非常不满意
8. 参加本次活动后，您对智能手机的操作熟练程度如何？
A. 有很大提高，现在能独立完成很多操作　B. 有一定提高，还需要进一步练习巩固
C. 提高不明显，仍有很多困难　D. 几乎没有提高
9. 您对本次智能手机学习活动的总体满意度如何？
A. 非常满意　B. 比较满意　C. 一般
D. 比较不满意　E. 非常不满意
10. 意见与建议

再次感谢您抽出宝贵的时间填写这份问卷。

二、老年活动目标达成度评估表

在活动成效评估中，除了活动满意度外，活动目标的达成度评估也可设置对应的评估表格，邀请参与活动的老年人进行自评以及其他工作人员进行评估。根据活动目标的设定情况，可设置相应的评估问题与答案。具体可参考表5-3和表5-4。

表5-3　活动目标达成度评估表（活动参与人员使用）

为了提高活动组织质量，请大家积极配合，认真翔实地填写满意度调查表。本次填写为匿名填写，请您根据感受的真实情况，在对应方框内打√即可。在此，感谢您的支持，同时为耽误您的时间表示歉意。

填表日期：　　年　　月　　日

序号	活动目标	评估内容	评估标准				
			1	2	3	4	5
			非常赞成	比较赞成	一般	比较不赞成	非常不赞成
1	80%以上的老年人在参加完活动后，至少掌握一项智能手机使用技能	通过本次活动，我至少掌握了一项智能手机使用技能					
2	80%以上的老年人在活动过程中，能积极与他人交流互动	在本次活动过程中，我有与其他人一起交流互动					

同样，表5-3中的“活动目标”列内容，是为了方便活动工作者对应活动目标进行相应的评估内容设

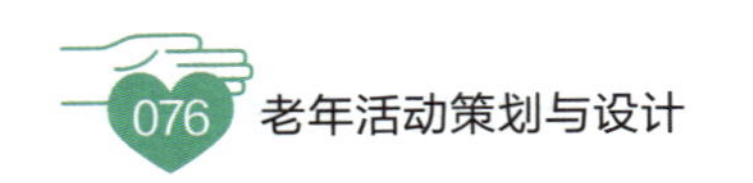

计的，在实际操作过程中，派发给老年人的评估表上无须列出。

表 5-4　活动目标达成度评估表（活动工作者使用）

活动名称	
活动内容	
活动目标	
参加者	男性（　　）名　年龄特征：______　自理情况：______ 女性（　　）名　年龄特征：______　自理情况：______ 共计（　　）名　备注：______
对活动的整体评价	
活动总体目标达成度	1. 全部完成　2. 部分需要改善　3. 需要大力改善 备注：
参与者的活动反应	1. 非常好　2. 部分反应不好　3. 全部反应不好 备注：
参与者的认知目标	理解力：1. 非常好　2. 部分不好　3. 全部不好 注意力：1. 非常好　2. 部分不好　3. 全部不好 执行力：1. 非常好　2. 部分不好　3. 全部不好 备注：
参与者的身体目标	体力：1. 非常好　2. 部分不好　3. 全部不好 协调性：1. 非常好　2. 部分不好　3. 全部不好 敏捷度：1. 非常好　2. 部分不好　3. 全部不好 备注：
参与者的社交目标	合作意愿：1. 非常好　2. 部分不好　3. 全部不好 交流机会：1. 非常好　2. 部分不好　3. 全部不好 结交朋友：1. 非常好　2. 部分不好　3. 全部不好 备注：

任务拓展

请根据最近一次班级活动，设计一份班级活动满意度评估表。

在线测验

任务测试

扫码进行在线测验。

任务 3　撰写活动总结报告

任务发布

3.1　如何撰写活动总结报告？

3.2　如何优化活动总结报告？

知识链接

一、活动总结报告的定义

活动总结报告是对某一时间段内组织的老年活动进行全面回顾、分析和总结的正式文件。它旨在评估活动目标是否达成，总结活动的成功经验，识别存在的问题，并提供改进措施和未来活动规划的建议。老年活动总结报告通常由活动工作者撰写，包括活动的基本信息、实施过程、参与情况、活动目标达成情况、财务报告、相关人员反馈以及后续行动计划等内容。通过撰写总结报告，活动工作者可以更好地了解老年人的需求，提升活动质量，促进老年人的身心健康和社会参与。扫码可查看活动总结案例，也可至复旦社云平台 www.fudanyun.cn 下载。

案例

二、撰写活动总结报告

活动总结报告的撰写，可以参照表 5-5 模板进行，也可根据大纲以其他形式呈现。

表 5-5　老年活动总结报告模板

<table>
<tr><th colspan="5">一、基本信息</th></tr>
<tr><td>活动名称</td><td colspan="2"></td><td>组织单位</td><td></td></tr>
<tr><td>活动时间</td><td colspan="2"></td><td>负责人员</td><td></td></tr>
<tr><td>活动对象</td><td colspan="2"></td><td>活动地点</td><td></td></tr>
<tr><th colspan="5">二、总结与反思</th></tr>
<tr><td rowspan="3">活动前期筹备</td><td>宣传招募</td><td colspan="3">说明宣传招募的情况，包括运用哪些宣传方式、报名人数情况等</td></tr>
<tr><td>物资准备</td><td colspan="3">说明活动所需物资准备情况，是否准备到位，筹措了哪些赞助物资等情况</td></tr>
<tr><td>人员准备</td><td colspan="3">说明召集哪些工作人员参与活动准备工作；志愿者招募及培训等情况</td></tr>
<tr><td rowspan="5">活动过程</td><td>工作人员</td><td colspan="3">说明具体有哪些工作人员参与活动现场工作，大家的协调、配合情况如何</td></tr>
<tr><td>活动流程</td><td colspan="3">说明活动现场的节目、项目流程如何，是否与计划一致，有无出现一些调整情况，如有，具体情况如何</td></tr>
<tr><td>参与情况</td><td colspan="3">说明观察到的活动现场老年人的参与及互动情况，参与的积极性如何，有无积极回应等情况</td></tr>
<tr><td>环境布置</td><td colspan="3">说明活动现场的环境布置情况，包括与当天活动内容的匹配度、活动现场环境布置是否符合安全要求等情况</td></tr>
<tr><td>突发情况</td><td colspan="3">说明活动现场发生的且在前面四项内容中还没提到的突发情况</td></tr>
<tr><td rowspan="5">活动目标
达成情况</td><td>原定目标 1</td><td colspan="3">描写原计划书拟定的目标</td></tr>
<tr><td>执行情况</td><td colspan="3">根据实际情况，评价目标的达成情况</td></tr>
<tr><td>原定目标 2</td><td colspan="3">…</td></tr>
<tr><td>执行情况</td><td colspan="3">…</td></tr>
<tr><td>…</td><td colspan="3"></td></tr>
<tr><th colspan="5">三、财务报告</th></tr>
<tr><td>开支项</td><td>预算金额</td><td>决算金额</td><td>经费来源</td><td>经费超支或结余说明</td></tr>
<tr><td></td><td></td><td></td><td></td><td></td></tr>
</table>

(续表)

四、相关人员反馈				
参加者 反馈意见	参加者 1			
	参加者 2			
	参加者 3			
其他相关人员 反馈意见	志愿者			
	社区或机构人员			
	…			
活动工作者 反思与总结	可对从活动需求调研到实施的每个过程情况进行反思，也可反思工作者的活动带领技巧、沟通协调能力等方面			
五、后续行动计划				
后续活动建议	根据前面总结评估的内容，说明对下次开展类似活动的建议或对同一类型老年人，可如何优化新的活动设计			

三、老年活动总结报告案例

见表 5-6。

表 5-6 老年活动总结报告案例

一、基本信息			
活动名称	“智慧助老，我们在行动”——智能手机学习培训活动	组织单位	×××街道颐康服务中心
活动时间	2025 年××月××日 9:30—10:30	负责人员	活动员小王
活动对象	辖区内有兴趣学习智能手机使用的老年人	活动地点	颐康服务中心一楼多功能活动室
二、总结与反思			
活动前期筹备	宣传招募	本次活动前两周在社区居委会公告栏、长者饭堂、社区中心花园公告栏等地方粘贴广告，并在社区微信群及颐康中心服务群线上发布通知后，在报名截止时间内，有 30 名老年人报名了此次活动。	
	物资准备	在活动前一天，根据活动报名人数，准备好所有活动物资，包括： 1. 教学视频，包括现场教学用视频与在微信群发布供参与活动老年人活动后温习的视频。 2. 智能手机操作宣传单页：这是由“夕阳红”志愿者团队协助制作及提供的宣传单页，图文并茂，共 35 张。 3. 现场硬件设备：包括投影仪、麦克风、桌椅等。 4. 其他物资：饮用水、一次性杯子若干，备用药箱（颐康中心提供）。	
	人员准备	1. 工作人员安排：本次活动主要由小王负责，照护员小李协助现场活动开展。 2. 志愿者 15 名，为保证能至少一对二教学，本次活动招募到大学生志愿者 15 名，并在活动开展前，提前进行线上培训。	

（续表）

<table>
<tr><td rowspan="5">活动过程</td><td>工作人员</td><td colspan="3">本中心工作人员小王负责整个活动现场的统筹协调及现场教学；小李负责照看现场老年人的安全，引导安全入场及有序离场等。
15 名志愿者全部准时达到现场，并根据提前安排情况对接服务的老年人，活动现场分工有序，能满足到每位老年人的需求。</td></tr>
<tr><td>活动流程</td><td colspan="3">本次活动各环节内容能按计划书安排如期开展，在智能手机练习环节，个别老年人对其他技能（如怎么制作抖音视频等）也比较感兴趣，与志愿者交流较多。</td></tr>
<tr><td>参与情况</td><td colspan="3">本次活动预报名 30 人，实际到场 32 人，新增两位老年人；在活动过程中，老年人们特别积极，遇到不懂的会主动提问，也会与旁边的同伴交流或协助旁边的同伴。对志愿者的帮忙引导也不时表示感谢。总体来说，参与度特别高。</td></tr>
<tr><td>环境布置</td><td colspan="3">本次活动因主要以教学为主，为方便老人们之间能进行互动交流，现场采用小组形式布置，4 人为一组；桌椅布置有序，有足够的空间供老人们临时走动，且能照顾坐轮椅的老年人。环境布置总体合理。</td></tr>
<tr><td>突发情况</td><td colspan="3">有个别老年人对于本次活动所教学的内容已有所掌握，活动工作者引导其向同伴分享操作经验；同时，在练习环节，由志愿者教授其学习其他内容。</td></tr>
<tr><td rowspan="4">活动目标
达成情况</td><td>原定目标 1</td><td colspan="3">80%以上的老年人在参加完活动后，至少掌握一项智能手机使用技能。</td></tr>
<tr><td>执行情况</td><td colspan="3">通过活动结束后的目标达成度调查发现，100%的参与者表示在参加完活动后，至少掌握一项智能手机使用技能，本活动目标达成。</td></tr>
<tr><td>原定目标 2</td><td colspan="3">80%以上的老年人在活动过程中，能积极与他人交流互动。</td></tr>
<tr><td>执行情况</td><td colspan="3">通过活动结束后的目标达成度调查及工作人员活动现场观察发现，100%的参与者表示在活动过程中，积极地与他人交流互动。</td></tr>
<tr><th colspan="5">三、财务报告</th></tr>
<tr><td>开支项</td><td>预算金额（元）</td><td>决算金额（元）</td><td>经费来源</td><td>经费超支或结余说明</td></tr>
<tr><td>智能手机操作宣传单页</td><td>200</td><td>189</td><td>志愿者组织赞助</td><td>打印纸张数量有所调整</td></tr>
<tr><td>矿泉水</td><td>68</td><td>68</td><td>颐康服务中心</td><td></td></tr>
<tr><th colspan="5">四、相关人员反馈</th></tr>
<tr><td rowspan="3">参加者
反馈意见</td><td>参加者 1</td><td colspan="3">本次活动特别好，我发现原来智能手机运用也不会很难，我已经学会怎么发微信视频了，以后可以用微信视频跟孩子们聊天了，不只是打电话了。</td></tr>
<tr><td>参加者 2</td><td colspan="3">特别感谢工作人员组织的这次活动，所有工作人员态度都特别好，免费为我们这些老年人做服务，感谢！</td></tr>
<tr><td>参加者 3</td><td colspan="3">我之前有时候想给我女儿发微信语音，找半天都找不到她的头像，原来可以置顶好友，年轻人真聪明，谢谢你们。</td></tr>
<tr><td rowspan="2">其他相关人员
反馈意见</td><td>志愿者</td><td colspan="3">第一次到社区参加志愿活动，一开始担心自己会不会做不好，在活动开始前，工作人员耐心地给我们进行了培训，活动开展下来，发现爷爷奶奶们都很可爱，跟他们聊天一点都不尴尬，作为养老专业的学生，这坚定了我后面在该领域扎根的信心。</td></tr>
<tr><td>颐康中心
社工主管</td><td colspan="3">小王这次活动主持得很不错，前期准备充分，在进行活动内容设计前，又提前向社区老年人了解意见，志愿者管理得也很好。</td></tr>
<tr><td>活动工作者
反思与总结</td><td colspan="4">本次活动总体比较顺利，虽然耗时较长，但从评估结果来看，参与对象的满意度非常高。在活动带领过程中，主要得益于志愿者们的协助，后续将根据本颐康中心服务情况，组建专业化志愿者队伍，为社区老年人提供更多适切性的服务。</td></tr>
</table>

(续表)

五、后续行动计划	
后续活动建议	可在本次教学内容的基础上，根据老年人对智能手机操作方法的掌握情况，考虑组建互助队伍，促进老年人更多互动交流，同时也增强其自我效能感。

任务拓展

思考：活动总结报告与后续活动的关系是什么？

在线测验

任务测试

扫码进行在线测验。

项目总结

请同学们根据本项目内容总结。

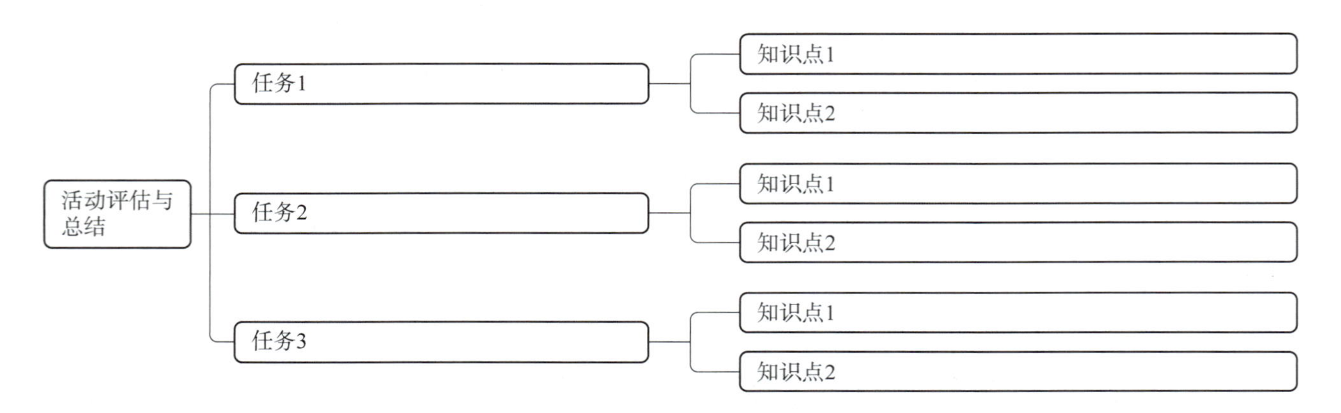

项目实训

1. 模拟实训：请以 8～10 人小组为单位，为前面实训活动中的活动设计方案设计、补充活动评估与总结报告。

2. 岗位实境：以学习小组为单位，向合作企业征集一份活动评估或总结报告，认真分析评估或总结报告的优缺点。

模块二
专题实践

项目六

认知功能干预专项活动

项目目标

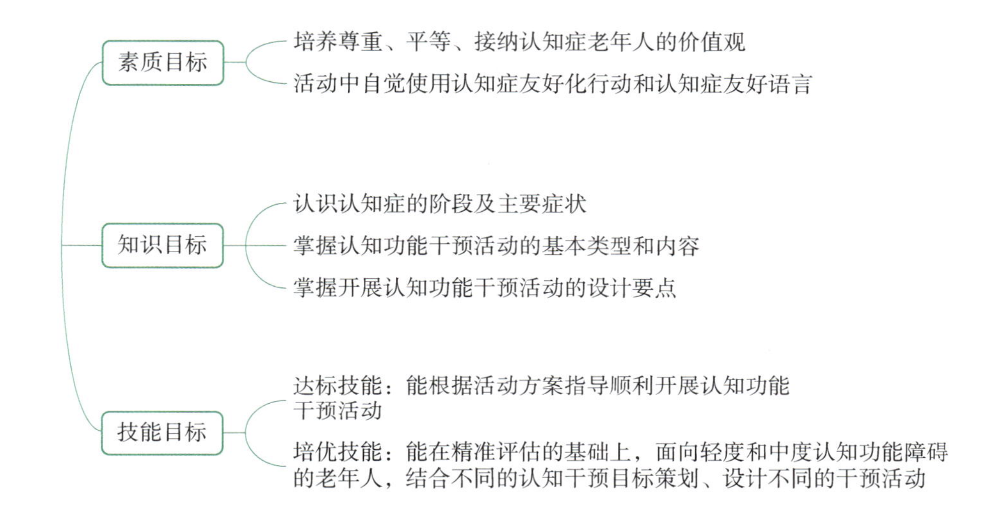

项目要点

1. 重点:理解认知训练、园艺活动、怀旧活动的设计要点。
2. 难点:根据不同人群策划不同目标的老年人认知功能干预活动。

项目资讯

1. 查阅认知症的病因、病程及主要症状的相关知识。
2. 查阅常见的认知症的非药物干预方法。

任务1　认识认知症及认知功能干预活动

任务发布

1.1　认知症一般分为几个阶段？常见症状有哪些？

1.2　认知功能干预活动对认知症老年人有哪些作用？

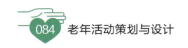

知识链接

一、认识认知症

1. 认知症的定义

认知症全称为认知障碍症，俗称“失智症”，又称“老年痴呆症”，是一种因大脑神经细胞病变而导致的脑功能衰退。典型临床症状包括：记忆力、抽象思考、定向力障碍，同时伴有社会活动能力减退。

引发认知症的原因是多种多样的。除器质性疾病原因外，大多由精神疾患所致，如神经衰弱、癔症、疑症、更年期综合症、抑郁症、强迫症、精神分裂症、躁狂症等。认知症每个患者的症状、病因、病名、治疗方式都各不相同。

2. 认知症的分类

（1）根据疾病原因划分

① 阿尔茨海默病。阿尔茨海默病是由于脑内沉积了色斑状老年斑或丝状蓄积物，而使细胞活性减弱、脑部出现萎缩引起的疾病。阿尔茨海默病最常见的早期症状是记忆缺损，约占所有认知症病例的50%以上。

② 血管性认知症。血管性认知症占认知症人士的30%，仅次于阿尔茨海默病。它是一种因脑部与记忆有关的部分受损而引起的疾病，病因包括由脑血管堵塞而导致血流不畅的脑梗塞、脑血管破裂而出血的脑出血等。由于大脑受损部位不同，患者可能会出现某种能力退化，而其他能力依旧保持正常的状态。

③ 路易体认知症。医学名称是路易体痴呆，是以神经细胞内路易体的形成为特征的进行性认知功能障碍。它是第三大最为常见的认知症。

④ 帕金森病认知症。受到路易体影响的还有帕金森病。一部分帕金森病人士在出现运动障碍的数年之后认知功能开始恶化，表现出记忆损害、难以集中注意力和处理信息、思维缓慢等症状。

⑤ 额颞叶认知症。它是由于脑皮质的萎缩，或者掌管思考、情感、性格、理性的额叶，掌管记忆、语言、判断、听觉的颞叶局限性改变导致的，一般容易发生在40～60岁之间。

（2）根据障碍程度划分

认知症是一种慢性或进行性综合症，从早期认知障碍逐渐进入中期、晚期认知障碍，依不同罹病原因，认知功能退化病程有个别差异。临床上经常使用简易精神状态检查量表（MMSE）、蒙特利尔认知评估量表（MoCA）、简易心智状态问卷（SPMSQ）等评估工具，来区分认知功能障碍的程度。三种评估工具可扫码查看，也可至复旦社云平台 www.fudanyun.cn 下载。

资料

① 早期认知症。症状很轻微，进展很缓慢，近期记忆有障碍，注意力不集中，兴趣及积极性减退，常被忽略和被认为是老年人的自然过程。

② 中期认知症。智能减退与人格变化已相当显著，有明显的认知功能障碍。近事遗忘严重，远事遗忘也常受影响，可出现定向力、计算力、理解判断力的障碍。情绪不稳定、注意力涣散、行为异常，有的会出现幻觉、妄想等。生活自理能力降低，需要别人的帮助。

③ 晚期认知症。前述各项症状逐渐加重，情感淡漠、言语及日常生活能力丧失；接触能力丧失，与外界失认、失用。

二、认识认知功能干预活动

1. 认知功能干预活动的内涵

认知症虽然不可逆转，一旦确诊，目前没有任何有效的方法能够治愈。但大量的临床研究证明，认知症可以通过药物干预和非药物干预手段，在一定程度上延缓进程，改善患者的临床症状。认知功能干预属于认知症非药物干预手段，主要包括认知刺激、认知训练、认知康复三个部分。

① 认知刺激的主要对象为轻中度认知症患者，通常通过团体活动或讨论，如手工制作、音乐活动、园艺活动、怀旧活动等非特异性的认知干预手段，改善患者的整体认知功能或社会功能。

② 认知训练的主要对象包括认知症风险人群和轻度认知功能障碍阶段(MCI)的患者，认知训练通过对不同认知域和认知加工过程的训练来提升认知功能、增加认知储备，可以针对记忆、注意和执行加工过程等一个或多个认知域开展训练。针对确诊认知症的患者，认知训练可以与认知刺激、生活方式干预、有氧锻炼和神经调控技术等其他非药物治疗相结合。

③ 认知康复主要针对因认知功能障碍而导致的日常生活能力受损的患者进行，需要结合患者的日常生活，由医护人员、照料者协作的个体化干预手段。

非医疗机构的认知功能干预活动主要包括可由活动工作者带领老年人完成的认知刺激和认知训练，认知康复不在内。

2. 认知功能干预活动的作用

(1) 减慢认知和身体退化

专门为认知障碍设计的活动，常常涉及记忆、理解、演绎推理和批判分析的认知过程。持续地动脑，可以激活大脑的若干区域，让健康的老年人保持精神刺激，预防大脑退化，让轻度认知障碍患者延缓疾病的恶化进程。在活动中由于需要患者适当地运动四肢，因此能促进心血管系统的功能，缓解老年人因长时间静坐导致身体僵硬、肌肉萎缩的弊端。

(2) 减少情绪和行为问题

有些认知症会引发情绪反应障碍，导致悲伤、抑郁等负面情绪，甚至发展为暴怒、狂躁、游走等精神性行为症状(认知症精神行为症状的教学视频可扫码查看)。通过活动的适时干预，转移患者注意力，一旦患者能够专注到喜欢的活动中去，紧张情绪就能够得到放松，减少行为问题。

视频

(3) 增强社交能力

不少认知症老年人为了防止被贴上"老年痴呆"的标签，主动缩小社交范围，减少社交互动，逃避平时喜欢的人和事情，这样就容易引发老年抑郁症。鼓励老年人走出房间，参与认知功能干预活动，能够引起负责记忆和关注力的大脑区域活动增加，对大脑健康非常重要。而参与活动过程中赢得的自信，培养的新技能，都有助于提升自我成就感。

(4) 减轻照护压力

认知症导致的人格和行为改变给照护者带来高强度的心理压力，为了防止患者走失，照护者采用反锁门、束缚带等不当行为限制患者的人身自由，引发机构管理风险。如果认知症老年人能有规律地参加日常活动，白天参加活动消耗精力，有可能改善夜间睡眠。那么，无论白天还是黑夜，就能腾出一些时间让照护者获得喘息机会，从而更好地照护认知症患者。

任务拓展

有些认知症老年人会出现精神性行为症状，请查询这些精神性行为症状包括哪些。请上网搜索查看动画短片《勿忘我》(2020 奥斯卡提名动画短片)，尝试分析动画片里的男性老年人出现了哪些认知症的精神性行为症状。

任务测试

在线测验

扫码进行在线测验。

任务2 认知功能干预活动的策划流程和设计要点

任务发布

2.1 认知功能干预活动的策划流程有哪些?

2.2 认知功能干预活动的设计要点有哪些?

知识链接

一、认知功能干预活动的策划流程

1. 开展认知功能评估

活动对认知症老年人的效果往往取决于活动工作者对老年人的专业评估和综合了解。活动工作者要整体了解活动对象的认知障碍评估与分级照护状况。借助认知功能评估量表,了解患者的生活能力、身体健康、认知功能、精神行为状况、社会支持、非专业照护需求、照护者负担、专业照护需求等照护分级状况。

2. 明确活动对象需求

活动工作者要重点关注老年人的个人背景、从前职业、过去经历、兴趣爱好、感到有价值和有意义的"点",挖掘潜在动力与可能性等。活动工作者可以通过采访照护者的方式,用观察法、交流法等方式深入了解老年人的需求,为活动的策划做准备。

3. 设计具体活动内容

面向认知症老年人,活动工作者着重根据老年人的认知障碍特征,设定具体的干预目标,结合开展活动的资源和条件,策划出具有明确指向性的活动方案。多关注对往事的回忆,训练时间、地点定向,采用时事讨论、词语联想、感官训练等多种手段,融合园艺疗法、抚触疗法、光照疗法、音乐照护等多种非药物干预手法,既训练老年人的反应力、记忆力、注意力等思维能力,又锻炼老年人的语言能力和认知水平,还要关注老年人的肌肉、力量、精细动作等肢体能力。

二、认知功能干预活动的设计要点

1. 针对性

首先,由于认知症病因复杂,病程、症状都有所不同,因此认知功能干预活动的设计首先要了解活动对象的认知障碍等级和照护分级状况。其次,每位老年人的背景、生活经历、工作经验、兴趣爱好和家庭状况都是不同的,设计认知功能干预活动前要全面了解老年人的背景资料,挖掘老年人的资源和现存优势、兴趣点,挖掘潜在动力与可能性,设计出有针对性的活动。

2. 规律性

认知症老年人常常出现时间交错、空间混乱情况,因此认知症老年人比其他人更需要简单清楚、规律有序的作息时间表。在固定的时间参加固定的活动,活动安排要尽量保持老年人原有的生活习惯,活动时间尽量与休息、吃饭、家务劳动、家庭聚会等的私人时间不冲突。

3. 熟悉性

选择老年人熟悉的活动场地,或收集老年人熟悉的物品进行空间的装饰布置。活动空间尽量保持安静，不要有太多的声音，避免噪音产生。不要安排太多的访客干扰到老年人。维护空间走道光线充足，防止阴影与错觉产生。认知症老年人往往不信任陌生人，与固定的照护者和活动工作者建立熟悉的信任关系，对维持稳定的情绪有积极的作用。

4. 友好性

对于老年人来说，来自家人、朋友、熟悉信任的工作人员等方面的情感支持很重要。工作者要维护他们的尊严与价值感，不要求他们在活动中做超过能力范围的事。避免在老年人面前耳语，防止猜忌；避免负面的态度及语气，不要责骂或惊吓到老年人。学习使用认知症友好行动和友好语言（可扫码查看资料《您的语言是认知症友好化的吗》，也可至复旦社云平台 www.fudanyun.cn 下载），不要直接修正老年人的行为，不做任何正确性或逻辑性判断，不与之争辩，不勉强、不批判，代之以正向的鼓励和交流；善用拥抱、手部抚触等肢体语言和专注的目光、真诚的微笑等神态与老年人交流，鼓励表达新想法。认知功能干预活动的安排要适当考虑将家人、朋友、熟悉信任的工作人员邀请进活动中来，尤其在家人特别是孩子休息的周末，安排陪伴日、自由日、亲情日等活动，有助于认知症老年人形成积极情绪，促进身心健康。

资料

任务拓展

请扫码观看动画《五官六感》，思考：作为活动工作者，应该如何从刘奶奶的背景资料出发，明确需求、设计有针对性的认知功能干预活动？可在学习小组内讨论。

视频

任务测试

扫码进行在线测验。

在线测验

任务3　认知功能干预活动的主要类型及案例

任务发布

3.1　认知训练的细分类型有哪些？对应活动的设计要点有哪些？

3.2　怀旧活动的主要类型有哪些？设计要点是什么？

3.3　园艺活动的主要类型有哪些？设计要点是什么？

知识链接

一、认知训练

1. 了解认知训练

认知训练涵盖的认知域应包括但不限于注意力、记忆力、定向力、感知觉能力、执行功能、逻辑推理、加工速度及语言功能等。通过对以上不同认知域和认知加工过程的训练来提升认知功能、增加认知储备。认知训练可以针对一个或多个认知域开展。

（1）注意力训练

注意力障碍的基本特征一般表现为注意力不集中，自控力差。训练建议如“跟我念”：活动工作者一次只给老年人 5～6 个数字，要求老年人大声复述这组数字。随着老年人注意力进步，可以延长活动时间，并增加指令的复杂性。活动工作者需创造整齐和安静的活动环境，限制环境中杂乱和分散注意力的各种因素，如拔掉电话线、关上音乐背景等。

（2）记忆训练

记忆障碍主要表现为记忆缺损、记忆过强、记忆错误。认知症的记忆障碍往往是按照即时记忆、短期记忆、长期记忆的顺序出现问题的。最初往往记不住 60 秒以内的事，然后记不住几分钟、几天之内的事，最后才会把过去的事忘记。活动建议多开展对数字、颜色、形状、人物等的记忆力为主要干预目标的活动。如“过目难忘”活动，给老年人提供一些带数字和颜色的卡片，先请老年人记忆当前的数字和颜色，然后抽掉其中一张到两张，邀请老年人恢复原样。活动中工作者可提供一些提示性工具，如标签、口头或视觉提示等，辅助老年人做记忆训练。

（3）思维训练

思维障碍基本特征是逻辑、推理、抽象、联想、分析能力部分丧失，有时会妄想。建议多做一些图形配对、问题解决、逻辑思维、推理分析等能力为主要干预目标的活动。例如，让老年人围绕一个物品或动物，尽量说出一些与之相关的内容，如“猫有什么特征？”让老年人看电视、看报纸、看卡片，帮助老年人理解其中的内容，并与其讨论。

（4）计算训练

计算障碍基本特征是对数字运算能力部分丧失。活动建议如“超市购物”，活动工作者创造购买场景，尽量提供真实物品和价格；为老年人分发模拟纸币、模拟硬币，邀请老年人扮演售货员和客人角色进行购物；在购买中请他们计算每样物品花了多少钱，共消费多少钱，还剩多少钱。活动工作者还可引导老年人说出自己以往购物的故事。在活动中，需要运用到数字记忆、简单运算、口头交流等能力。

图 6-1　超市购物活动

（5）感知觉训练

感知觉障碍可能出现如感觉过敏、感觉迟钝、内感不适、感觉剥夺、幻觉、病理性错觉、感觉变质等基本特征。活动建议增加以听觉、视觉、触觉、味觉、嗅觉的感知觉为主要干预目标的活动。在感官活动中，活动工作者应营造不同的声音、味道、颜色、质感等多感官刺激环境，尤其是与老年人过往经历、生活背景中熟悉和有特殊意义的元素，请老年人辨别、回忆，引导老年人搜寻和表达相关经历。活动案例可扫码查看，也可至复旦社云平台 www.fudanyun.cn 下载。

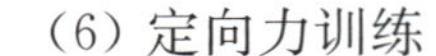

（6）定向力训练

定向力分为时间定向、地点定向、人物定向。对环境或自身状况的认识能力丧失或认识错误即称为定向障碍。可开展以干预定向障碍，建立现实生活记忆关联为主要目标，训练对时间、地点、人物、季节、重要事件等定向力的现实导向活动。如“好日子”活动，请老年人对日历进行填空，引导老年人说出这个日子是否是节日，节日食物和风俗习惯等；邀请老年人根据现在的时间拨出玩具钟的时针和分针；邀请老年人说出现在的地理位置，有什么特点；邀请老年人说出自己的电话号码或填涂机构的电话号码。每日的定向力训练会使得认知症患者由“健忘”变成习惯性地去留意重要的事情。

图 6－2　时间定向力训练

2. 策划认知训练

(1) 确定个体差异

确定每位老年人的个体情况，如年龄、学历、工作等社会性背景信息，了解老年人的疾病、认知程度、功能缺失等生理性、心理性信息。不同老年人在启动认知训练时，所接受的刺激方式、内容、次数、时长等都要有所区别。更好的因材施教能够让老年人更好地适应方法，从而收益更大。

(2) 制定训练方案

通过训练前的精准评估，为老年人个性化地策划目标明确、周期性、结构性的训练方案。

目标明确是指重点对已知弱化和丧失的功能进行恢复性强化。

周期性是指训练要有一定的次数，如每次训练时间不短于 30 分钟，每周 3 次，总训练时间在 20 小时以上。周期性的认知功能干预活动安排有助于用评估工具进行测量，从而了解认知训练的实施对认知功能干预目标的阶段性成效，也便于后期调整训练目标和侧重点。

结构性是指训练不是随机、偶然的。一般来说，认知训练的实施除了重点考虑已经弱化的功能外，也要考虑包括加工速度、语言、记忆、视空间功能和执行功能等在内的多认知域的综合性认知训练，才能够有效提升整体认知功能。因此，在设计整体训练方案时，各活动的干预目标之间要有逻辑关联，活动难度从简单到复杂阶梯式发展，循序渐进。表 6－1 为认知训练干预一周方案示例。

表 6－1　认知训练干预一周方案

时间	周一	周二	周三	周四	周五	周六、周日
上午 9:00—9:30	摸摸乐	过目难忘	辨别声音	就不听指挥	闻香大考验	亲情日 陪伴日 自由日

当然，在设计认知训练方案时，建议利用智能设备，发挥大数据和人工智能算法优势，对训练方案进

行个性化调整，这部分内容将在项目九“智慧康养专项活动”中学习。

（3）调整训练方案

认知训练需要长时间的稳定使用，而随着疾病程度不断加重，许多新的问题会涌现出来。这就需要时刻关注每个患者的情况，对其进行自我、朋友和家庭成员的监控，根据评价结果随时对所接受的刺激能力适应进行调整。总之，策划训练方案是一个“评估—摸索—试行—评价—改进”的动态循环过程。

3. 认知训练策划与设计案例

案例 1 过目难忘

【案例情境】某养老院为 6 位有轻度认知症的老年人开展“过目难忘”的认知训练。

表 6－2 “过目难忘”认知训练活动

活动名称	过目难忘
活动类型	认知训练
活动对象	6 位轻度认知症老年人
初步评估	主要症状为不同程度的记忆力衰退、情绪低落，但语言表达能力正常。 依赖程度为轻度，需要他人照护或使用辅具。 当天生命体征稳定，情绪良好，知情同意。
活动目标	增强轻度认知症老年人的色彩感知能力。 增强轻度认知症老年人的数字识别能力。
物品准备	色卡（10 厘米左右，上面有 0～9 的数字）。 奖品（根据老年人喜好事先选择）。
活动过程	1. 破冰游戏《数字儿歌》：带领老年人念儿歌，从 0 数到 10，再从 10 数到 0。 2. 介绍活动名称和活动道具： 上个星期我们用的卡片只有颜色，今天的卡片不仅有颜色，还有图形，有数字，难度有所增加。  图 6－3 数字卡片 3. 介绍活动规则、组织活动。 （1）活动工作者随机抽几张卡片，请参与者读出卡片上的数字，比如 6。 （2）请一位老年人随机抽几张卡片，请其余老年人说出卡片上的图形，比如菠萝，连续说出图形的数量，比如 6 个菠萝。 （3）请一位老年人随机抽几张卡片，请其余老年人说出数字的颜色，比如绿色。 （4）活动工作者随机抽几张卡片，请参与者连续说出什么颜色的数字，比如绿色的 6。 4. 活动整理评估，做好记录。

(续表)

建议时长	40 分钟左右
注意事项	1. 活动工作者要考虑到轻度认知症老年人的注意力障碍，每次提问，要用手指出让他们关注的重点部位，并加以提醒和引导。通过图形、故事等帮助老年人联想和识别。 2. 有些认知症老年人色彩识别能力差，有些则数字识别能力差，或者图形识别能力差。通过团体合作而不是竞赛，给能力较弱的老年人提供不被察觉的帮助，增加他们的活动参与度和信心。

案例 2　五感刺激

【案例情境】79 岁的杨爷爷为轻度认知症患者，情绪不佳，食欲不振。活动工作者以杨爷爷为个案，量身定做了适合杨爷爷生活背景的“五感刺激”认知训练活动。

表 6-3　“五感刺激”认知训练活动

活动名称	五感刺激
活动类型	认知训练
活动对象	杨爷爷
初步评估	轻度认知症，情绪不佳，近日食欲不振。 籍贯：江苏镇江。 过去职业：教师。 家庭关系：有儿有女，最喜爱 6 岁的孙女。 当天生命体征稳定，情绪良好，知情同意。
活动目标	增强杨爷爷的感官良性刺激，训练感官能力。 引发杨爷爷的愉快记忆和情绪。
物品准备	镇江香醋、酱油各 1 瓶，把标签去掉。 耳机、事先收集杨爷爷熟悉的声音音频。 家庭最新照片和视频。
活动过程	1. 破冰活动：猜醋。活动工作者以厨房搞丢了调料标签为由，请杨爷爷帮忙分辨，哪瓶是醋，哪瓶是酱油。等杨爷爷分辨出来，聊一下杨爷爷的家乡镇江，说说镇江香醋的特点和常烹饪的食物。 2. 给杨爷爷戴上耳机，听几段声音（分别是学校上课铃声、孙女和儿女问候的短句子、杨爷爷喜欢的戏曲），邀请杨爷爷判断声音的来源，再给杨爷爷看儿女最近发来的照片和视频。 3. 根据杨爷爷的回应，活动工作者鼓励他并展开开放式联想和表达。 4. 鼓励杨爷爷的表达，介绍今天的用餐里会用镇江香醋拌的凉菜，请杨爷爷品尝后告诉工作者味道如何。 5. 活动整理评估，做好记录。
建议时长	40 分钟左右
注意事项	1. 活动工作者要对活动参与者的背景做好充分了解，收集参与者生活中熟悉的、容易引发积极联想的素材。 2. 嗅觉、味觉、触觉、视觉、听觉这五种活动，可以分开做，一次做 1～2 种感官训练，也可以集中做，视老年人的承受能力和反应能力而定。

二、怀旧活动

1. 了解怀旧活动

开展怀旧活动符合老年人普遍的怀旧心理，是活动工作者运用适当的缅怀技术和活动方法，有意识地对老年人进行引导性回忆，帮助老年活动对象梳理个人过去的重要人生事件；在倾听交流中，分享老年人的过往，引发老年人的积极情绪，帮助老年人对过往人生事件产生正向的主观评价，肯定自我价值，提高生活满意度。对于认知症老年人来说，由于呈现远期记忆比近期记忆更能保存的特点，通过鼓励老年人回忆以往幸福的重要经历，使富有力量的远期记忆不断重现，能减轻抑郁、焦躁的情绪，唤起认知症老年人的表达和交流欲望，是对于认知症非药物治疗的一种手段。

怀旧活动的常见类型包括以下几种。

（1）访谈类活动

① 回忆个人。根据共性的人生成长阶段，纵向地分为童年、青年、中年、老年四个阶段，或者求学、家庭、工作、退休等不同叙事主题。活动工作者每次就一个阶段或一个主题跟老年人开展访谈，通过回忆个人成长，家庭生活中愉快、幸福的往事，帮助老年人回忆当年的角色和经历。不仅引导老年人回想过去的好时光，也通过叙述和总结老年人在面对过去生活挑战时的做法，从而肯定他们的抗挫折能力，提高生命技巧，鼓励发展出应对当下困难的积极情绪。

② 回忆时代。一代人有一代人的年代记忆和集体无意识。活动工作者组织年龄相仿、有类似生活背景的老年人怀念所处年代的集体事件、生活变迁、历史人物等，可以促使老年人激发回忆，引发集体共鸣。沉浸在集体的怀旧访谈活动中，尤其是对记忆力障碍的认知症老年人来说有互相启发的作用。

（2）展览类活动

通过前面对老年人和身边人的访谈调研，向老年人征集有意义的老照片、老物件，在公开的场合展示。如结婚时的订婚礼品、战争年代的黑白照片、过去的日用品、粮票邮票等。展览类活动是对每个人历史的铭记，是对每一个物件背后的人和故事的尊重，可以帮助老年人更好地完成自我整合。

图 6-4　怀旧展览

（3）文娱类活动

组织老年人阅读旧时书报、观看怀旧影视剧、唱老歌红歌、参与儿时游戏、品尝童年零食、回顾爱好特长等怀旧主题的文娱活动，让老年人在互动中重温经典。例如，一位叫玛尔塔·冈萨雷斯的芭蕾舞演员，晚年患上了阿尔茨海默病，重度失能，然而当玛尔塔在听到工作人员播放的《天鹅湖》音乐后，在轮椅上翩翩起舞（扫码看视频），每个细节都令人非常感动。熟悉的音乐唤起了她年轻时的记忆，产生了神奇的力量。

视频

（4）操作类活动

有些认知症老年人执行功能减退，无法完成对于过去很熟悉的技能，活动工作者可为他们营造一个

视频

旧时的环境，在活动中训练他们的操作技巧。例如，对于自我照顾有困难的认知症老年人参与“萌娃活动”，可以引发他们在萌娃照顾中学习换尿布、穿衣服、戴帽子、系扣子、拉拉链、绑鞋带等技能，从而在保护他们自尊的情况下，迁移、改善他们的自理能力。“萌娃活动”相关视频可扫码查看。

2. 策划怀旧活动

（1）前期交流访谈

没有人会对陌生人敞开心扉。活动工作者要了解老年人的过去，首先要跟老年人交朋友，愿意与他们促膝聊天、拉家常，能互动、共情。在叙述过程中，认知症老年人常常会出现时间混乱、事件出错、记忆中断等现象，活动工作者不要纠正、不能指责，先保留原始记录，事后再跟家人、朋友求证，或通过多次交流，慢慢梳理时间轴。活动工作者对于老年人在访谈交流中多次出现的关键词、反复提起的事情和访谈中突然激动的神情要非常重视，这些往往是老年人珍藏的回忆。

（2）提取活动主题

怀旧活动主题应该基于个体或同期群的共同经历、地区和文化特性等。个体怀旧活动的主题挑选具有定制化色彩，如紧扣前期交流访谈中老年人的主要成就、特定经历作为怀旧活动的切入点。对于团体怀旧活动，挑选如早年的工作经历或者儿时喜爱的活动等更加宽泛的话题，能引发较广泛的讨论。

（3）制定活动方案

为了达到老年人较完整回顾的目的，怀旧活动可根据生命周期、不同主题等设置5～8次系列活动，每次活动持续的时间一般是40～60分钟。

（4）收集活动道具

在怀旧活动的组织中，需要搜集与活动主题相关的道具来刺激老年人的记忆。方法之一是让成员带一些与过去生活有关的东西来参加活动，或许是一件衣服、一段音乐、一张旧报纸、一些与特定历史阶段联系在一起的收藏品或者是公共事件的照片等。也可以是家庭成员传记、老照片、族谱、作品集、家庭烹饪手册等，这要视不同老年人的能力和兴趣而定。

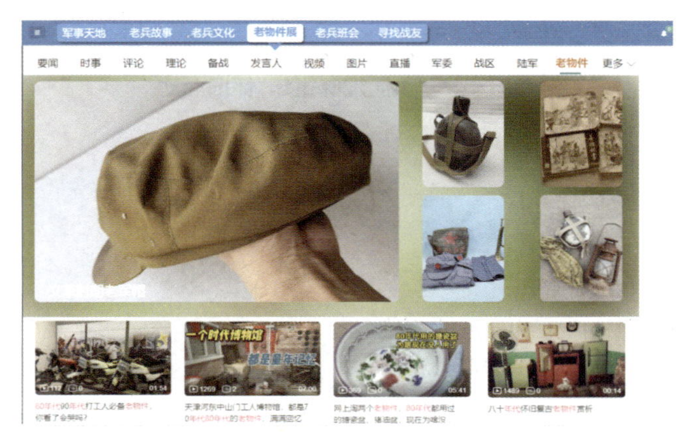

图6-5　收集老兵老物件的网页

（5）开展怀旧活动

由于老年人沉浸在过去回忆时，不仅包括正向事件，也不可避免地触动一些创伤性事件，如家人去世、家道中落等变故，极容易引发激动的、负面的情绪。因此，对活动工作者的正向引导、转换话题、安慰同理等沟通技巧提出较高的要求。对于团体怀旧活动，活动工作者要善于控制活动场面，让不同的老年人参与交流分享；把握活动节奏，不能因为顾及老年人的倾诉欲而导致活动时长的拖沓。

（6）形成活动成果

在怀旧系列活动最后，如果能够结出一个独特的“果实”可能会有益处。活动“果实”可以采用影集、

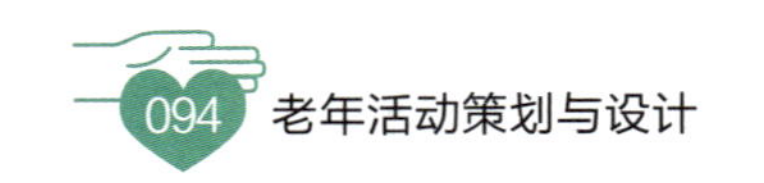

视频或者是有图片文字的生命历程日志、生命树等形式，也可以使用布衣拼贴、雕塑、绘画和其他的艺术表现手段，由活动工作者和志愿者辅助老年人完成。对参加活动的老年人来说，这是一份丰厚的礼物。

图 6-6　承载重要事件的生命树

3. 怀旧活动策划与设计案例

案例 1　"重温趣味童年"怀旧活动

【案例情境】结合"六一"儿童节，活动工作者带领 6 位轻度到中度认知症老年人，开展怀旧主题活动。

表 6-4　"重温趣味童年"怀旧活动

活动名称	重温趣味童年
活动类型	怀旧
活动对象	6 位轻度到中度认知症老年人
初步评估	74～81 岁；4 位女性，2 位男性。 主要症状为不同程度的记忆力衰退、情绪低落。 当天生命体征稳定，情绪良好，知情同意。
活动目标	让老人们重温他们当年的游戏，回忆他们儿时的乐趣，让老人们在轻松快乐的氛围中找回曾经最朴实的温暖。
物品准备	怀旧歌曲，怀旧背景画，怀旧零食（爆米花、冰糖葫芦、果丹皮、绿豆糕等），一筐彩色玻珠，几个未封口的沙包和一些大米，几段花绳。
活动过程	1. 破冰游戏：老歌跟唱。播放《团结就是力量》等经典老歌暖场，带领老人们一同跟唱。 2. 介绍活动主题及活动内容，并提前为老人们准备好制作儿时游戏道具，如沙包、玻珠、花绳。邀请老人们分享这些道具的儿时玩法。 3. 两人一组，选择一个游戏道具，完成游戏前准备工作。沙包组的准备工作是把米装进未封口的沙袋里，然后由工作人员封好口；玻珠组的准备工作是在一筐彩色玻珠里挑选出黄色、红色两种颜色的玻珠；花绳组的准备工作请老人们把一根绳子根据需要剪长度，然后打结成封闭的环形绳子。尝试着丢沙包、滚玻珠、翻

(续表)

	花绳,通过活动勾起老年人的儿时回忆。 4. 道具完成后,根据老年人建议的游戏规则,组织老人们丢沙包、滚玻珠、翻花绳的游戏。活动过程中,进一步促进老人们的沟通交流,增加老人们的愉悦感。 5. 发放怀旧零食给老年人品尝(爆米花、冰糖葫芦、果丹皮、绿豆糕等),一边品尝一边畅想童年其他游戏和趣事。 6. 活动现场整理、记录。
建议时长	40 分钟左右
注意事项	如老年人有糖尿病史,怀旧零食要避免糖类食品。 尽可能发动老年人的能动性,根据他们回忆的游戏规则开展活动。

案例 2　"萌娃"活动

【案例情境】养老院认知楼层的老年人普遍呈现生活自理能力下降、社交活动减少、喜欢宅在房间的情况。活动工作者在跟他们访谈时发现有些老年人对抚养孩子的话题较有兴趣,于是组织这几位有共性话题的老年人开展"萌娃"活动。

表 6-5　"萌娃"活动

活动名称	"萌娃"活动
活动类型	怀旧
活动对象	6 位轻度到中度认知症老年人
初步评估	80 岁左右;5 位女性,1 位男性(跟其中一位女性是夫妻)。 主要症状为不同程度的记忆力衰退、情绪低落。 对抚养孩子的话题有兴趣。 当天生命体征稳定,情绪良好,知情同意。
活动目标	重温老年人当年的育儿史,回忆年轻时的酸甜苦辣。 在照顾"萌娃"的活动中锻炼老年人的生活自理能力,提高成就感。
物品准备	仿真萌娃(长度 60 厘米左右)3 个、婴儿推车 3 部、奶瓶、尿不湿,各式各色娃娃衣服、帽子、袜子、鞋子若干。  图 6-7　仿真玩偶  图 6-8　给娃娃换装

(续表)

活动过程	1. 破冰游戏：播放《摇篮曲》，询问老人们是否会唱，带领老人们一同跟唱。或听老人们哼唱其他版本的摇篮曲。 2. 介绍机构里的新宝贝——用手推车推出3个“萌娃”，请老人们围观、抱起。 3. 邀请老年人两人一组，认领“萌娃”，成为“萌娃”的爷爷奶奶，并给“萌娃”取名字。跟老年人商量，明确每日工作内容：早上换尿不湿、喂奶，中午换衣服、喂奶，下午推“萌娃”散步、讲故事、唱儿歌等，颁发领养证书。 4. 重温“萌娃”照顾技巧：老人们先自行尝试各项基本照顾技能，互相学习，工作人员辅助完成。 5. 活动现场整理、记录。
建议时长	60分钟左右
注意事项	活动过程中尽可能调动老年人的记忆和能动性，能自主扣扣子、穿衣的老年人，虽然动作慢，但活动工作者不要过多干预，在需要的时候提供帮助，多鼓励。

三、园艺活动

1. 了解园艺活动

园艺活动，是以人为中心，植物（包括花卉、树枝、叶片、种子、蔬果等）为媒介开展的一种愉悦身心的活动。植物随处可见，活动材料取得容易，活动组织的费用不高；室内外皆可作为活动空间，场地要求有弹性；活动技巧低，入门容易。因此，园艺活动是一种很适合老年人的活动。

园艺活动的常见类型包括以下几种。

（1）种植活动

通过种植活动，调动老年人的过往经验，部分或全部参与播种、移植、松土、除草、除虫、修剪、施肥、收获环节。老年人在培育植物的过程中付出劳动，饱含感情，期待植物的成长与收获。

图6-9 适合轮椅高度的高床种植

（2）花艺活动

一类是组合设计盆栽和插花艺术，是根据一定的构思来选材（包括根、茎、叶、花、果、树皮），遵循一定的创作法则（颜色、高低、质感、疏密等特性），创造优美的形体造型，表现植物的活力和自然美的艺术。另一类是经采集、脱水、保色、压制、拼贴、干燥、装裱等工艺，处理成平面花材，经过巧妙构思，制作成精美的压花、标本、干花束、香囊、拼贴画、种子画、装饰卡片和日用品、首饰等植物制品的艺术。

图 6－10　花卉团扇

图 6－11　橙子风铃

图 6－12　叶片拓画

图 6－13　压花书签

（3）户外观赏

在天气适合、温度适宜的日子，组织身心状况允许的老年人参访植物园、公园、花园、花卉展，充分享受阳光和新鲜空气，沉浸于自然景观中修身养性。为认知症老年人专门设计的疗愈花园（又叫认知花园、康复花园），营造无障碍环境，能让参与者动手照顾植物，用五官感受。疗愈花园相关视频可扫码查看。有条件的机构可在屋顶、露台、庭院等空间进行设计，便于沉浸式开展园艺活动。

视频

（4）衍生活动

利用栽植的蔬果花卉收获物烹饪入菜、冲煮成饮、加工产物等，老年人可以享受亲手种植的劳动成果带来精神上寄托感、满足感。

2. 策划园艺活动

（1）评估对象

在策划老年园艺活动前，活动工作者需要先评估老年人的能力，了解老年人是否有兴趣、有能力参加园艺活动，考虑如何组织园艺活动更有效果。

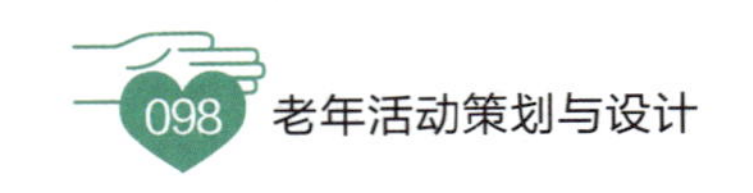

表 6-6 园艺活动评估维度

维度	项目	评估内容
认知	定向能力	是否能清楚准确地说出时间、地点、人物、季节？
	辨别能力	是否能准确地认识植物、工具和材料？
	专注能力	是否能够专注？意志力能持续多久？是否容易分心？
	执行能力	评估老年人能跟从多少项步骤、口头指示，是否能看懂工作者的示范及视觉提示。
体能		紧握物件（植物、工具、材料）的能力，能够提起多少重量？
		身体哪个部分可以灵活操作园艺活动？
		手眼协调能力如何？
		坐、站的平衡力如何？是否有足够体能执行任务？
		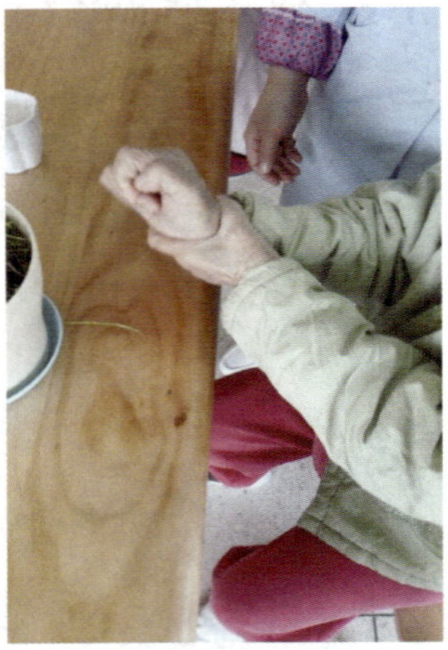 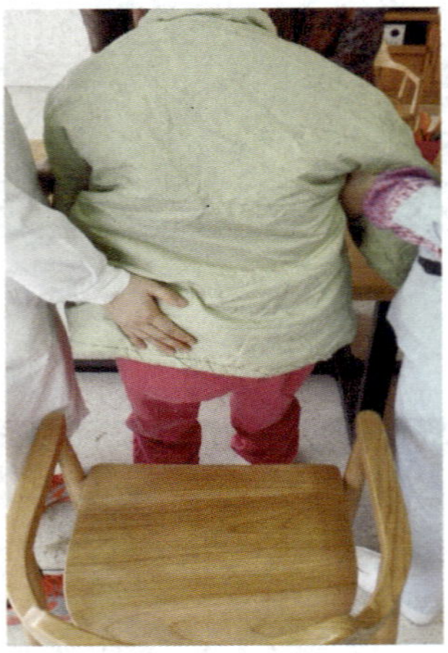 图 6-14 评估手部力量 图 6-15 评估站立的平衡能力
情绪行为		是否有任何问题行为，如游走、谵妄？有没有异食症状？
		如何表达情绪？控制情绪的能力如何？
		情绪、行为是否会影响小组参与？
		上洗手间频率怎样？
社交		语言表达能力如何？是否运用方言？
		是否有文化背景的差异？
		表达能力如何？是否主动沟通？是否对提问做出适当的回答？
		是否容易融入集体活动？

（2）目标设定

通过评估活动对象的身心限制和功能水平，设定不同的园艺活动目标，再围绕目标进行有针对性的园艺活动策划。早、中期认知症老年人可以参与简单重复的园艺活动，目标是通过改善早期认知症老年人的生活素质和减慢病情发展，通过园艺活动转移注意力，抑制不安、焦躁等精神行为症状，对睡眠及认知方面均有正面影响。对于重度认知症老年人，通过户外观赏园艺活动改善他们的“身、心、灵”：植物的色、形、味会与老年人的五感记忆联结，延缓器官的衰老。

（3）活动准备

园艺活动可在室内和室外进行。如果室外天气很好，温度适宜，活动对象身体允许，尽量选择室外环境。如果以上条件不允许，园艺活动可选择在室内进行，种植后由活动工作者把盆栽搬到有阳光照射的地方，保证植物有充足的阳光照射。

考虑到高龄老年人和残障老年人的身体状况，最好选择高床种植架或者适合坐轮椅老年人操作高度的桌面。有足够的无障碍活动空间，动线设计合理，有可供老年人休息的地方。

3. 园艺活动策划与设计案例

案例 1　“植物的魅力”园艺活动

【案例情境】有一位新入住养老机构的唐奶奶，活动工作者在入院评估后，了解到唐奶奶有轻度认知症，围绕唐奶奶过去在老家有长期种菜的习惯，活动工作者邀请唐奶奶加入机构每周一次、专门为轻中度认知症老年人开设的园艺活动。

表 6-7　“植物的魅力”园艺活动

活动名称	植物的魅力
活动类型	园艺
活动对象	6～10 位轻中度认知症老年人。 活动当天身体状况良好，无精神性行为症状。
建议时长	每周一次，每次 40 分钟，连续四周。
初步评估	69～80 岁。 日常生活能力自理。 有一定的种植经验。 有参加活动的主观意愿。
活动总目标	锻炼老年人的执行能力。 训练手部精细动作。 增强老年人之间的沟通交流。
活动预算	30 元/人
子活动 1	活动名称：水培蔬菜
	具体目标：通过栽培蔬菜让老年人获得生命的价值感。
	物品准备： 1. 根据不同的季节，选择适合水培的蔬菜，如生菜、空心菜、木耳菜、红薯、西红柿、大蒜等。 2. 水培容器，可用矿泉水瓶剪去顶部瓶颈，使用下半部分。 3. 水培植物营养液、沥水网、姓名贴等。
	活动过程： 1. 导入话题，是否知道或吃过水培蔬菜？讲解水培种植的原理。 2. 展示活动当天要使用的蔬菜，并说出名称和相关菜品，请老年人选择喜欢的 1～2 种蔬菜。 3. 拿出事先改造好的水培容器，放入水和沥水网，再放上蔬菜苗，最后滴 1～2 滴营养液，最后在容器上贴上写了老年人姓名和种植日期的贴纸。 4. 请有种植经验的老年人或工作人员介绍后期种植阳光照射、换水、滴营养液等注意事项。 5. 结束及整理。
	注意事项： 水培种植较土壤栽培简单，更适合认知症老年人。本次活动后，要继续对栽培之后的植物生长过程进行跟踪、反馈、交流，促进老年人和植物生长之间的生命碰撞。
子活动 2	活动名称：植物贴画
	具体目标：增加对植物色彩、形状的感知，激发创造力和想象力。

（续表）

	物品准备： 1. 选择当季花材，如春天的二月兰、油菜花，秋天的银杏叶等。 2. A4 大小的白色卡纸、彩笔、白胶等。
	活动过程： 1. 破冰讨论。最近有没有关注过园子里开了哪些花？ 2. 展示事先完成的植物贴画作品，邀请老年人鉴赏作品并尝试说出作品使用的植物品种、颜色。 3. 介绍植物贴画制作过程。选择喜爱的花材叶片，在叶片后面涂抹上白胶，贴在白卡纸上，可自由构思或临摹已有的成品，最后署名。 4. 邀请老年人分享各自的作品，为作品命名。 5. 结束及整理。
	注意事项： 1. 对认知障碍程度较严重的老年人可合作完成。 2. 每个作品都是独一无二的，及时鼓励老年人。
子活动 3	活动名称：蔬菜沙拉制作
	具体目标：增加味觉刺激，获得栽培后收成的成就感。
	物品准备： 沙拉碗、沙拉酱（酸奶或油醋汁等均可），适合做沙拉的蔬菜（如胡萝卜、紫甘蓝、包菜、生菜、黄瓜等），最好加入之前老年人水培成熟的蔬菜，洗净、切片切丝备用。
	活动过程： 1. 导入。欣赏水培蔬菜的成果。 2. 介绍中西方蔬菜制作的区别，品尝沙拉酱、酸奶和油醋汁的味道，说出嗅觉和味觉上的特点。 3. 选择自己喜欢的蔬菜原料，根据个人口味制作。 4. 轮流品尝。 5. 结束及整理。
	注意事项： 对于不愿意吃生冷沙拉的老年人不要勉强。

案例 2　户外观赏活动

【案例情境】为改善养老院认知症楼层沉闷的氛围，在春暖花开的一天，活动工作者带领入住的 8 位老年人，由护理员陪伴，到养老院的“认知花园”开展户外观赏活动。

表 6-8　户外观赏活动

活动名称	户外观赏活动
活动类型	园艺
活动对象	轻度到中度认知症老年人，有 4 位老年人半失能
初步评估	72～86 岁；5 位女性，3 位男性。 汉密尔顿抑郁量表（HAMD）24 项版本评分 21～35 分。 主要症状为不同程度的记忆力衰退、情绪低落，无暴力、走失风险。 4 位半失能老年人需要乘坐轮椅，其余为自理老年人。
活动目标	增加户外体验，提供良性感官刺激。 提供情感支持，减轻焦虑与紧张。

(续表)

<table>
<tr><td>活动内容</td><td>陪伴老年人进入认知花园，引导他们充分感知大自然，唤起老年人的记忆和语言表达。
1. 视觉活动：观赏花园中的植物和彩色花卉，引导色彩的识别。
2. 嗅觉活动：植物的芳香具有安全舒适、可靠、基本无副作用的特点，通过闻花香的游戏，请老年人猜测、联想、识别。
3. 听觉活动：置身于花园中，通过感受微风吹拂树枝、叶子碰撞发出律动之音，喷泉的水声，鸟儿、虫子在树上的停留产生的鸣叫，能让老年人感受到美感、消除烦恼。
4. 触觉活动：邀请老年人用手分辨土壤的干、湿，抚摸植物的花卉、叶子、果实、树干等不同部分的质感。
5. 味觉活动：在游园过程中，通过亲手摘取植物的果实等，品尝到或甜或酸的味道，有助于认知症老年人形成整体性感受。

图 6-16　能用五官感受的花园</td></tr>
<tr><td>场地要求</td><td>能够亲自参与并用五官感受的花园。
花园内外有无障碍设计通道。</td></tr>
<tr><td>建议时长</td><td>40 分钟左右</td></tr>
<tr><td>注意事项</td><td>1. 照护人员和认知症老年人的比例是 1∶1。
2. 活动工作者密切关注认知症患者，不能吞咽误食植物。
3. 关注认知症患者有积极反应的“点”，引导深入讨论，唤起正向记忆。</td></tr>
</table>

任务拓展

除了认知训练、怀旧活动、园艺活动之外，请查阅认知症的非药物干预方法还有哪些？在学习小组内交流。

任务测试

扫码进行在线测验。

在线测验

项目总结

请同学们根据本项目内容总结。

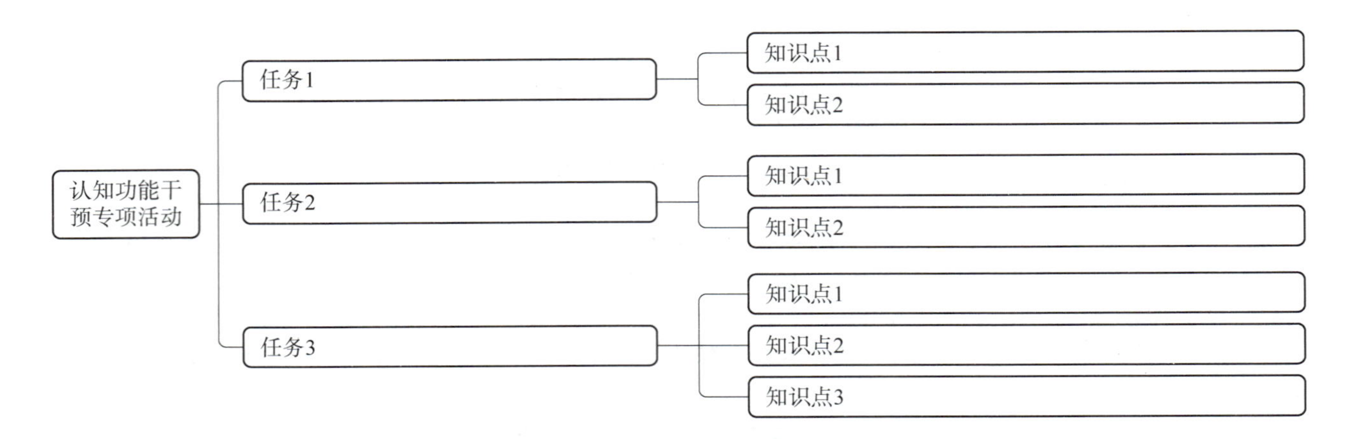

项目实训

请以学习小组为单位，为入住养老机构的12名轻度认知症老年人策划一个认知功能干预活动周计划表。

具体要求：

1. 一周活动类型尽可能丰富，围绕活动总体目标，拟定每天活动的具体目标。
2. 每天一次，具体时间安排符合老年人的作息和生理特点。
3. 表格仅提供参考，可根据活动计划的需要增加栏目。

表6-9 认知功能干预活动周计划表

活动时间	活动场地	活动类型	活动目标	活动内容	活动预算	注意事项
周一（　　）						
周二（　　）						
周三（　　）						
周四（　　）						
周五（　　）						
周六（　　）						
周日（　　）						

项目七

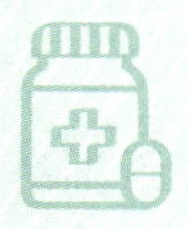

音乐照护专项活动

项目目标

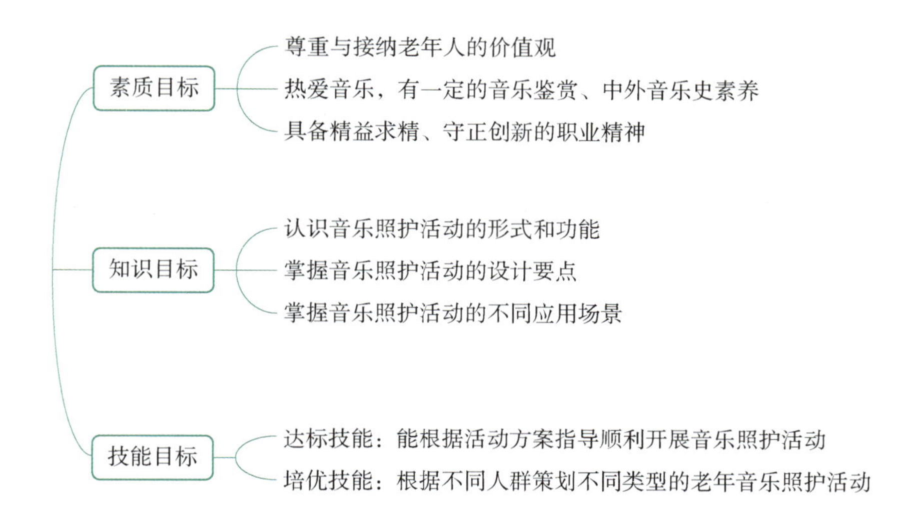

项目要点

1. 重点：根据不同人群策划不同类型的老年音乐照护活动。
2. 难点：依据活动现场即兴选曲和现场带动。

项目资讯

1. 查阅音乐照护的缘起、发展等相关背景资料。
2. 查阅音乐照护的曲目以及老年音乐照护的作用原理。

任务 1　认识音乐照护活动

任务发布

1.1　音乐照护活动常见的形式有哪些？

1.2　音乐照护师的角色有什么作用？

知识链接

一、认识音乐照护活动

1. 音乐照护活动概述

音乐照护活动是运用音乐的特性，由专业人士带动，配合特定设计的身体康复以及促进言语训练的动作，达到改善身体机能、安定情绪、愉悦心情的活动。音乐照护尤其注重心与心的沟通，强调活动中以引导成员间整体互动为重点，运用音乐调动起由数首曲子组成整场活动的起、承、转、合，激活其本身具有的生命力，增强人与人之间的关系、安定被照护者的情绪，达到积极照护的目的。

视频

音乐照护活动被广泛用于团体及个人照护中，并在社区活动中起到关爱老年人的关键作用。学习音乐照护技能，掌握音乐照护的规定曲目，包括古典音乐、流行音乐、自创曲目等，可以带给活动对象个人层次的身心愉悦。《丽江三部曲》活动示范，请扫码观看，感知音乐照护活动。

2. 音乐照护活动形式

音乐照护活动为老年人提供了多元化的活动形式，音乐的力量促进了他们的身心健康。

（1）引导性唱歌

引导性唱歌是一种结合了专业指导与自由表达的音乐照护活动形式。在这一活动中，专业的音乐照护师会精心挑选适合老年人的歌曲。这些歌曲往往具有旋律优美、歌词易记、易情感共鸣等特点，能够唤起老年人对过往岁月的回忆，激发他们内心深处的情感。

（2）好歌分享

鼓励老年人自选歌曲进行分享，不仅增强了他们的主动性和参与感，还能让其他老年人更深入地了解他们的内心世界。分享过程中，可以加入讨论环节，促进彼此间的理解和共鸣，营造温馨和谐的氛围。

（3）录音留念

为老年人提供录音设备，让他们为自己或家人录制有特别意义的歌曲或音乐。这不仅是一份珍贵的记忆保存，还能成为传递爱与关怀的媒介。录音完成后，可以制作成个性化的音乐礼品，增加活动的仪式感。

（4）放松练习

利用音乐的节奏与旋律，引导老年人进行呼吸练习和放松训练。这种练习有助于帮助老年人学会如何运用音乐的力量来调节自己的情绪和身体状态，改善睡眠质量。

（5）舒压按摩

在轻柔的音乐声中，运用专业的按摩手法，帮助老年人缓解肌肉紧张、促进血液循环。这种独特的体验将让老年人感受到无比的舒适与放松。

图 7-1 演奏手鼓

视频

（6）演奏乐器

鼓励老年人学习并演奏乐器，如手鼓、沙锤等简单易学的乐器，激发老年人的理解能力和执行能力。养老院老年人演奏乐器的音乐照护视频可扫码查看。

（7）音乐冥想

利用柔和的音乐引导老年人进行冥想放松。通过想象美好的情景来转移注意力、减轻压力，提升老年人的专注力和内心平静感。

（8）歌词记忆

共同演唱歌曲，在指定歌词处进行歌词填空，有目的地训练老年人的长时记忆。

（9）肢体舞动

锻炼老年人跟着音乐节奏舞动，加强肢体功能；有时会借助球或丝带、气球伞等工具，增加音乐活动的美感和彼此间的互动。可参考《茉莉花》肢体舞动视频。

视频

图7-2　气球伞带动肢体舞动

（10）缅怀往事

就歌词的歌曲、演唱者、年代背景等开始讨论，对往事进行有计划的引导，诱发老年人的长时记忆。

3. 音乐照护活动的功能

音乐照护作为一种综合性的干预手段，其功能广泛而深远，涵盖了心理、生理、社交及情感等多个层面。

（1）身心健康促进

音乐照护能引导个体进入一种平静、放松的状态，通过轻柔的音乐和深呼吸等技巧，有效减轻身体的紧张感和压力感。这种放松状态有助于缓解身体的紧绷和不适感，同时也有助于降低心理压力，促进心理健康。

（2）情绪调节与情感表达

音乐照护具有强大的情绪调节能力，能够直接作用于人的情感中枢。不同的音乐类型和曲目能够引发不同的情绪反应，通过选择适合的音乐进行聆听或参与相关活动，人们可以调节自己的情绪状态，从负面情绪中解脱出来，达到情绪平衡甚至提升的效果。

（3）认知与记忆功能

音乐能够唤起人们的深层记忆，特别是对于老年人来说，熟悉的音乐往往能够激发他们对过去美好时光的回忆，从而增强记忆力。此外，音乐照护活动还要求活动对象集中注意力，进一步促进认知功能的改善。

（4）社交与互动

音乐照护活动往往以团体形式进行，这为活动对象提供了一个良好的社交平台。通过共同演奏乐器、合唱歌曲或进行音乐游戏等活动，老年人能够建立更加紧密的联系和信任关系，提升人际交往的质量。

图 7-3 音乐游戏互动

(5) 自我管理与成长

音乐照护活动通过调节情绪、提升专注力及促进自我反思，帮助个体实现更有效的自我管理。在设定音乐学习或表演目标并努力实现的过程中，活动对象能够培养自律性和成就感。这种自我管理和成长的过程不仅有助于提升个人的音乐素养和技能水平，还能够促进个人的全面发展。

二、认识音乐照护师

1. 音乐照护师的角色定位

图 7-4 音乐照护师在带动音乐活动现场

(1) 音乐照护师是活动策划者

音乐照护师的重点是以活动对象的需求为导向、以服务为中心及提供精神满足为目标，并且依据不同群体设计多元的活动，为活动对象创造一个促进老年人活动体验的优质环境，使老年人能获得满足期望的音乐照护活动体验。

(2) 音乐照护师是活动引导者

音乐照护师是音乐照护活动的引导者，是音乐照护活动中活动对象与活动组织之间重要的沟通中介。在音乐中引导活动对象冥想、记忆，创造音乐氛围感染情绪，引导活动对象舞动肢体的动作，引导人与人之间无声的交流等等，都是一位成熟、成功的音乐照护师的专业能力。

2. 音乐照护师的资质

音乐治疗师是 20 世纪中叶兴起于欧美的新兴职业，该职业在 20 世纪 80 年代开始传入中国，2007 年中国举行了初级音乐治疗师职业资格认证。音乐治疗师要根据音乐的不同特点，结合其他康复和心理的介入手段来实现治疗目的。因此，对音乐专业的学历要求和素养要求都比较高。

音乐照护师与音乐治疗师相同之处在于，运用音乐的元素，如乐曲、乐器、声乐、舞蹈等引导活动对象进行心灵体验、互动交流；也是引导活动有效达到活动对象期望要求的实施者。

音乐照护师与音乐治疗师的不同之处在于，音乐照护师对音乐专业的学历没有要求。只要热爱音乐、有一定音乐素养，并享受通过音乐互动过程的爱好者都可以通过专业培训，学习老年活动领域的专业知识与技能，掌握音乐照护活动策划、协调、执行和评估能力，获得为社会、机构及组织认同的专业地位。目前，我国还没有专门的音乐照护师的职业岗位，但在教育部“1＋X”《老年康体指导职业技能等级标准(2021 年 2.0 版)》中，音乐照护被划分为初级、中级和高级三个资质等级。每个等级都对应着不同的知识和技能要求，感兴趣的活动工作者可以通过学习、培训、考证，获取相关资质。“1＋X”老年康体指导师——音乐照护的职业技能等级资格要求扫码可查看，也可至复旦社云平台 www.fudanyun.cn 下载。

资料

任务拓展

感受音乐冥想：好的冥想状态，需要平静的空间以及舒缓的音律共同营造。请找到一个安静的环境，确保自己在 15 分钟内不被打搅，可以采取坐姿或平躺，尽量让自己处于舒服、放松状态。做几个深呼吸，让呼吸渐渐平缓下来……放一首舒缓的冥想音乐，它可以帮助你净化心灵、做到真正的精神放松。在通透的音乐中，引领你走向洁净的心灵之路。

任务测试

扫码进行在线测验。

在线测验

任务 2 音乐照护活动的策划流程和设计要点

任务发布

2.1 音乐照护活动的策划流程有哪些？

2.2 音乐照护活动有哪些设计要点？

知识链接

一、音乐照护活动的策划流程

音乐照护活动的策划流程可以细分为音乐照护健康评估、音乐照护技术指导、音乐照护活动组织以及音乐照护效果评价四个关键工作。

1. 音乐照护健康评估

音乐照护健康评估是活动的起点，对老年人进行全面深入的健康评估是音乐照护师至关重要的工作之一。评估帮助照护师全方位地了解老年人的身心状况，深入挖掘他们可能面临的健康问题，准确捕捉他们的个性化需求。通过评估，音乐照护的长期目标和阶段性目标将变得更为明确，从而能更有针对性地制定相关照护计划和方案。

评估工作包含安全性评估、有效性评估、强度评估和环境评估等。安全性评估主要是为了确保老年人在接受音乐照护过程中的人身安全，预防意外事故的发生。有效性评估则关注音乐照护对老年人身心健康的实际效果，以数据和事实为依据，调整照护策略。强度和环境评估是对音乐照护过程中所涉及的音乐活动强度、实施的环境，如音量、噪音、光线等进行评估，以确保其适合老年人的身体状况。

2. 音乐照护技术指导

音乐照护技术指导是音乐照护活动开展的重要环节。它不仅涵盖了深入讲解音乐照护技术如何增进健康的内在原理和显著效果的基础知识，而且还对如何独立且连贯地展示标准的音乐照护技术进行了详尽的阐述。在这个过程中，音乐照护师需要耐心地辅导并协助老年人学习和练习这些音乐照护技术。这种指导让老年人在享受音乐的美妙的同时，也能够通过正确的练习方式，达到维护和提升身心健康的目标。在指导过程中，音乐照护师要注重理论与实践相结合，确保老年人能够理解和掌握音乐照护技术的核心要领，进而在日常生活中的各个环节，都能够运用音乐的力量来增进自身的健康和幸福感。

3. 音乐照护活动组织

音乐照护活动组织旨在将技术指导融入具体的音乐照护活动中，确保活动的有效实施。该过程涵盖活动的全面规划与执行，包括明确活动的时间安排、地点选择、参与者的招募、活动流程的精细设计以及所需物资的充分准备。在组织过程中，需细致考量参与者的健康状况与兴趣爱好，确保活动内容的适宜性。同时，活动场地的安全性与便利性也是不容忽视的重要因素。此外，为应对可能发生的突发情况，需制定详尽的应急预案，以保障活动的顺利进行，为参与者提供安心、愉悦的音乐照护体验。

4. 音乐照护效果评价

此环节的核心目的在于全面审视活动效果与参与者满意度，为后续活动的持续优化与改进奠定坚实基础。音乐照护师利用量表和问卷等工具，对参与者的身心健康状况进行前后对比评估，以客观的数据和结果来展示音乐照护活动对参与者产生的积极影响。深入分析活动过程中的问题与不足，如流程运行不畅、物资筹备不足、技术指导欠缺精准等。通过回顾活动亮点与成效，提炼出可复制、可推广的成功经验。

二、音乐照护活动的设计要点

1. 引导语

(1) 语言性引导语

音乐照护中使用的引导语是在每个动作之前需要提前说出来的口令，也称为提示语。提示语并不只是发出声音、喊出口令，而是要配合身体语言、眼神等，协助老年人跟上节奏，合上节拍，在适当的时候拍手、摇动或敲打乐器。为了可以让老年人在每首曲子一开始的时候就能准确地对上节奏，提示语起着极其重要的作用。

(2) 非语言性引导语

非语言性引导语包括温柔的眼神、真诚的微笑、恰当的身体动作与姿势，以及合理的空间距离与身体接触，共同构建一个充满爱与关怀的交流环境。同时，运用源自生活的身体动作与姿势，不仅帮助老年人表达情感与态度，也让音乐照护师能够精准解读其身体需求，给予个性化的照护。例如，设计包含身体接触环节的音乐照护活动，采用音乐照护师与老年人涂抹护手霜的互动，以无声的方式加深了人与人之间的情感联系。

2. 选曲

（1）即兴选曲

音乐照护活动选曲往往不是在活动带动前选好的，而是在带动现场依据被带动者的年龄、氛围、身体状况、状态及反应即兴选曲。即兴选曲要考虑选用的曲目在静与动、解放与控制、左右脑刺激、交感神经与副交感神经之间的平衡，引导出老年人的可动能力，辅助老年人进行美好的音乐体验。

选曲要遵循选曲动态曲线：先根据老年人的情况选用缓慢轻松的评估曲目——轻快的曲目——节奏感强的曲目或合奏（高潮）——选择舒缓的曲目把气氛及节奏降下来一点——节奏感强的曲目（小高潮）——选择放松的曲目把气氛降下来——结束，见图 7－5。

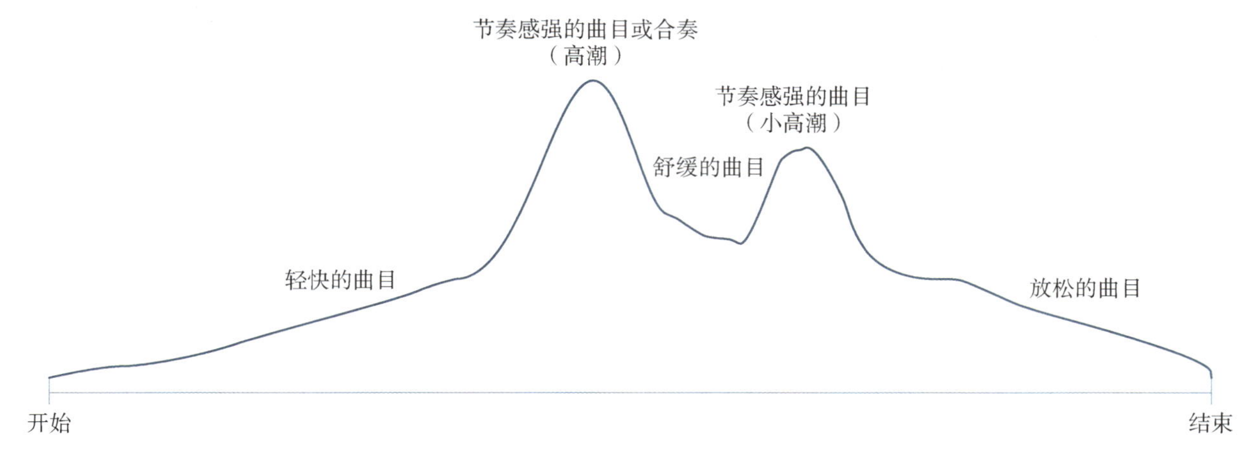

图 7－5　选曲动态曲线图

（2）以人为本

老年音乐照护活动的选曲要以老年人为主体去设定曲目，要考虑老年人的活动节奏及速度，注重其生理及心理状态。例如，当老年人非常忧郁的时候，要考虑到此时他们更想听蓝调歌曲还是愉悦的歌曲。通过揣摩、感受老年人的心情，探查轻微的变化，随时调整、灵活选曲。持续不断的坚持，会让不愿意参加活动的老年人加入到活动中。

（3）动静结合

老年人在音乐活动中会随着音乐进行身体动作，由于持续激烈的身体律动会使血压增高、心率加快，造成心肺功能的负担，所以在音乐照护活动选曲中，既有欢快的曲目，又有舒缓的曲目，动静搭配，以免给身体造成额外的负担。

（4）收放平衡

在精神层面，整个音乐照护活动中都充分考量了收与放的平衡性，并且在每首曲目中也加入了收与放的元素。如在音乐照护活动中使用乐器的部分，当老年人手里拿着乐器后，情不自禁就提升了注意力，眼神跟随着音乐照护师的手势与指令，合着音乐节奏敲击到设定的节拍时，瞬间迸发出的成就感及畅快感，由个人传达到团体，同时释放出身心的压力。随后短时间的静止或静态柔和的音乐，又能稳定并安定情绪，组合重复的收与放，可以训练老年人控制自己的身心、动作，并调整情绪。

（5）全脑开发

在设定音乐照护活动的整体选曲中，要考虑全脑刺激，如左脑为意识脑，可以识记歌词，所以在选曲时可以选择有歌词的曲目；右脑为本能脑，选用适宜的乐曲进行刺激时会激发创造力。当要让被带动的老年人情绪安定下来时，可以选择古典音乐。不过持续选择可以唱歌的曲目，或者持续选择可以激发创造力的曲目，都会让老年人感到疲惫。所以，音乐照护活动需要平衡两者之间的度，将各种曲调熟记于心。想要让老年人跟着乐曲唱起来或情绪安定时，就可以随时根据掌握的知识来灵活设定。

3. 乐器

（1）挑选乐器

老年音乐照护活动需要选择以节奏性为主、容易掌握使用方法的乐器，如响板、木槌、手摇铃等。在实践活动中，这些无需技巧准备的乐器，为老年人参与和体验音乐找到了途径。老年人通过即兴演奏，设计和创造自己的音乐，达到了主动参与的效果。

图 7-6　音乐照护活动常用乐器

（2）准备乐器

在每一次音乐活动开始之前，要根据当天的活动安排准备好乐器，乐器数量则根据当天参与活动的人数来决定，尽可能让参与的每位老年人都负责一样乐器。

（3）摆放乐器

为方便老年人使用，最好在活动准备前把乐器放在老年人的身边，让他们能随时拿起来。如果活动目的是要促进老年人的表达能力，那就把乐器放在指定位置，让他们根据自己的意愿表达和选择乐器。

（4）介绍乐器

在使用乐器之前，音乐照护师要介绍乐器的名字、来源、构造以及演奏方式，在这之前也可以先让老年人尝试不同的演奏方法。例如，传递一件乐器，让大家都尝试不同的演奏方法和用途。也可以用乐器来设计一些游戏，这些游戏活动都可以很大程度地开发老年人对乐器的好奇心。同时，通过游戏可以减少他们对在演奏乐器时出错的担忧。音乐照护活动中常用乐器介绍的资料，可扫码查看，也可至复旦社云平台 www. fudanyun. cn 下载。

资料

4. 引导性唱歌和引导性律动

引导性唱歌，选择老年人熟悉或喜爱的歌曲，不仅能唤起他们美好的回忆，还能在歌唱过程中增进情感交流，缓解认知症状，提升心情。

而引导性律动，则是在音乐的节奏与旋律的引导下，通过身体动作来表达对音乐的感受。在照护过程中，可以设计一系列与音乐节奏相匹配的简单动作，如拍手、搓手、踏步等生活性动作，鼓励老年人参与进来。

引导性唱歌与引导性律动相辅相成，为音乐照护提供了更加丰富和全面的活动手段。

资料

引导性唱歌和引导性律动过程中，需要一些动作。音乐照护中动作设计相关资料，可扫码查看，也可至复旦社云平台 www. fudanyun. cn 下载。

任务拓展

以学习小组为单位，查阅不同风格的音乐，根据动态曲线对应选择四五首适合老年人的曲目，在班级实训时展示。

任务测试

扫码进行在线测验。

在线测验

任务3 音乐照护活动的主要类型及案例

任务发布

3.1 音乐照护活动的实施流程是怎样的？

3.2 如何通过引导语开展技术指导？

知识链接

一、活力老年人音乐照护活动

案例 音乐欢乐之旅

【案例情境】

在一个阳光明媚的下午，某社区活动中心内洋溢着温馨而欢快的氛围。音乐照护师小张带领着她的团队，专为那些充满生命力与热情的活力老年人设计了一场别开生面的“音乐欢乐之旅”集体音乐照护活动。参与这次活动的，是一群热爱生活的老年朋友们。老年人有的曾是教师，有的曾是工人，岁月在他们的脸上刻下了痕迹，却未曾抹去他们对音乐的热爱与向往。

活动开始前，小张和团队成员细心布置了场地，确保每一个细节都能让老年人感受到家的温暖。轻柔的背景音乐缓缓响起，如同晨曦中的一缕阳光，温柔地拂过每个人的心田。随着小张的介绍，老人们的脸上露出了期待与好奇的笑容，他们知道，这将是一场特别的旅程。

表7-1 “音乐欢乐之旅”音乐照护活动

活动名称	音乐欢乐之旅
活动类型	集体音乐照护活动
活动对象	活力老年人
初步评估	参与活动的老年人充满生命力与热情，他们曾对音乐有深厚的兴趣，希望通过音乐增强社交互动，享受音乐带来的快乐。
活动目标	1. 情感连接：通过熟悉的音乐旋律，增强老年人之间的情感联系，减轻孤独感。 2. 社交互动：鼓励老年人参与集体活动，提高社交能力，减少认知衰退。
活动内容	1. 邀请老年人 (1) 准备就绪后，音乐照护师向老年人发出邀请，邀请有意愿的老年人共同参与。 (2) 对于部分内向、腼腆的老年人，音乐照护师要主动与老年人沟通，询问意愿，并鼓励老年人勇于尝试。 (3) 对于暂时不想加入的老年人，音乐照护师不可过分强求，充分尊重老年人的意愿。 2. 组织老年人就位 (1) 音乐照护师组织老年人入场，并选择喜欢的位置就座。 (2) 音乐照护师组织老年人选择自己喜欢的乐器种类及颜色，并耐心解释该乐器的使用方法。

（续表）

	3. 开场 (1) 所有老年人就位后，音乐照护师宣布活动正式开始。 (2) 进行活动开场，对老年人的到来表示欢迎，通过开场吸引老年人的注意力，调动老年人的积极性。 4. 评估曲目 (1) 音乐照护师指导老年人开展评估曲目活动，评估曲目为《你好》。 (2) 评估曲目可根据当天活动现场情况及参与老年人情况及时调整和更换。 5. 热场曲目 (1) 音乐照护师指导老年人开展热场曲目活动，如《旋转乐园》《妙转莲花》《柠檬树》等。 (2) 热场曲目可根据当天活动现场情况及参与老年人情况及时调整和更换。 6. 活力曲目 (1) 音乐照护师指导老年人开展活力曲目活动，如《快乐老家》《北京的金山上》《打靶归来》等。《打靶归来》活动视频可扫码观看。 (2) 活力曲目可根据当天活动现场情况及参与老年人情况进行及时调整和更换。 7. 放松曲目 (1) 音乐照护师指导老年人开展放松曲目活动，如《让我们荡起双桨》《茉莉花》《期待》等。 (2) 放松曲目可根据当天活动现场情况及参与老年人情况及时调整和更换。 8. 结束语 (1) 音乐照护师对本次活动进行总结，充分表扬老年人的活动表现，并鼓励老年人下次继续参加。 (2) 感谢老年人的参与，与老年人道别。
场地要求	1. 室内活动空间，确保音响设备音质清晰、音量适中。 2. 布置温馨、舒适，设有足够的座椅供老年人使用。 3. 配备简易乐器和必要的辅助工具。
建议时长	约 40～60 分钟
注意事项	1. 安全第一：确保活动现场无安全隐患，如地面防滑、电器安全等。 2. 个性化关注：对于个别情绪波动较大的老年人，需安排专人关注，及时给予安慰和支持。 3. 尊重差异：尊重每位老年人的音乐喜好和回忆，避免强迫分享或提及可能引起不适的话题。 4. 后续跟进：活动结束后，可通过电话、家访等方式了解老年人的反馈，为下次活动提供参考。

视频

二、轮椅老年人音乐照护活动

案例　让我们一起“舞动心灵”

【案例情境】

在温暖的午后阳光下，社区精心策划了一场别具一格的音乐照护活动，名为“让我们一起‘舞动心灵’”。尽管参与的老年人行动不便，需要轮椅辅助，但他们内心深处对音乐的热爱与情感却丝毫未减。此次活动由音乐照护师倾力打造，旨在通过音乐的魅力，为老年朋友们带来心灵的慰藉与活力，让音乐成为他们生活中的一抹亮色，促进身心的愉悦与和谐。

表 7－2　“让我们一起‘舞动心灵’”音乐照护活动

活动名称	让我们一起“舞动心灵”
活动类型	集体音乐照护活动
活动对象	轮椅老年人
初步评估	参与活动的老年人行动不便，需要轮椅辅助，但热爱音乐。

（续表）

活动目标	1. 情感共鸣：通过音乐激发老年人的情感共鸣，缓解孤独与焦虑情绪。 2. 记忆探索：引导老年人通过音乐探索并分享个人记忆，增强自我认同感。 3. 社交互动：在轻松的音乐氛围中，促进老年人之间的交流与互动，构建支持性社交网络。 4. 肢体舞动：通过使用乐器，促进肢体活动能力。
活动内容	1. 准备与沟通 （1）场地准备、设备准备、道具准备。 （2）音乐照护师向老年人问好寒暄，询问老年人身体和精神状况。通过交谈评估老年人对音乐带动的接受程度；选取老年人愿意倾听的曲目，设计适合老年人身体状况的动作。 2. 评估曲目 播放评估乐曲，音乐照护师进行乐曲重点说明，包括乐曲名称、背景、内容、节奏。 “爷爷奶奶好，我们现在播放的曲目是《布谷鸟》，我们一起来听布谷鸟的声音和它的歌，动动你们的手，我们跟着一起来，布谷，布谷，好听吗？” （注意：乐曲选择老年人喜欢和适合的曲目，在带领过程中观察每位老年人身体活动情况和动作幅度，一开始的曲目活动力度不能太大。） 3. 热场曲目 播放热场乐曲，音乐照护师进行乐曲重点说明，包括乐曲名称、乐曲背景、内容、节奏。 “爷爷奶奶好，我们现在播放的曲目是《年轻的朋友来相会》，让我们一起来回忆美好的年轻时代，动动你们的手，我们跟着一起来，好吗？！” （注意：在带领过程观察每位老年人身体活动情况和动作幅度，活动力度不能太大，让老人们的情绪高昂起来。） 4. 中场休息 交流曲目学习和练习情况、老年人身体状况、老年人活动参与度和满意度 5. 活力曲目 播放欢快型音乐进行热场，音乐照护师同样进行乐曲介绍，道具说明，动作带领，基本动作检测。 “爷爷奶奶好，下面播放的曲目是《杜鹃圆舞曲》，拿起桌上的手摇铃，握住手摇铃的把手，跟着我一起摇动起来！” “我们跟着圆舞曲的节奏，摇动手摇铃，想象美好的春天就在我们身边，我们一起欢快地跳舞唱歌。” 音乐照护师走到张爷爷身边，邀请张爷爷一起“跳舞”，经过张爷爷同意后，将张爷爷的轮椅推到队伍中间，随着音乐“舞动”了起来！ （注意：对要用到的道具的说明，语言清晰明了，语速适中，详细说明本次活动中要用到的道具的功能、用法以及注意事项；涉及的动作有哪些，存在的风险提示，如身体的轻拍方式、抬头、低头、转手、拍肩、拍腿等。） 6. 放松曲目 播放老年人熟悉的音乐，搭配雨声器，进行舒缓放松。 “爷爷奶奶们，累了吗？下面我们来放一首《月光下的凤尾竹》。”音乐照护师拿起雨声器，伴随着音乐节奏摇动雨声器，雨声器发出的“雨声”可以使老人们更容易放松下来。音乐照护师说：“请仔细聆听音乐，慢慢地放松身体，休息一下。” 7. 结束语 （1）音乐照护师对本次活动进行总结，充分表扬老年人的活动表现，并鼓励他们下次继续参加。 （2）感谢老年人的参与，与老年人道别。
场地要求	1. 室内活动空间，确保安全无障碍，便于老年人行动。 2. 柔和的照明和舒适的温度，营造宁静舒适的氛围。 3. 配备简易乐器、视觉辅助材料和必要的医疗急救设备。
建议时长	约40～60分钟左右
注意事项	1. 活动前考虑到老年人生理需要，现场工作人员和志愿者对老年人分组照看。 2. 活动中要时刻注意老年人状态，及时处理一些突发情况。 3. 活动中注意具体动作的幅度，引导老年人参与，给予老年人鼓励和充分肯定。 4. 活动中认真观察和记录老年人参与程度、身心状况、人际关系反馈，及时对计划做出相应的调整。 5. 活动中应注意个人态度，耐心细致，体现人文关怀。

三、卧床老年人音乐照护活动

案例 音乐慰藉之旅

【案例情境】

在温馨而柔和的灯光照耀下，伴随着悠扬轻柔的音乐旋律，某养老机构精心为101房间的4位卧床的老年人策划了一场别具意义的“音乐慰藉之旅”音乐照护活动。鉴于这些老年人因身体条件的限制，难以像往常那样参与各式各样的活动，但音乐的力量却能够穿透这些障碍，为他们带来独特的温暖与慰藉。

此次活动特邀了音乐照护师全程引领，旨在运用音乐的独特魅力，为老人们的心灵带来深深的安抚与宁静。音乐，作为一种跨越年龄与界限的语言，将在这个特别的时刻，成为连接彼此心灵的桥梁，让老人们在旋律的海洋中感受到关怀与温暖。

表7-3 “音乐慰藉之旅”音乐照护活动

活动名称	音乐慰藉之旅
活动类型	集体音乐照护活动
活动对象	卧床老年人
初步评估	参与活动的老年人身体条件受到限制，难以像往常那样参与各式各样的活动，且都卧床。
活动目标	1. 情感安抚：通过柔和的音乐旋律，为老年人提供情感上的安抚与慰藉，减轻焦虑与不安情绪。 2. 感官刺激：利用音乐的节奏、旋律等元素，刺激老年人的听觉感官，促进大脑活跃。 3. 陪伴关怀：通过一对四的形式，为老年人提供温馨的陪伴与关怀，增强他们的安全感与幸福感。 4. 锻炼肢体：通过拍手等简单动作，锻炼健侧的肢体活动能力。
活动内容	1. 准备与沟通 (1) 场地准备、设备准备、道具准备。 (2) 音乐照护师向老年人问好寒暄，询问老年人身体和精神状况。 (3) 将老年人的床头摇起，辅助调整到舒适的坐姿。 通过交谈，评估老年人对音乐带动的接受程度；选取老年人愿意倾听的曲目，设计适合老年人身体状况的动作，并指导老年人的照护人员(养老护理员或志愿者或家属)。 2. 评估曲目 播放评估乐曲，音乐照护师进行乐曲重点说明，包括乐曲名称、背景、内容、节奏。 “爷爷奶奶好，我们现在播放的曲目是《又见炊烟》，请仔细聆听音乐，想象一下在美丽的夕阳下，有一户房子的烟囱上缓缓冒着炊烟，您的家人就在门口向您微笑着招手！然后跟着我的口令，动一动手和脚哦！” (注意：乐曲选择老年人喜欢和适合的曲目，在带领过程中观察每位老年人身体活动情况和动作幅度，一开始的曲目活动力度不能太大。) 3. 热场曲目 播放热场乐曲，音乐照护师进行乐曲重点说明，包括乐曲名称、背景、内容、节奏。 “爷爷奶奶好，我们现在播放的曲目是《幸福拍手歌》，等一下在曲目‘拍手’的部分，我们床边的辅助人员会轻轻地拍拍爷爷奶奶的身体哦，请跟着我一起来体验吧！” (注意：在带领过程中，观察每位老年人身体活动情况和动作幅度，活动力度不能太大，让老人们的情绪高昂起来。) 4. 中场休息 交流曲目学习和练习情况，老年人身体状况，老年人活动参与度和满意度。 5. 活力曲目 播放欢快型音乐进行热场，音乐照护师同样进行乐曲介绍，道具说明，动作带领，基本动作检测。 “爷爷奶奶好，下面播放的曲目是《歌声与微笑》，请大家拿起手摇铃，跟着我一起摇动，并跟着我一起唱起来！”

（续表）

	（注意：对要用到的道具的说明，语言清晰明了，语速适中，详细说明本次活动中要用到的道具的功能、用法以及注意事项；涉及的动作有哪些，存在的风险提示，身体的轻拍方式、抬头、低头、转手、拍肩、拍腿等，如有无法拿起乐器的老年人，需要请照护人员在旁边辅助，或者由照护人员摇动手摇铃让老年人感受节拍，融入到活动当中。） 6. 放松曲目 播放老年人熟悉的纯音乐，舒缓放松。 “爷爷奶奶们，累了吗？下面我们来放一首《回家》，让我们仔细聆听音乐，闭上双眼放松身体，休息一下。” 7. 结束语 (1) 音乐照护师对本次活动进行总结，充分表扬老年人的活动表现，并鼓励老年人下次继续参加。 (2) 感谢老年人的参与，与老年人道别。
场地要求	1. 在老年人的房间。 2. 柔和的照明与舒适的温度，营造宁静舒适的氛围。 3. 配备高质量的音乐播放设备，确保音质清晰、音量适中。
建议时长	约40～60分钟
注意事项	1. 活动前考虑到老年人生理需要。 2. 活动中要时刻注意老年人状态，及时处理一些突发情况；注意具体动作的幅度，引导老年人参与，给予老年人鼓励和充分肯定；认真观察和记录老年人参与程度、身心状况、人际关系反馈，及时对计划做出相应的调整；注意个人态度，耐心细致，体现人文关怀。 3. 活动后及时整理记录。

四、认知障碍老年人音乐照护活动

案例　“旋律相伴，记忆回响”认知障碍老年人音乐照护活动

【案例情境】

在一个温馨的下午，某养老机构为一群特别的老年人策划了一场名为“旋律相伴，记忆回响”的认知障碍老年人音乐照护活动。活动的初衷是通过音乐的力量，帮助他们找回那些渐行渐远的记忆，让他们在音乐的陪伴下，感受到家的温暖和关爱。

活动现场，我们精心布置了一番，悬挂着温馨的彩球，墙角摆放着鲜花，营造出一种轻松愉悦的氛围。我们知道，认知障碍老年人可能会在生活的细节上有所遗忘，但他们对音乐的感觉却是深入骨髓的，因此选择了他们熟悉的旋律，希望通过这种方式，打开他们尘封的记忆之门。

表7-4　“旋律相伴，记忆回响”音乐照护活动

活动名称	“旋律相伴，记忆回响”
活动类型	集体音乐照护活动
活动对象	认知障碍老年人
初步评估	参与活动的对象为认知障碍老年人，参与活动时情绪较稳定，对音乐照护活动有兴趣，希望通过音乐唤起往昔的美好记忆，同时增强社交互动。
活动目标	1. 情感连接：通过熟悉的音乐旋律，增强老年人之间的情感联系，减轻孤独感。 2. 记忆唤起：利用生活化的动作设计，帮助老年人回忆往昔的美好时光，提高记忆力和认知能力。 3. 社交互动：通过集体参与，促进老年人之间的交流与合作，提升社交能力。 4. 身心愉悦：在音乐的陪伴下，让老年人感受到身心的放松与愉悦，提升生活质量。

(续表)

活动内容	1. 准备与沟通 (1) 场地准备、设备准备、道具准备。 (2) 音乐照护师向老年人问好寒暄,询问老年人身体和精神状况。通过交谈评估老年人对音乐带动的接受程度;选取老年人愿意倾听的曲目,设计适合老年人身体状况的动作。 2. 评估曲目 播放评估乐曲,音乐照护师进行乐曲重点说明,包括乐曲名称、背景、内容、节奏。 “爷爷奶奶好,我们现在播放的曲目是《你好》,请跟着我一起合着音乐做动作哦。” (注意:选择老年人喜欢和适合的曲目,在带领过程中观察每位老年人身体活动情况和动作幅度,一开始的曲目活动力度不能太大。) 3. 热场曲目 播放热场乐曲,音乐照护师进行乐曲重点说明,包括乐曲名称、背景、内容、节奏。 “爷爷奶奶好,我们现在播放的曲目是《草原上升起不落的太阳》,让我们一起来回忆美好的年轻时代,跟着我一起动动你们的手,我们一起来,好吗?!” (注意:在带领过程中,观察每位老年人身体活动情况和动作幅度,活动力度不能太大,动作当中涉及认知训练的动作,如画八字、左飞、右飞等动作,让老人们在活动当中达到认知训练的目的。) 4. 中场休息 交流曲目学习和练习情况,老年人身体状况,老年人活动参与度和满意度。 5. 活力曲目 播放欢快型音乐进行热场,音乐照护师同样进行乐曲介绍,道具说明,动作带领,基本动作检测。 “爷爷奶奶好,下面播放的曲目是《快乐记忆》,拿起毛巾,跟着我一起动起来!” “想象一下自己在缝衣服,缝啊缝啊快要缝好了。” “准备切菜喽,先切个大萝卜,再切胡萝卜。” “王奶奶慢慢地切,不着急,准备要把切好的放到锅里了哦!” “孙奶奶洗衣服喽,用力搓,把衣服搓干净!” (注意:对要用到的道具的说明,语言清晰明了,语速适中,详细说明本次活动中要用到的道具的功能、用法以及注意事项;涉及的动作有哪些,存在的风险提示;如更换动作,说明人与人之间的距离保持等;动作中涉及认知训练的动作,帮助老年人回忆常用的生活动作。) 6. 放松曲目 播放老年人熟悉的纯音乐,舒缓放松。 “爷爷奶奶们,累了吗? 非常感谢大家的参与,下面一首《听我说谢谢你》,感谢大家参与到活动当中,也期待大家下次再来参与音乐照护活动。” 7. 结束语 (1) 音乐照护师对本次活动进行总结,充分表扬老年人的活动表现,并鼓励老年人下次继续参加。 (2) 感谢老年人的参与,与老年人道别。
场地要求	1. 室内活动空间,确保安全无障碍,便于老年人行动。 2. 柔和的照明与舒适的温度,营造宁静舒适的氛围。 3. 配备简易乐器和必要的医疗急救设备。
建议时长	约 45～60 分钟
注意事项	1. 安全第一:确保活动现场无安全隐患,安排专人关注老年人的身体状况与情绪变化。 2. 个性化关怀:尊重每位老年人的个性差异与身体状况,提供个性化的音乐照护体验。 3. 情感支持:给予老年人充分的情感支持与陪伴,帮助他们感受到被关心与重视。 4. 后续跟进:活动结束后,通过定期回访、与照顾者沟通等方式了解老年人的生活状态与音乐照护效果,为持续服务提供参考。

任务拓展

扫码观看音乐照护活动视频，体会音乐照护师在活动中运用引导语的技巧和魅力。

任务测试

扫码进行在线测验。

项目总结

请同学们根据本项目内容总结。

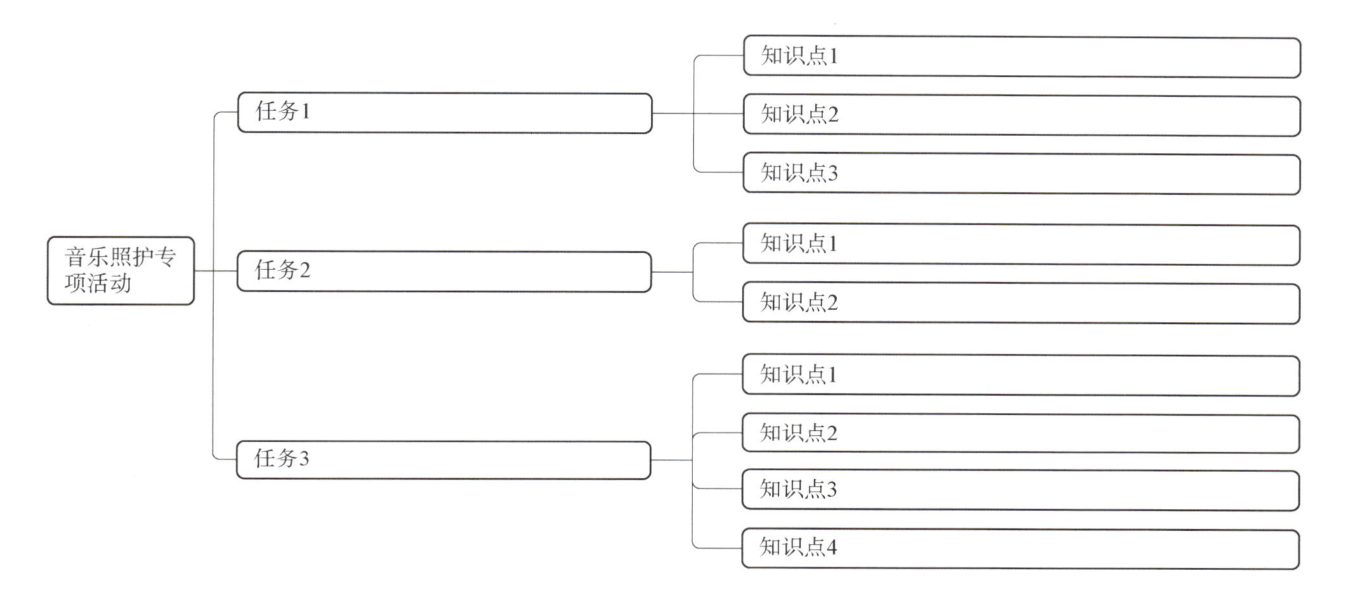

项目实训

1. 模拟实训：根据所学知识，尝试策划并实施一次音乐照护活动，从明确目的、确定内容、组织人员到活动结束与分享等各个环节进行实践。

2. 岗位实境：各小组联系当地养老机构，实地开展面向老年人的音乐照护活动。

项目八

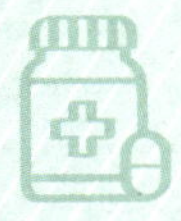

特色养生专项活动

项目目标

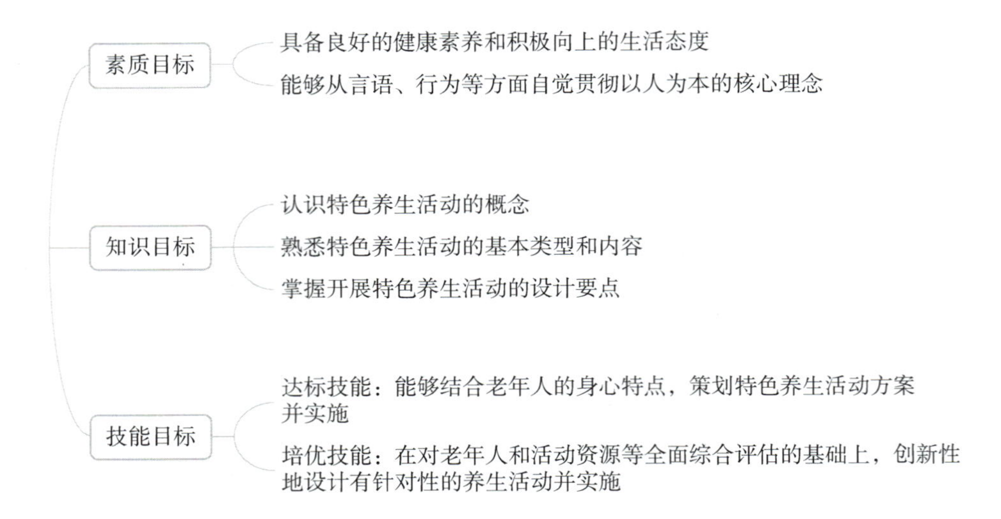
素质目标
具备良好的健康素养和积极向上的生活态度
能够从言语、行为等方面自觉贯彻以人为本的核心理念
知识目标
认识特色养生活动的概念
熟悉特色养生活动的基本类型和内容
掌握开展特色养生活动的设计要点
技能目标
达标技能：能够结合老年人的身心特点，策划特色养生活动方案并实施
培优技能：在对老年人和活动资源等全面综合评估的基础上，创新性地设计有针对性的养生活动并实施

项目要点

1. 重点：理解并掌握不同特色养生活动的操作规范、操作要点及适应群体。
2. 难点：结合老年人的不同需求，策划、设计相匹配的特色养生活动。

项目资讯

1. 了解我国特色养生活动的历史渊源与发展脉络。
2. 查阅不同机构、社区开展的特色养生活动的情况，并思考存在的问题。

任务1　认识特色养生活动

任务发布

1.1　养生活动的内涵是什么？

1.2　养生活动有什么特点？

知识链接

一、认识养生

1. 养生的定义

养生一词首见于《吕氏春秋》。其曰："知生也者，不以害生，养生之谓也。"意思是正确的养生之道不应该对生命造成损害，而应该是保护和滋养生命，即护养生命之意。

养生是一个广义的概念，不仅仅局限于某个特定的方法或技巧，而是一种全面的、综合性的健康理念，旨在帮助人们通过饮食、运动、休息、呼吸、情绪调节等行为和方法来保护生命有机体的活力，增强并提升个体生理、心理和社会交往方面的和谐平衡与健康发展。

养生包括生理养生、心理养生两大方面，前者注重生理上的放松和康复以及身体机能的维护；后者强调精神层面的内在休养和平衡祥和的心理状态。在养生过程中，人们需要注意自己的生理和心理健康，并采取适当的措施来保持平衡。

总之，养生不仅是一种方法，更是一种生活态度和哲学。它强调人们应该珍惜生命、关注健康，并采取积极的行动来保护和增强自己的生命力。

2. 养生的理论渊源

中国的养生有着独特的理论基础，哲学上的道法自然与中医中的经络气血，成为养生的理论渊源。

(1) 顺应自然论

《道德经》中说："人法地，地法天，天法道，道法自然。"人的生命活动符合自然规律，才能够长寿。《素问四气调神大论篇》指出："春夏养阳，秋冬养阴，以从其根。"这种"顺时摄养"的原则，就是顺应四时阴阳消长节律进行养生，从而使人体生理活动与自然变化的周期同步，保持机体内外环境的协调统一。

(2) 调和阴阳论

《黄帝内经》说"生之本，本于阴阳"，又说"阴平阳秘，精神乃治"。所以，调和阴阳则精神充旺，邪不能侵，得保健康。调和之道，须顺时养阳，调味以养阴，使阳气固密，阴气静守，达到内实外密，健康有寿。

(3) 流通气血论

气为血帅，血为气母，二者相伴，贯通周身，熏濡百节，流通则生机正常，滞塞则淤结病生。流通之道有二：一是以形体动作促进气血流行；二是以意念来导引气血的运行，气行则血行，身体虽或动或止，但气血之流通，经络之舒畅始终得以保障，此即气功吐纳之术。二者均通过气血流通而养生。

(4) 培补精气论

精气神为人之三宝，精化气，气生神，精盛则本状，气化则源旺，故生气勃勃。人始生，先成精，先天之精源于父母，藏于肾，为生命之本、繁衍之源。后天之精由生化而来，亦藏于肾，保精之法，开源节流。开源即促精生长、吸引采补。前者有食饵、药物、修炼等法补精以滋源，补气以助化精。节流即养神保精，神安不乱，精不妄耗，清静无为，恬愉自保。

3. 养生的方法

不同国家、不同地区、不同时代的民众在长期的文化实践中，都围绕自身的健康形成了形态各异、别具特色的养生方法。

我国常见的特色养生方法包括食饵养生、调神养生、导引养生与环境养生。

(1) 食饵养生

民以食为天，我国民众在长期的生产生活实践中，形成了独树一帜的饮食养生文化，有着丰富的文献记载。食饵养生的内容包括食性、食养、食疗、食节、辟谷、饮食禁忌、药养及饵药养生等具体内容。食饵

视频

养生的相关视频，可扫码观看。

（2）调神养生

调神养生主要以精神调养为主，突出个体的自省与内敛，重视个人的悟性，强调以“中”为度，以平为期，实现人体与外部环境、人体内部的和谐协调，最终达到“动”与“静”的平衡。在精神调养中，肌肉处于放松休息状态，血液循环趋于规则，呼吸规律和缓，个体感官及神经系统处于平衡状态。包括情志相胜法、说理开导法、暗示疗法、怀旧疗法等等。

（3）导引养生

导引养生通过形体动作的活动为主，辅以呼吸吐纳，达到祛病强身、延年益寿的目的，包括五禽戏、八段锦、易筋经、太极拳/剑/扇/球及被动的推拿按摩等。

（4）环境养生

每个个体生活于特定的空间环境中，个体的生命健康不可避免地会受到所处环境的影响。环境养生活动以营造适合个体身心康健的环境创设为主，通过调整环境而达致身心健康的目的。古语云：“流水之声可以养耳，青禾绿草可以养目，观书绎理可以养心，弹琴学字可以养脑，逍遥杖履可以养足，静坐调息可以养筋骸。”

2. 认识特色养生活动

（1）特色养生活动的内涵

对于我国而言，特色养生活动特指基于对天地阴阳、五行相生等哲学认知，推衍到个体养生领域而创设的以强身健体、健康长寿为宗旨而创设的各类具有中国本土特色的活动类型。这些活动以保养、调养、颐养生命为宗旨，以调阴阳、和气血、保精神为原则，通过调神、导引吐纳、四时调试、食养、药养、节欲、辟谷等养生方法达致健康、长寿之目的①。

从个体对身心健康追求的主体性、能动性来看，特色养生活动可以分为主动特色养生活动与被动特色养生活动。主动特色养生活动主要是指活动的参与者通过自己的调养，达致强身健体、身心和谐的活动，如五禽戏、八段锦、养生操等等；被动特色养生活动则主要是指借助于外在的力量，如推拿按摩、针灸、环境营造等活动，被动地恢复身体健康的活动类型。

当然，养生是一项系统性、综合性的活动，在日常养生活动的设计中，以上的方法和分类往往是综合进行、相辅相成的。本项目任务 3 中列举的特色养生活动类型，是参考了日常生活流传性广，且老年人常用的活动进行设计与分析，主要以调神养生方法与导引养生方法为主进行案例设计，也融合了食饵养生与环境养生的部分内容。

（2）特色养生活动的特点

特色养生活动从来都是关涉个体全龄乃至整个人类社会的全民性、全龄性休闲养生活动，这类活动以健康养生为目的，选择合适的时间与地点、安排适度的内容与进展，强调通过饮食、健身、康娱等综合性、系统性因素对身心进行调养，从而达到“身、心、社、灵”相和谐的状态。特色养生活动具备如下几个特点。

① 文化性。文化性是特色养生活动最大的特点，贯穿于活动的整体过程中。特色养生活动在创设的过程中，不仅要考虑到活动本身根植的文化渊源与时空特色，还要关注活动参与者自身的文化积淀与文化领悟；活动本身不仅是对活动参与者身心健康的当下性关怀，更是对优秀传统文化历史性传承与时代性变迁的特殊展演，文化性是特色养生活动生命力的不竭动力。

② 普适性。传统观念认为，特色养生活动主要针对的群体是“亚健康人群”或“老年人群”，实际上，特

---

① 牟红，杨梅主编. 休闲活动策划与管理案例分析[M]. 北京：中国物资出版社，2011：79.

色养生活动应该涵盖所有追求健康快乐生活的人群，这些人群有着强烈的养生目的性，可以结合自身的状况、需求特点选择适合自己的活动方式与活动内容。

③ 体验性。特色养生活动既注重养生功能，也强调养生过程的休闲性、娱乐性与体验性，它将养生这一追求娱乐化、休闲化。养生需要体验，通过适合的活动项目为参与者创造一种或多种难忘的经历。对于参与者而言，将养生活动寓于体验式玩乐中，本身就是很好的身心放松，身心放松本身就是养生活动追求的目标之一。

④ 综合性。特色养生活动是将我国传统的养生方法、理论与现代生活中有益于人体健康的多种休闲方式结合起来形成的活动，是饮食、健身、娱乐等诸多因素的结合，体现了养生过程的休闲性、体验性与功能性，呈现出多元化与综合性的特色。

⑤ 科学性。特色养生活动不是简单随意的康娱活动，而是一项科学、专业的活动设计与实施。其科学性、专业性体现于三个方面：第一，活动设计的基础源自于对活动参与者综合全面的专业性评估。在活动设计之初，首先要对活动参与者的身心状况、个性特点、兴趣爱好等方面进行整体画像，在对参与者整体了解的基础上，为其设计个性化的解决方案。第二，特色养生活动有着科学的理论基础。它以传统中医为核心，强调自然生态、阴阳调和，同时融入了现代康体方法，将传统医学与现代技术有机结合，具有较强的科学性特点。第三，从实施主体来看，特色养生活动的开展需在专业人员和团队的指导下，按照专业的规范与流程进行。

任务拓展

调研家庭、社区或机构的20位老年人，与他们聊一聊养生这个话题。了解他们：是否喜欢参加养生活动？所喜欢的养生活动属于哪种类型？用饼状图画出每种养生活动的占比。

任务测试

扫码进行在线测验。

在线测验

任务 2　特色养生活动的策划流程和设计要点

任务发布

2.1　特色养生活动的策划流程是什么？

2.2　特色养生活动的设计要点有哪些？

知识链接

一、特色养生活动的策划流程

1. 开展功能性评估

养生是一项综合性、系统性的工程，包括外显的活动能力与内在的精神状态，二者相互影响，相伴共生，这要求活动工作者在为老年人开展活动前，需运用专业的评估量表对其进行综合全面的分析。

① 生活能力评估：使用日常生活活动能力（ADL）量表与工具性日常生活活动能力（IADL）量表对参

与活动的老年人进行日常生活能力及工具性日常生活能力进行评估。

② 运动能力评估：传统健身功法等活动需要邀请专业工作人员对老年人做专项评估，如肌力评估、跌倒风险评估、平衡性评估等。

③ 体质评估：药物养生、食物养生等活动的理论扎根于中国传统中医的土壤。为了确保养生活动的适用性和安全性，活动工作者应该邀请中医养生专家对老年人开展中医体质辨识，评估每位老年人的个体体质和健康状况，进而制定相应的养生方案。中医体质辨识与个人养生方案的相关资料，可扫码查看，也可至复旦社云平台 www.fudanyun.cn 下载。

2. 了解活动对象的需求

需求是特色养生活动策划的出发点与落脚点。养生活动形态多元，内容丰富，老年人有着更多的选择。除了专业评估给出活动建议外，也要结合老年人的成长背景、文化教育、个人特点、宗教信仰乃至人际关系等内容，尤其是结合不同年龄段、不同性别老年人的养生保健需求、养生活动类型的喜好进行策划。

例如，60～69 岁年龄段的老年人相对活跃，他们更注重锻炼身体、保持健康饮食和良好的作息习惯。70～79 岁的老年人对养生需求更关注如何保持心情愉悦、减轻孤独感。80 岁以上的高龄老年人对养生的需求更加综合，对“身、心、社”三方面都很重视。此外，他们还需要关注如何预防认知症等问题。

一般而言，男性老年人更注重锻炼身体和保持健康饮食，他们倾向于选择传统健身功法活动；女性老年人喜欢参加瑜伽、精神调适等活动，同时注重美容美颜等方面的养生需求。

3. 策划适合的特色养生活动

结合前期的评估和需求分析，同时结合机构、社区的资源现状，为参与活动的老年人策划具有针对性的特色养生活动方案。

策划特色养生活动的过程中，一方面要注意活动本身的功能性，另一方面也要注意活动环境及时间的营造。例如，对气功、太极拳、八段锦等传统健身功法，若参与活动的老年人方便，建议选择具备田园山水、古典园林的室外场地，在人与自然的近距离相处中通过气运吐纳、肢体活动达到健康养生的目的；若行动不便，也可以在室内通过田园山水微景观的营造，辅以舒缓自然的音乐，让参与活动的老年人即便身处室内，也能有回归自然的感觉。

二、特色养生活动的设计要点

1. 文化性

特色养生活动亮点在“特”，“特”集中体现于活动本身具备的“文化性”。每个民族在其漫长的生存与发展的过程中，形成了对于个体与所处时空相适应的文化观，并具化于日常的生产生活及艺术实践中。例如，在中国传统特色养生实践中，将生命的起源具象为阴阳、五行的观念，并在生产生活实践中形成了独具中国特色的阴阳调和、五音五行五脏相生相克的朴素认知，进而运用到日常的养生之中，形成了独具特色的中医养生文化，源远流长，绵延发展，渗透于日常生活的方方面面。

2. 层递性与规律性

特色养生活动重点在“养”。“养生”不可能一蹴而就，也不可能靠单一项目完成，是一项漫长而系统的工程，需要持之以恒地坚持参与。因此，在为老年人策划养生活动的过程中，要特别注意活动目标设定的层递性；在活动实施过程中，要注意活动的规律性。此外，也要在活动过程中，辅以相应的其他养生项目，如食饵疗法，保证活动参与者能够有平衡的膳食；放松减压，让活动参与者心情能够得到调整，等等。通过这些系统全面的活动，让参与活动的老年人通过活动达到预期的目标与效果。

3. 针对性

特色养生，因人而异，因时而异，因地而异。因此，在为老年人策划养生活动的时候，一方面要结合参与活动的老年人的需求、个人经历、文化背景、社会资源等主观因素来确定，另一方面也要结合客观的时间、空间因素来选择。尤其是在食饵养生活动策划中，特别强调食材与节令之间的关系，以及民俗中“十里不同风，百里不同俗”强调的地域差异，这样策划的活动才是科学而有针对性的养生活动。

任务拓展

请查阅资料，探讨如何针对不同的老年人策划有针对性的食饵养生活动。

任务测试

在线测验

扫码进行在线测验。

任务3　特色养生活动的主要类型及案例

任务发布

3.1　传统健身功法活动有哪些策划要点？

3.2　二十四节气养生活动有哪些策划要点？

3.3　精神调适活动有哪些策划要点？

知识链接

一、传统健身功法

1. 认知传统健身功法

中国传统健身功法历史悠久，源远流长。常见的中国传统健身功法包括气功、五禽戏、太极拳、八段锦、易筋经和其他各种保健功法等。这些功法无论是在技术上还是在理念上都体现和谐共融的特点，尤其是太极拳和八段锦，它们是古代导引术的精华，经过不断改进而成。传统健身功法可以强身健体，促进正气在人体内的运行，以达到强身健体的功效。

（1）气功

视频

气功是我国的传统保健运动，包括形体锻炼、呼吸吐纳、心理调节等，即调形、调息和调心。气功类健身防病方法，包括呼吸、吐纳、扣齿、按摩等，这些活动促使活动参与者自我调整与自我控制，改变、矫正不良行为。练形时精神放松、意念集中，能减轻和消除大脑皮质各种不良刺激，调节中枢神经，减轻或消除焦虑情绪。练气是在练形的过程中，通过呼吸吐纳，调整气息实现的，促进气血流通、真气内守。少林内功是河南少林派气功的基本功法之一，也是传统的养生功法，相关视频可扫码查看。

对于活动参与者而言，在活动工作者的指引下，长期练习气功对自身的身心健康有较大的促进作用，可预防心脑血管疾病、呼吸系统疾病、糖尿病、认知症等常见的老年性慢性病。长期有规律地坚持气功锻炼对于老年人的焦虑状态也有积极的改善作用。

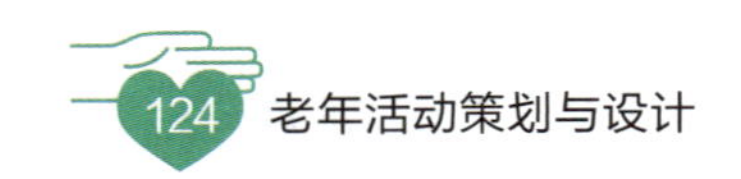

（2）五禽戏

视频

五禽戏为东汉末年时期著名医学家和养生家华佗创编，是模仿熊、鹿、虎、猿、鸟五种飞禽走兽的动作与神态创编而成的，整套动作形象、生动、活泼，具有一定的强壮身体和医疗保健作用。它体现了华佗“人体要活动，但要适宜”的健身防病的理论。五禽戏外练筋骨皮，内练精气神，使血脉流通，脾胃健运，具有“调身”“调心”“调息”的保健功能。五禽戏的相关视频，可扫码查看。

五禽戏通过对肢体外在运动形式调节肢体活动的作用，同时注重每个动作的意境。通过对动作用意的关注来达到集中思想意识的目的，并且根据动作的升降开合、控制呼吸，最终达到动作与呼吸的协调配合，较好地疏通经络、活动筋骨，对于老年人颈椎、腰椎及风湿性疾病有很好的改善作用。同时，还有助于情绪调节与睡眠改善。

（3）八段锦

视频

八段锦是由宋代一些养生家将传统导引术进行简化，创编出八组简单易行、顾及身体各个部位的动作，编排精美，如锦缎般精美华丽，故名八段锦。八段锦动作柔和缓慢，圆活连贯，松紧结合，动静相兼，神形具备，通过身体的运动、呼吸锻炼、意念集中、身心松弛等锻炼方法，调节和增强人体各项功能，具有鼓舞正气、平衡情绪、提高机体免疫功能、缓解疼痛的效果。八段锦相关视频，可扫码查看。

八段锦的八个动作分别是两手托天理三焦、左右开弓似射雕、调理脾胃须单举、五劳七伤往后瞧、摇头摆尾去心火、两手攀足固肾腰、攒拳怒目增气力、背后七颠百病消。作为中医特色养生项目，老年人长期坚持练习，对于高血压、冠心病、糖尿病等疾病状态的改善有良好效果。

（4）易筋经

视频

易筋经是我国古代流传下来的“伸筋拔骨，以形引气”的传统健身方法，是中华悠久文化的组成部分，是以自身形体活动、呼吸吐纳、心理调节相结合为主要运动形式的民族传统养生项目，具有调脏腑、补益阳气、提高身体素质、抗衰老、改善心理状态的功效。易筋经可以提高人体各项生理功能，特别是对慢性病患者，可以增强运动系统功能，促进心脑血管系统和呼吸系统功能的提高，还可以缓解压力。易筋经相关视频可扫码查看。

（5）太极拳

太极拳，是以中国传统儒、道哲学中的太极、阴阳辩证理念为核心思想，集颐养性情、强身健体、技击对抗等多种功能为一体，结合易学的阴阳五行之变化，以及中医经络学、古代的导引术和吐纳术形成的一种内外兼修、柔和、缓慢、轻灵、刚柔相济的中国传统拳术。2020 年，太极拳被联合国教科文组织列入人类非物质文化遗产代表作名录。

太极拳是中国传统健身功法中运用最广的运动，通过守意、调整呼吸、整体和谐运动，融合了肌力训练、平衡训练和控制力训练，以达到调整中枢神经系统、促进循环系统、提高免疫功能、调和阴阳平衡的作用。太极拳对于改善老年人多种健康问题，如腰背疼痛、焦虑、失眠、健忘等均有较好的作用。长期练习太极拳，可以从多方面提高中老年人的生理功能，尤其在改善脑功能和神经对肌肉的控制能力方面有很好的效果，也有助于提高或保持身体的平衡能力、柔韧性、肌肉力量以及肌肉抗疲劳能力。

视频

太极拳的相关视频可扫码查看。

2. 策划传统健身功法活动

（1）评估个人兴趣及资源状况

适当的健身功法有助于个体身心健康。中国传统健身功法类型多样，难易有别，因此在策划活动的时候，一方面要对参与活动的老年人的身体状况（尤其是肢体活动状况）、兴趣爱好、个性特点、社会关系等内容进行综合性评估；另一方面，也需要对机构、社区的资源状况，如师资状况、活动环境等进行综合性考量。这样，才可能策划出有针对性且容易被活动对象接受的传统健身功法活动。

(2) 策划相应的健身功法活动方案

通过前期对有意愿参与传统健身功法的老年人的评估，结合老年人的肢体状况、兴趣爱好、对传统健身功法的掌握程度等，为参与活动的老年人制定个性化的传统功法养生活动方案。

养生是一个系统而缓慢的过程，传统健身功法在养生活动方面同样如此。在开展传统健身功法养生活动时，一定要与参与活动的老年人进行深入沟通，切勿急躁，急于求成。因此，策划活动的时候，目标要明确，活动要持续，强度要适合。一般而言，在老年人身体允许的情况下，老年人可以结合自己的生活习惯，每天坚持练习，每次 30 分钟左右。

传统健身功法对于老年人的心肺功能有特殊要求，因此，在活动的时候可以借助于一些智能手环，对参与活动的老年人进行生命体征监测。

(3) 结合实际情况调整活动

在为老年人开展传统健身功法养生活动的时候，活动工作者要时刻观察老年人的精神状况，并借助于一些专业量表对活动的老年人进行评估，并根据评估结果，进行活动内容、活动强度等方面的调整。

3. 传统健身功法策划与设计案例

案例 1　趣味养生八段锦

【案例情境】某养老机构 8 位肢体无障碍、意识清醒的老年人，开展“趣味养生八段锦”养生活动。

表 8-1　“趣味养生八段锦”养生活动

活动名称	趣味养生八段锦
活动类型	老年康体养生活动
活动对象	8 位老年人
初步评估	1. 肢体活动正常，意识清醒，语言表达能力良好。 2. 身体容易疲累，希望通过健身功法提高身体机能。 3. 当天生命体征稳定，情绪良好，知情同意。
活动目标	1. 掌握八段锦的基本动作要领与动作规范。 2. 结合个体身体状况，开展八段锦个人活动与团队活动。
物品准备	1. 八段锦的视频资料(扫码查看)。 2. 八段锦八个分解动作的图片资料(附后)。 3. 纸巾、饮用水、桌椅等。
活动过程	1. 暖场活动(10 分钟) (1) 活动连连看：活动工作者在大屏幕上展示打乱顺序的八段锦八个动作的图片及名称，随机选择一位参与活动的老年人进行连线，其他活动参与者进行判断。 (2) 动作对对碰：活动工作者按照参与者的意愿分为两人一组，其中一人随机抽取一张卡片，卡片上写着八段锦分解动作，让队友做出相应的动作。 2. 介绍活动内容(1 分钟) 各位爷爷奶奶上午好，上周我们开始学习接触八段锦，并安排每位爷爷奶奶掌握一个八段锦的动作，刚才我们通过游戏活动了解到爷爷奶奶掌握得都不错。今天，我们将加大难度，每位爷爷奶奶要掌握八段锦的八个动作，并能够跟着音乐完成完整的练习。 3. 介绍活动规则并实施活动(30 分钟) (1) 相互学习。活动工作者将 8 位老年人分为两组，每组 4 人，组内学习 4 个动作；组间学习，两个小组进行组间学习，最终每个老年人掌握八段锦八个动作。(15 分钟) (2) 八段接龙。为了强化小组老年人对动作的掌握程度及耐力，将 8 位老年人排成一排，按照八段锦的动作排列，每位老年人接龙完成一轮八段锦接龙；稍事休息后，按照相反的顺序再来一轮。(10 分钟) (3) 完整展示。跟着音乐，集体完成八段锦练习。

视频

（续表）

	4. 做好活动评估，记录数据 认真做好活动评估，并记录数据。
建议时长	35～45 分钟
注意事项	八段锦虽然是肢体动作，但也考验老年人的记忆力、体力及身体的协调性，因此，在设计活动及实施活动的时候，除了对活动对象肢体活动评估外，认知能力也需要关注一下。 在具体活动的时候，要结合老年人的身体状况，对活动的内容、强度进行随时调整，以老年人身体可接受的程度为宜。

附：八段锦套路图解。

案例2 “太极韵动”养生活动

【案例情境】某社区 20～30 位喜欢太极运动的活力老年人，开展名为“太极韵动”的社区老年活动。

表 8-2 “太极韵动”养生活动

活动名称	“太极韵动”养生活动
活动类型	老年康体养生活动
活动对象	20～30 位社区老年人
初步评估	1. 老年人肢体活动正常。 2. 老年人具备一定的太极拳知识与技能。 3. 老年人对太极文化感兴趣。
活动目标	1. 通过太极拳活动宣传中国传统文化。 2. 通过活动丰富社区老年居民的文化生活。 3. 通过活动提升社区老年人参与活动的积极性。
物品准备	1. 有关太极拳的音乐及视频（请扫码查看）。 2. 太极拳表演需要的服装。

视频

（续表）

	3. 纸巾、饮用水、桌椅等。 4. 适合开展活动的场地。 5. 抽奖箱、杨氏太极拳的招式图、名称等纸条及小礼物。
活动过程	1. 暖场活动(5 分钟) 活动工作者让参与活动的社区老年人从抽奖箱中随机抽取纸条,老年人按照纸条上的标识,抽中招式图的,说出该招式的名称;抽中名称的,做出相应的动作。完成动作的,可以在活动结束后领取小礼物。 2. 介绍活动内容(1 分钟) 向各位参加活动的爷爷奶奶介绍本次活动的目的:以太极拳活动为载体,展示中华传统文化刚柔相济的特点,运用串烧的形式,享受美好生活。 3. 介绍活动规则并实施活动(30 分钟) (1) 动作演练:参加太极拳活动的老年人配合太极音乐,熟悉全套杨氏太极的动作。(15 分钟) (2) 排兵布阵:通过太极走位,排兵布阵,最终在结束的时候,呈现“75”队列图。(15 分钟) 4. 做好活动评估,记录数据 认真做好活动评估,并记录数据。
建议时长	35～45 分钟
注意事项	太极拳是中华传统养生功法的重要内容,有很好的群众基础。本次活动一方面要考验参与活动的老年人的体力、耐力,另一方面因为涉及表演,特别考验参与者的团队合作力。 在具体活动的时候,一方面要注意活动参与者的身体状况,另一方面也要运用社会工作小组活动的专业知识,与活动参与者提前制定小组契约,以便后续活动能够有序进行。

二、二十四节气养生活动

1. 认知二十四节气

中国是世界上最早进入农耕社会的国家之一。农耕社会的农事生产讲究尊重生命的自然节律,强调人与自然的和谐共生;认识自然,掌握天地万物的规律,农业生产才会风调雨顺,民众生活才能安居乐业。因此,勤劳聪慧的中国人在漫长的发展过程中,通过观测天地万物之运行,总结出一套物候节令,指导日常的生产与生活,并不断丰富与发展,形成了中华民族璀璨的二十四节气文化,培育了中国人尊重自然规律和生命节律的世界观。二十四节气实际上是“时序化的生命韵律”“生命的历程”。

图 8-1　二十四节气

图 8-2　节气与养生

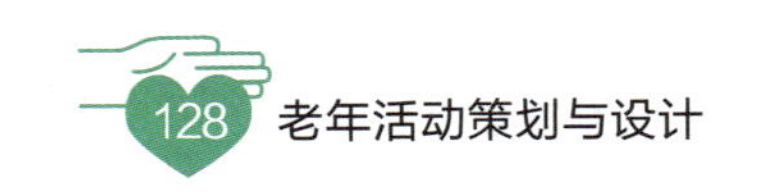

节气蕴藏在一年四季中，与中医养生所强调的顺应四时、顺时养生理念相统一。中医认为，人与自然是天人相应、天人合一的整体，人们肌体的变化、疾病的产生与二十四节气紧密相连。可以说，节气的更替变化影响着人类脏腑功能活动、气血运行、肌体变化等，与人体健康息息相关。

表 8－3 通过生态康复景观设计的视角，比对不同节气期间人的生理、心理特征及适宜的养生调养活动，以及如何通过外在的景观设计来达到干预①。

表 8－3 二十四节气与康复景观干预途径表

二十四节气变化	人的生理、心理特征	节气调养活动类型	康复景观干预途径
春季（立春、雨水、惊蛰、春分、清明、谷雨）	1. 皮肤松弛、抵抗力减弱。 2. 阳气生发，肝气过旺，肝火旺盛，易发怒。 3. 心脑血管疾病高发，血压易升高。 4. 体质虚弱者容易感染风寒肺炎。 5. 易花粉过敏，风湿病等复发。	赏花、种植栽培、踏青、太极拳、放风筝、慢跑、瑜伽操、静坐、挖野菜、簪花活动、种树。	1. 养肝园艺康疗。 2. 五感刺激体验，调节阳气过盛。 3. 辛甘发散性植物。 4. 种植、休憩、聆听、冥想、散步、探索空间需求。 5. 五行颜色：青。
夏季（立夏、小满、芒种、夏至、小暑、大暑）	1. 肝气变弱，心火也偏旺，心气增强。 2. 人易焦躁易怒，焦躁不安。 3. 老年人易气血淤积，致使心脏病发作。 4. 人体感湿热难耐，易造成流行性腹泻，出现消化道疾病。 5. 久坐木质坐凳，诱发痔疮、风湿和关节炎。	散步、打太极，练“小满四月坐功”，制作养生茶，制作艾叶烟熏，静坐，参加与水相关活动。	1. 养心、养脾园艺康疗。 2. 五感刺激体验调节阳气过盛。 3. 苦坚性、性甘植物。 4. 冥想、认知、情感调控、运动空间。 5. 适宜水景。 6. 五行颜色：赤、黄。
秋季（立秋、处暑、白露、秋分、寒露、霜降）	1. 阳盛转为阴盛，气候干燥，人体阴液受邪造危害。 2. 肺气虚，易滋生悲伤忧郁的气息，加重鼻炎鼻塞的情况。 3. 寒热交接，易诱发支气管炎、哮喘等疾病。 4. 气温下降，胃病复发率增高。 5. 体质敏感易诱发皮肤病。	散步，太极拳，种植蔬菜，放河灯，赏叶，登山，慢跑，散步，赏菊，寒露坐功。	1. 养肺园艺康疗。 2. 五感刺激体验调节阴气过盛。 3. 酸收性植物。 4. 情感调控、动态、活动空间。 5. 五行颜色：白。
冬季（立冬、小雪、大雪、冬至、小寒、大寒）	1. 阳气潜藏，阴气盛极，人体代谢水平低。 2. 抑郁病患者会随着日照减少加重病情。 3. 气温下降，易感风寒。 4. 冬季闭藏，肾脏虚寒。	静态运动，冥思，太极，慢跑，登山。	1. 养肾园艺康疗。 2. 五感刺激体验调节阴气过盛。 3. 咸软性植物。 4. 静态、安全、情感调控空间。 5. 五行颜色：黑。

2. 策划二十四节气养生活动

二十四节气养生活动有很强的季节性、时令性特点，且二十四节气非常规律，因此，策划这类活动主题相对固定，活动工作者可充分发挥老年人的自主性，让老年人作为活动策划的主体，一方面达到文化传承的目的；另一方面，也可以实现老年人老有所为的社会价值。

① 贾君兰，汪园，郑丽. 试论“二十四节气”生态智慧在康复景观设计中的转译与表达[J]. 景观园林，2020(04).

(1) 前期调研商讨

尽管二十四节气日期固定，但在文化表达上存在地域差异，因此，活动工作者在策划二十四节气活动的时候，要与参加活动的老年人充分进行交流、沟通，挖掘老年人对相应节气的认知以及对活动的期待，在此基础上策划适合的二十四节气养生活动。

(2) 确定活动主题及形式

二十四节气养生活动主题相对固定，考虑参与活动的老年人的身心特点及兴趣爱好，可以结合不同的季节特点，策划功法类、饮食类、出游类、表演类等活动形式。

(3) 制定活动方案

结合活动主题及呈现形式，按照活动策划方案的规范流程与结构制定相应的活动方案。由于二十四节气养生活动的节令性特点，受天气影响比较大，尤其是在策划出游类活动的时候，特别需要关注天气，应急预案制定尤其关键。

(4) 实施二十四节气养生活动

按照制定的活动方案，实施相应的二十四节气养生活动。为了达到预期的效果，活动工作者在正式实施活动前，要对活动的流程了然于心。此外，还要统筹协调好各项资源以及人员分工，包括志愿者的培训等。

(5) 活动评估

活动结束之后，活动工作者可以结合实际，通过访谈、量表测量等方式及时对活动进行总结反思，同时做好相应的活动归档工作。

3. 二十四节气养生活动策划与设计案例

案例1 二十四节气导引养生操

【案例情境】结合二十四节气不同的养生特点，活动工作者带领8位有意愿且肢体活动比较正常、无认知症障碍的老年人学习二十四节气导引养生操。

表8-4 二十四节气导引养生操

活动名称	二十四节气导引养生操
活动类型	养生活动
活动对象	8位老年人
初步评估	1. 肢体活动相对正常，意识清醒，语言表达能力良好。 2. 有老年常见病，如高血压、高血脂、高血糖等慢性病，但不影响活动。 3. 当天生命体征稳定，情绪良好，知情同意。
活动目标	1. 了解二十四节气导引养生操与身体健康之间的对应关系。 2. 掌握二十四节气导引养生操的动作规范与操作要领。 3. 活动参与者可以结合不同的节气自行练习二十四节气导引养生操。 4. 改善活动参与者身体状况。
物品准备	1. 二十四节气导引养生操资料(扫码查看)。 2. 游戏用的卡片。 3. 瑜伽垫等。 4. 纸巾、饮用水、桌椅等。
活动过程	1. 暖场活动(10分钟) 诗词中的二十四节气：活动工作者选择与二十四节气相关的古诗词，让参加活动的老年人猜猜对应的节气。

资料

（续表）

	2. 介绍活动内容（10分钟） （1）播放视频，养生专家讲授二十四节气与人体阴阳、经络、脏腑之间的对应关系。（8分钟） （2）活动工作者向参与活动的老年人介绍二十四节气导引养生操及学习时需要注意的事项。（2分钟） 3. 二十四节气导引养生操之春季篇（25分钟） （1）示范：活动工作者向参加活动的老年人示范春季篇的名称及相应动作： 第一式　立春导引术——叠掌按髀式 第二式　雨水导引术——昂头望月式 第三式　惊蛰导引术——握固炼气式 第四式　春分导引术——排山推掌式 第五式　清明导引术——开弓射箭式 第六式　谷雨导引术——托掌须弥式 （2）教学：一个节气一个节气指导老年人学习春季6个节气的导引招式。 （3）展示：跟着音乐，参与活动的老年人能够完成春季6个节气的全部动作，或根据老年人的接受程度，完成当季节气动作的一个八拍。 4. 做好活动评估，记录数据 认真做好活动评估，记录数据。
建议时长	35～45分钟
注意事项	二十四节气导引养生操内容比较多，动作也相对复杂，不仅考验老年人动作的协调性，而且考验老年人的记忆力，因此在学习的时候，可以通过多种手段协助老年人记忆，如小组练习、视频、图片等方式，达到加深记忆的目的。 在具体活动的时候，要结合老年人的身体状况，对活动的内容、强度随时调整，以老年人身体可接受的程度为宜。

附：春分导引术、清明导引术动作示意图（其他导引术示意图，请同学们上网查找）。

案例2　“自己动手，丰衣足食”二十四节气养生活动

【案例情境】阳春三月，春暖花开，某机构的活动工作者决定结合春季的节气，通过机构的菜园认领、种植活动，开展一系列养生活动。

表8-5　“自己动手，丰衣足食”二十四节气养生活动

活动名称	自己动手，丰衣足食
活动类型	二十四节气养生活动
活动对象	20位机构老年人

（续表）

<table>
<tr><td>建议时长</td><td>结合作物生长的节律安排，每次 45 分钟</td></tr>
<tr><td>初步评估</td><td>1. 65～75 岁，10 人；75～85 岁，10 人。男性，15 人；女性，5 人。
2. 参加活动的老年人中，有 10 位肢体功能活动正常，其余 10 位存在不同程度的障碍，其中 5 位需要借助辅具行走，5 位存在轻度认知障碍。
3. 20 位老年人均有农事种植的经验，对二十四节气与农事种植感兴趣。
4. 活动当天生命体征稳定，情绪良好，知情同意。</td></tr>
<tr><td>活动目标</td><td>1. 通过园艺种植，锻炼老年人的肢体活动功能，达到健康养生的目的。
2. 通过结对种植，扩大老年人的人际交往，在活动中建立友谊。
3. 通过对农作物生长的关注，激发老年人对生命的希望。</td></tr>
<tr><td>物品准备</td><td>提前划分、规整菜园土地；心愿卡；种植需要的农具；二十四节气导引养生操的视频；二十四节气小问答卡片等。</td></tr>
<tr><td rowspan="4">子活动 1</td><td>活动名称：我劳动，我快乐</td></tr>
<tr><td>具体目标：
1. 促进老年人的社会交往。
2. 提升老年人的身体健康水平，调适心理状态。</td></tr>
<tr><td>活动过程：
1. 暖场活动：跟着视频，跳二十四节气导引养生操之立春——叠掌按髀式进行热身活动。（10 分钟）
2. 工作者向老年人介绍机构将结合二十四节气开展系列活动，通过耕种、田间管理、采摘、节令美食制作等活动达到养身、养心、养生的目的。（3 分钟）
3. “节气养生我知道”环节。活动工作者拿出卡片箱，卡片箱内装有二十四节气的卡片，老年人依次抽取相应的卡片，围绕卡片所指向的节令，向参加活动的老年人介绍与该节气相关的养生知识或自己的养生小妙招。（12 分钟）
4. 分组选地，写种植心愿卡。老年人自己组队，2 人为一个种植小组，并抽取相应的地号，讨论希望种植的作物，并写到种植心愿卡上。（5 分钟）
5. “我劳动，我快乐”。活动工作者将农具发给小组，并组织小组开展“松土翻地”的活动，为种植做准备。（15～20 分钟）
6. 活动现场整理、记录。</td></tr>
<tr><td>注意事项：
1. 分组时，注意活力老年人与障碍老年人之间的搭配。
2. 劳动时，密切关注老年人身心状况，以及使用农具时的安全。</td></tr>
<tr><td rowspan="4">子活动 2</td><td>活动名称：清明前后，种瓜点豆</td></tr>
<tr><td>具体目标：
1. 通过户外活动，感受春天的气息，达到心理调适养生的目的。
2. 通过种植劳动，适当开展力量训练，达到运动养生的目的。</td></tr>
<tr><td>活动过程：
1. 暖场活动。跟着视频，跳二十四节气导引养生操之清明——开弓射箭式进行热身活动。（5 分钟）
2. 工作者按照种植心愿卡，为老年人分发种子。（3 分钟）
3. “作物生长我清楚”。收到种子的老年人，描述作物生长的特点、花型、果实，选择该种子的理由，未来的收获可以准备什么菜肴等等。（17 分钟）
4. “播种希望”。活动工作者带领老年人来到自己的所属地，开始田间播种。（20 分钟）</td></tr>
<tr><td>注意事项：
劳动时，密切关注老年人身心状况，以及使用农具时的安全。</td></tr>
</table>

(续表)

子活动 3	活动名称：我的拿手好菜 具体目标： 1. 了解食饵养生的方法，指导日常均衡饮食。 2. 体验制作菜肴的乐趣。 活动过程： 1. 暖场活动。跟着视频，跳二十四节气导引养生操之夏至——手足争力式进行热身活动。(5 分钟) 2. 养生课堂。由中医专家介绍各类食材的营养和搭配、功效，根据老年人的体质指导营养摄入、进食量控制，根据季节调理等食饵养生技巧。(40 分钟) 3. 厨艺大比拼。各小组按照自己种植的蔬菜，制作一道拿手菜肴。(15 分钟) 4. 集体聚餐。集体聚餐，各小组尝试介绍食疗功效，由专家补充点评。(20 分钟) 注意事项： 很多食物有一定的保健作用或治疗作用，但不同年龄、不同体质、不同疾病的人群，在不同的季节要恰当选取、合理搭配。该活动一定要有中医养生专家全程指导。

三、精神调适活动

1. 认知精神调适活动

精神调适活动，亦称“精神调摄活动”“精神调养活动”，是传统中医养生活动的重要内容，尤其在老年保健中有重要意义。所谓精神调适活动，是指通过调节人的精神、情绪及心理活动以使身心得以健康的养生活动。在老年活动领域，主要包括正念训练、心理茶吧、冥想练习等。

精神调适的基本理论是形神兼具理论，即个体健康不仅指身体无疾病，更强调精神健康，而且二者要和谐统一。精神调适，主要指“调神”，而调神，重在调心。中医认为，心者，五脏六腑之大主、精神之所舍也。说明心神在人的生命活动中占主宰地位。正是由于心神的统帅作用，脏腑经络气血津液才能维持正常的机能，并能与自然界的变化相适应。“神不疲则气不乱，气不乱则身泰寿延矣。”所以，历代医家都强调养生首先养心调神，“得神者昌，失神者亡”，“神疲心易役，气弱病相萦”。此外，七情，即喜、怒、忧、思、悲、恐、惊是人对外界事物的反应，属于五脏在精神活动方面的正常表现。一般情况下，七情并不会致病，而且有利于平秘阴阳，调和气血，疏通经络，协调脏腑功能，促进心身健康。但是，情感刺激如果超过了人的调节能力，就会引起阴阳气血失和、脏腑经络功能紊乱，从而发生疾病，甚或促人早夭，所以精神调养旨在不使七情过激。

2. 精神调适活动的内容

(1) 精神内守

指人的思想保持在一种少思、少欲、淡泊宁静状态的养生方法。调神贵在一个“静”字。恬淡虚无，在传统的精神调养方法中占有主导地位，并且深受佛道思想的影响。但中医学的调神与道佛所倡导的主张有很大区别。中医认为，人有各种欲望是自然的，只是不可过度，所谓“恬淡”是针对心神的易“躁乱”而言。人不能无思，但要适度用神、善于用神，如在工作学习之余，闭目定志，在一段时间里处于心静神清的状态，也有益于身心健康。

(2) 修德养性

通过加强品德修养以保健防病的养生方法。人的情操是否高尚及性格是否豁达，直接影响情绪的变化。大凡高寿者都性格开朗、情绪乐观，具有良好的品德修养。所以，历代养生家都强调道德习性的涵养，如“修身以道，修道以仁”。修德养性最主要的方法就是通过追求自己的生活目标以寻找精神寄托，这是增强理智、控制不良情绪的最根本措施。

(3) 调和七情

通过控制过激的七情活动以保持身心健康的养生方法。在人的一生中，常会遇到一些失意、悲观、愤怒、激动之事，对此要有所节制。首先是要放下各种精神包袱，勿患得患失，古代养生家强调薄名利、禁声色、廉货财、少滋味、摒虚妄、除嫉妒。人应当时常保持乐观，避免产生不良情绪。其次是要善于排除恼怒、悲哀、惊恐等不良情绪。对于忿怒之情，当避免。遇到不尽如人意之事，要克制自己，或转移自己的注意力，还可采用“以情胜情”之法加以排除，做到心安而不惧，神清而气全。

(4) 顺时调神

根据自然界的变化规律，进行精神调摄的养生方法。顺时调神是“天人相应”这一整体思想在精神调摄中的具体运用。它包括依据春夏秋冬四季气候的变化和一日昼夜晨昏更迭进行调摄两项内容。①依据季节变化顺时调神。基本原则是“春夏养阳，秋冬养阴”。②按照一日昼夜晨昏的变化顺时调神。早晨及上午，人体阳气旺盛，其精神也应与之相应，精神焕发，振奋向上，以饱满的精神投入到生活学习中去；暮晚机体阳气收敛，人也宜静息休养，精神内守，减少或停止一些使人易于发生情绪波动的活动，以使人的精神与一日阴阳的变化相适应。

3. 精神调适活动的疗法①

(1) 情志相胜疗法

是用一种正常的情绪活动调整另一种不正常的情绪活动来实施快速心理救助的实用技术。

(2) 说理开导法

源自《黄帝内经》所创立的许多防治心身疾病的有效方法之一，即医生通过解释、鼓励、安慰、保证、暗示等方法对患者启发诱导，助其分析病情、说理解释、开导以解除患者内心忧烦之苦，同时医生告诉患者如何进行调养及治疗的具体措施，讲解其疾病可能向好的趋势发展，安慰使之明晓道理，减轻其心理压力，从而起到改善患者精神状态，促进身心健康的目的。

(3) 暗示疗法

指治疗者通过利用语言或非语言的手段，引导求治者顺从、被动地接受医生的意见，使被治疗者无形中受到积极暗示的影响，从而不加主观意志地接受心理治疗师的某种观点、信念、态度或指令，以解除其心理上的压力和负担，从而达到治疗由情志因素所引起疾病的一种治疗方法，实现消除疾病症状或加强某种治疗方法效果的目的。暗示疗法是患者在清醒状态下通过语言、动作或其他方式诱导作为暗示手段，充分调动患者的积极性，促进患者的身心处于平衡状态达到治疗的目的。暗示疗法在老年患者中应用较广，尤其是对疼痛、焦虑、抑郁、失眠、癔症等疾病收效尤佳。

4. 策划精神调适活动

(1) 前期评估

精神调适活动主要关注个体的心理与情绪问题，活动工作者可以通过交流访谈、参与观察等方法，借由自己的专业知识与经验，对求助者或活动参与者的情绪状态进行初步判定，然后借助于专业的心理测量量表进行简单筛查、判断，从而做出相对准确的评估及评估等级，为后期活动的开展奠定基础。

(2) 问题确定

在前期评估的基础上，活动工作者结合服务对象对自身情绪的表述，对陈述问题进行反复澄清，并将问题具体化，同时进一步在沟通中明确服务对象的期待，达成共识。

---

① 童宇. 长者健康改善活动的设计与实施[M]. 上海：上海科技教育出版社，2019：130—132.

(3) 制订方案

精神调适是一个缓慢的过程，服务对象的改变需要一定的契机。因此，问题不同，难易有别。在制定活动方案的过程中，应根据具体的问题制定有针对性的精神调适活动方案。一般而言，精神调适活动至少需要 3～5 次，甚至更长。

(4) 布置场景

精神调适活动对空间要求比较严格，一般而言，围绕不同的情况，需要设计相应的活动空间，但安全、温馨、能够让服务对象感到放松是总体要求。在布置的过程中，还可以结合服务对象的具体社会性特征，如职业背景、教育背景、兴趣爱好等做有针对性地营造。

(5) 实施活动

在一切准备充分之后，就可以对参加活动的老年人实施相应的精神调适活动了。

5. 精神调适活动策划与设计案例

案例 “心有千千结，正念一招解”精神调适活动

资料

【案例情境】某养老机构新入住的 6～8 位老年人，对新环境适应困难。活动工作者希望带领他们尝试正念训练，指导他们关注当下、排解负面情绪，并改变认知，尽快适应机构生活。正念训练有关知识，请扫码查看，也可至复旦社云平台 www. fudanyun. cn 下载。

表 8-6 “心有千千结，正念一招解”精神调适活动

活动名称	心有千千结，正念一招解
活动类型	精神调适活动、正念训练
活动对象	6～8 位机构适应不良的老年人
初步评估	1. 肢体活动相对正常，意识清醒，语言表达能力良好，具备书写能力。 2. 情绪低落，对机构生活不满意，但又无能为力。 3. 有改变的愿望。 4. 当天生命体征稳定，情绪良好，知情同意。
活动目标	1. 了解正念训练的基本理念与方法。 2. 促进老年人的积极心态。 3. 发现适应机构生活的方法与途径。
物品准备	1. A4 纸若干，彩笔 2 盒，纸篓。 2. 满足参与活动的老年人数量的舒适的座椅。 3. 正念训练的视频。 4. 纸巾、饮用水。
活动过程	1. 破冰活动(10 分钟) “抓手指”：活动工作者将参与活动的老年人围坐成一圈，其中右手呈伞状，左手伸出食指，置于左侧身旁老年人呈伞状的右手下。 规则：活动工作者确定一个词或数字(如数字 6)，然后念一段话，当文字中出现 6 或者 6 的谐音的时候，参加活动的老年人要抓相邻同伴手指，同时，自己的手指要逃离。 2. 展开活动(35 分钟) (1) 给每位参加活动的老年人发一张 A4 纸，选择自己喜欢的彩笔颜色，在纸上写入住机构以来遇到的最感动/最美好/最期待的一件事或者一个人。(5 分钟) (2) 开展正念认知之呼吸训练：让老年人对着 A4 纸上自己书写的内容，开展正念呼吸练习。以最自然、最轻松的方式，确保自己不受外界的光线、声音干扰，同时用鼻子缓慢且大口地呼吸，注意力放在感受自己胸口的起伏上。若是在感受自己胸口的起伏时产生了杂念，就睁开眼睛休息一下，接着再次投入呼吸中。以能持续 1 分钟不产生杂念为准。(5 分钟)

（续表）

	这个环节可能有些老年人很难进入状态，活动工作者要鼓励他们不轻言放弃，需不断地坚持练习。 （3）开展正念认知之微笑训练：参与活动的老年人将注意力专注在现场所看到的一切，不作任何判断，不作任何分析，也不作任何反应，只是单纯地觉察它、注意它，调整呼吸，安静地吸气与吐气三次，轻轻地微笑，心情平静，感受一些从内而外滋生的美好。（5 分钟） （4）自我感悟：经过两个方法的练习，让参与活动的老年人分享自己的感受。（5 分钟） 这个环节活动工作者引导老年人不要有负面评价。 （5）播放视频，讲解正念认知疗法，并与刚才老年人所练习的方法建立关联。（10 分钟） （6）发放 A4 纸及笔，鼓励老年人在 A4 纸上写下入住机构最不开心的事，写完后集体将其撕碎，扔进纸篓。鼓励老年人像扔掉这张纸一样，抛弃机构生活中的不开心，用积极正向的情绪，关注当下的美好。（5 分钟） 3. 做好活动评估，记录数据 认真做好活动评估，记录数据。
建议时长	45 分钟
注意事项	1. 提醒参加活动的老年人穿着舒适的服装，避免佩戴珠宝首饰。 2. 活动空间尽量避免光照，更容易向内集中注意力。

任务拓展

比较分析：二十四节气养生活动中的种植活动与认知症干预活动中的园艺活动，有什么异同？

任务测试

扫码进行在线测验。

在线测验

项目总结

请同学们根据本项目内容总结。

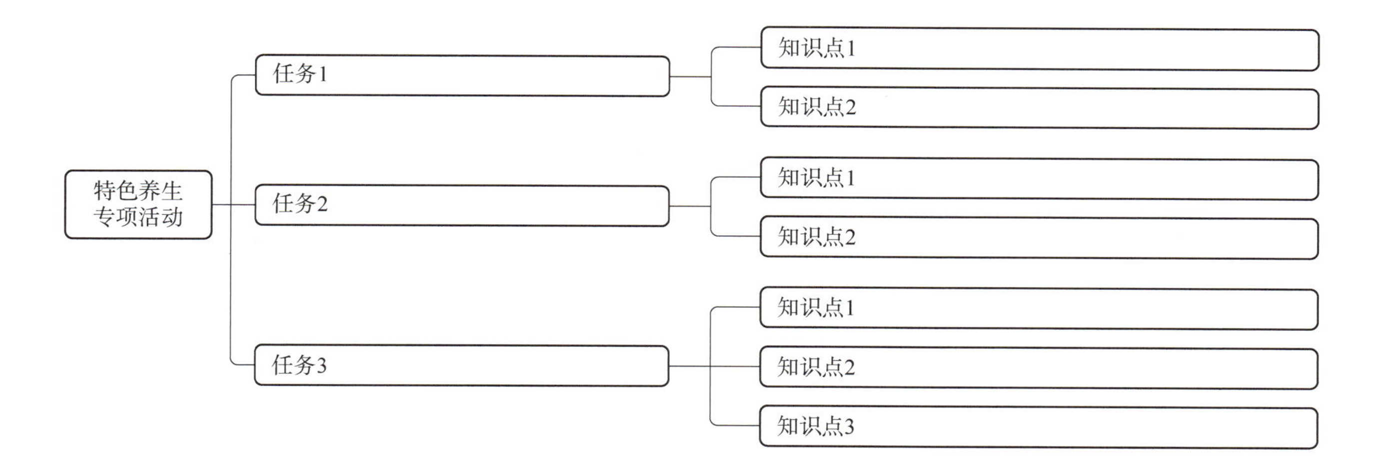

项目实训

1. 课堂模拟：以 5～8 人为单位，以老年目标人群为服务对象，设计有趣、有用、有效的特色养生活动。
2. 岗位实境：各小组分别到机构、社区等场域，实施自己的方案，并及时评估反思，调整完善。

项目九

智慧康养专项活动

项目目标

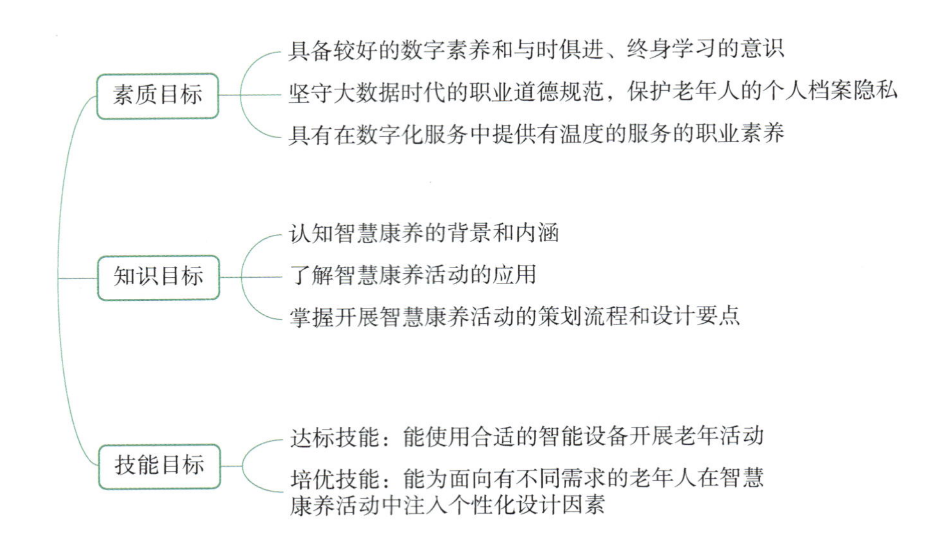

项目要点

1. 重点：理解体验学习、功能训练及社交娱乐类老年活动的设计要点。
2. 难点：设计科技与人文统一的智慧康养活动。

项目资讯

1. 了解国内外智慧康养的发展历程和前沿动态。
2. 查阅国内外各机构和社区开展智慧康养活动的相关案例。

任务 1 认识智慧康养活动

任务发布

1.1 智慧康养的行业背景有哪些？

1.2 智慧康养活动有哪些应用？

知识链接

一、认识智慧康养

1. 智慧康养的背景

面对全球老龄化程度的迅速加深，越来越多的国家和地区开始关注智慧养老产业，探索通过智能技术改善老年人的生活质量。中国政府也积极响应，发布了《智慧健康养老产业发展行动计划（2021—2025年）》和《关于发展银发经济增进老年人福祉的意见》，明确提出把打造智慧健康养老新业态作为重要任务目标。老年智慧型社会宣传片，可扫码查看。

视频

2. 智慧康养的内涵

智慧康养是以智能设备和信息系统平台为载体，面向老年群体的健康及养老服务需求，深度融合应用物联网、大数据、云计算、人工智能等新一代信息技术，打破传统养老模式易受时空约束的局限，将养老服务中的各个主体整合联系起来的新兴形态。它旨在提高老年人的生活质量、延长健康寿命，减轻社会养老负担。

3. 智慧康养的技术支持

（1）物联网

物联网技术是实现智慧康养的基础。通过物联网技术，将家庭中的家电、照明、安防、家庭娱乐等设备互相联接，实现数据的互联互通，实现智能化的控制和管理，提高家居生活的便捷性、舒适性、安全性和节能性。在智慧康养中，物联网技术被广泛应用于定位服务、跟踪服务、老年人生活环境的远程监控、健康监测、智能家居、生活便利等方面，使老年人能够在家中享受到全方位的智能服务。

（2）大数据

大数据作为信息技术又一颠覆性的技术革命，在智慧康养中扮演着至关重要的角色。通过对海量健康数据的收集和分析，大数据技术可以帮助养老服务机构和医疗机构更准确地了解老年人的健康状况，预测潜在的健康风险，并提供个性化的健康管理方案。例如，通过智能穿戴设备实时监测老年人的心率、血压、睡眠质量等健康指标，并将数据传输到云端平台进行分析和处理。养老大数据的类型主要包括养老基础数据、养老设备数据、养老服务数据、养老监管数据、养老社交数据、养老开放数据等。

（3）云计算

云计算技术为智慧康养提供了强大的数据存储和处理能力。通过云计算，老年人的健康数据可以安全地存储在云端，医护人员、养老护理员和家属可以通过手机 APP 等智能终端随时查看老年人的健康数据，及时发现异常情况并采取相应的措施。此外，云计算还可以为智慧康养平台提供强大的计算能力，支持复杂的数据分析和处理任务。云计算可以促进养老模型的建立，为老年人提供一体化、高效率的养老服务。

（4）人工智能

人工智能技术在智慧康养中的应用日益广泛。通过人工智能技术，智能设备可以更加精准地识别老年人的需求和问题，并提供相应的解决方案。例如，智能语音识别技术可以帮助老年人通过语音与智能设备进行交互；自然语言处理技术可以自动分析老年人的语言信息并提取有价值的内容；机器学习算法可以根据老年人的健康状况和行为习惯，不断优化服务方案。对于老年人来说，人工智能的应用场景非常多。例如，可以基于子女的录音资料，用语音技术合成老年人子女的声音，给老年人讲故事，提醒按时吃药。还如智能机器人的陪聊、播放视频、新闻等功能，可以辅助老年人心理健康建设。

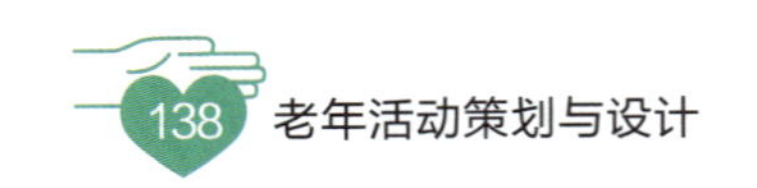

4. 智慧康养的应用场景

智慧康养作为一种新兴的养老方式，实现个人、家庭、社区、机构与健康养老资源的有效对接和优化配置，在智慧管理运营、智慧入住管理、智慧安全防护、智慧生活护理、智慧健康管理、智慧餐饮等六大应用场景中，推动健康养老服务智慧化升级，提升健康养老服务质量、效率、水平。

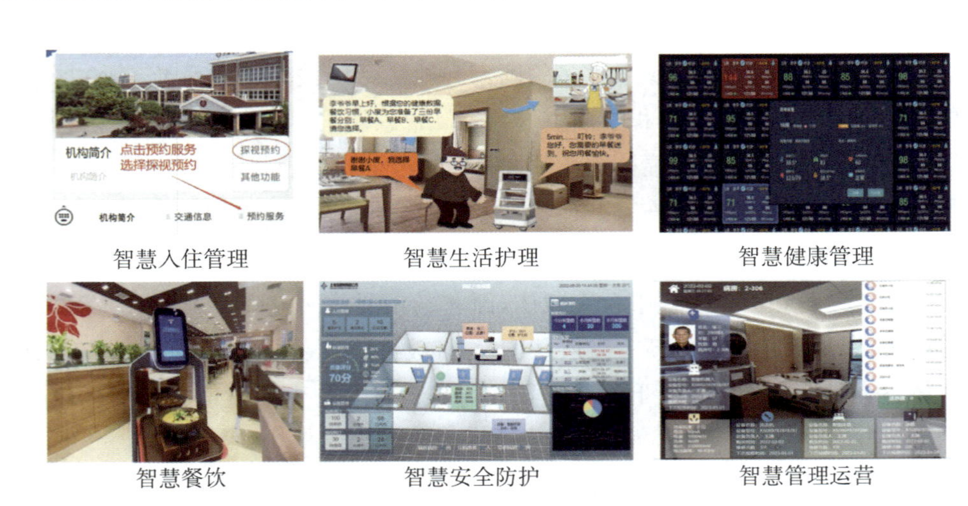

图 9-1 智慧康养服务六大场景

5. 智慧康养的趋势

随着人口老龄化的加剧和社会对养老服务需求的增加，智慧康养服务正在快速发展，展现出以下几个趋势。

（1）产品多样化

智慧康养服务产品日趋多元化，包括健康管理类、可穿戴设备、自助式的健康监测设备等，这些产品的创新研发速度非常快，迭代周期短，持续为健康养老提供新的解决方案。此外，智能设备和信息技术智慧健康信息管理平台数量已成规模，全国建成和正在运行的智慧健康养老平台日趋完善。例如，2024 年深圳国际智慧养老产业博览会上，集中展示超过 1 000 种智能养老产品和技术。

（2）服务精细化

服务模式持续创新，服务产品供给多样化，形成精细化、精准化的创新服务新业态。智慧康养产业服务以智能设备和信息系统平台为载体，深度融合应用大数据、人工智能等新一代信息技术，围绕老年人的生活起居、安全保障、保健康复、医疗卫生等方面需求，推进智慧养老场景全流程、全链条、全时段落地应用。

（3）服务模式的创新

随着信息技术的不断迭代，未来智慧养老技术将带来服务模式的创新，老年人的生活环境将高度智能化，他们的生活照料和全天候健康监测等工作将越来越多地由智能环境完成。智慧康养将更“隐形”，更“智能”，将“无处不在”，极大地提升现在的养老服务模式，满足老年人多样化的需求。

二、认识智慧康养活动

1. 智慧康养活动的应用

（1）管理智慧康养活动

搭建智慧康养与活动管理平台是智慧养老管理系统的一个模块。运用智慧康养活动管理平台，可以实现老年活动的人员登记、报名管理、志愿者管理、活动预告和提醒、活动数据收集、活动评价反馈、活动追踪和改进等闭环工作，大大提高了社区居家养老服务中心、日间照料中心、养老院的活动管理效率，推进活动效果。

（2）开展智慧康养活动

① 智能场景体验活动。有些智慧康养活动架设了虚拟现实场景，可以为老年人提供沉浸式、互动性、多感官的活动体验。在 VR 旅游中，老年人在室内跨越季节，跨越距离，亲眼看到难得一见的美景，“走访”世界各地，体验旅行的乐趣，还省去了旅游费用。例如，在国庆大阅兵时，因失能躺在床上的老兵们仍然能通过直播技术和 VR 技术，身临其境地感受阅兵仪式，他们热血沸腾、心潮澎湃。智慧康养活动的场景优势是可以根据老年人的兴趣进行定制，从而提高活动的适应性。

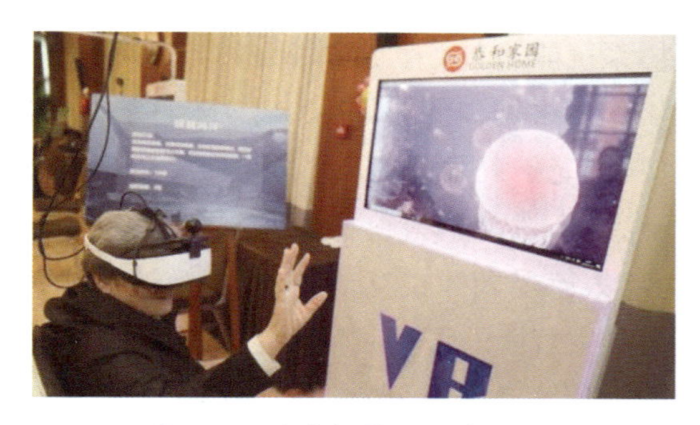

图 9-2　海底场景 VR 模拟活动

图 9-3　VR 旅游系统

② 智能运动体验活动。现实生活中适合老年人的运动项目很少，但通过适老化改造后的体育活动，如网球体感游戏、VR 动感单车等项目，能设置不同的时长、难度等，即便是一个人也能选择连线娱乐模式，增强健身的娱乐属性和社交属性。智能健身镜是一款家庭健身设备，专为不同用户群体打造专属健身课程，老年人也可以参与其中。该设备通过全方位运动能力分析，提供个性化健身计划。此外，它还具备 AI 计分纠错、健身直播课、双人 AI 健身等功能，让老年人的健身过程更加互动和有趣。滑雪、赛车、皮划艇等竞速项目的运动模拟设备，能够帮助老年人体验未曾尝试的运动，提升老年人自发运动的积极性和效率。这方面的相关资料可扫码查看，也可至复旦社云平台 www. fudanyun. cn 下载。

资料

③ 智能游戏。游戏包括电子游戏、体感游戏等，游戏不是孩子的专属，银发族已成为游戏用户规模增长的来源之一。智能时代，面对庞大的老年群体开发适老游戏，让老人们足不出户便可以享受休闲小游戏带来的快乐，还拉近了老人们与孙辈们的距离，起到延缓大脑衰老的作用。老年体感游戏嘉年华视频，请扫码查看。

视频

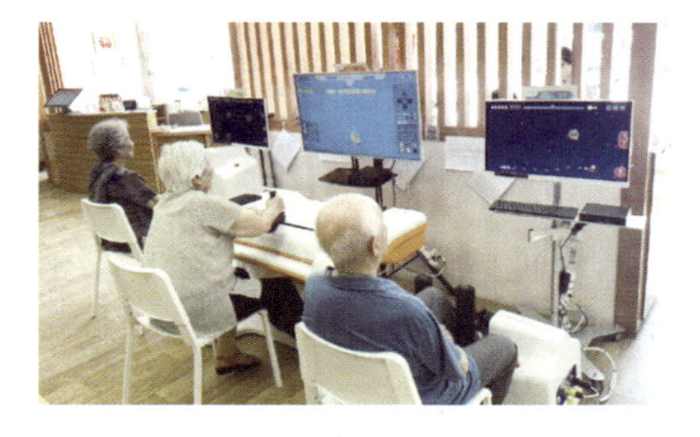

图 9-4　智能电子游戏

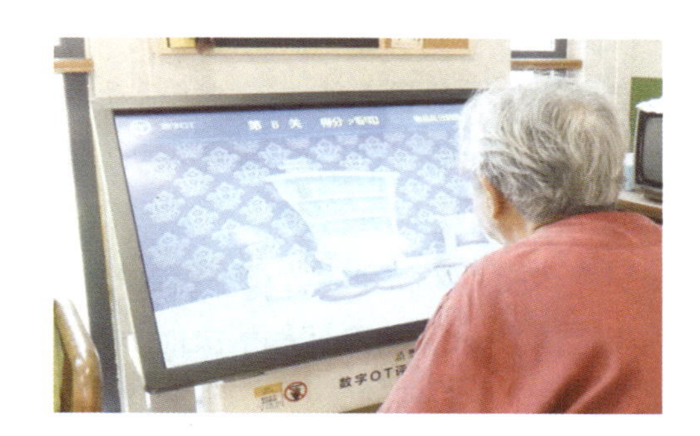

图 9-5　认知训练智能活动

④ 认知训练智能活动。认知训练智能活动通过人机交互的方式，融合视觉、听觉、触觉等多感官刺

激，使患者在言语、社交及情绪等各方面得到发展。系统包括多个认知训练科目，如逻辑推理、数学运算、空间想象等，也会根据个性化评估方案提供多种针对性的训练计划，适用于开展认知障碍评估及认知活动干预过程。

图 9-6　乐龄鼓

视频

⑤ 康复训练智能活动。康复并不一定是枯燥乏味的。康复训练智能活动就是一种将康复活动与智能游戏、娱乐元素相结合的方法，融入康复的专业性、游戏的趣味性、互动的活跃性，使康复变得更加有趣、更易坚持。例如，利用乐龄鼓就可进行康复训练智能活动，见图 9-6。又如，老年人数字 OT 评估与训练系统，通过多点触摸技术，评估患者上肢末端的运动范围，针对脑功能障碍及上肢运动功能障碍患者，提供上肢运动控制互动训练。此外，系统能够自动生成各种评估与训练报告，记录老年人的康复过程，活动工作者根据训练与评估结果，随时掌握康复过程，减轻康复治疗师的工作量。老年人数字 OT 评估与训练活动视频，可扫码查看。

⑥ 情感交流活动。智慧养老院提供虚拟社交平台，组织线上活动，在社群活动中让老年人感受到社交互动的乐趣，缓解孤独感。平板机器人和智能管家，拥有强大智能的语音和服务能力，兼顾家庭中娱乐、办公、学习、生活等多种场景，也是居家、空巢老年人的玩伴，能实现语音互动、移动投影、远程视频、唱歌跳舞、评书相声等多项娱乐、交流功能。

图 9-7　能跟人眼神交流的机器人

2. 智慧康养活动的作用

(1) 增强老年人身体健康

智能运动体验活动和康复训练智能活动可以促进老年人的身体活动，帮助提高肌肉力量、灵活性和平衡能力。通过有趣的互动运动，老年人可以获得必要的锻炼，增强体质，预防运动相关的健康问题。

(2) 激活老年人认知功能

认知训练智能活动和智能游戏中包含的益智和逻辑挑战，有助于激活老年人的认知功能。这样的活动可以提高记忆力、注意力和问题解决能力，从而延缓认知衰退，增强脑力健康。

(3) 提升老年人心理健康

智慧康养活动通过提供富有趣味的互动体验，丰富了老年人的日常生活，使其更有趣味和活力。通过虚拟旅行、社交互动等功能，减轻老年人的孤独感和焦虑感。沉浸式的虚拟体验和社交互动有助于提升老年人的心理舒适度，增强他们的情感支持。

(4) 增加老年人社交互动

除了人机交互模式,智慧康养活动通常支持多人互动、远程互动模式,这为老年人提供了与家人、朋友以及其他同龄人互动的机会。社交互动有助于增强老年人的社会联系,改善人际关系。

(5) 提高老年人技术适应能力

智慧康养活动助力弥合老年群体"数字鸿沟",帮助老年人熟悉和掌握现代科技。不仅提升他们的数字素养和技术使用能力,也增强了他们对科技产品的信任和使用意愿。这对加快构建老年友好型数字社会提供了有效的途径。

(6) 促进老年人社区融入

智慧康养活动除了家庭场景使用之外,可大量用于养老机构和社区场景,为老年人搭建社区参与的机会,增加对社区的归属感。这种融入感有助于改善他们的生活质量,并促进社区和谐。

任务拓展

请积极参与当地的老年博览会,根据展位区域划分,了解养老服务体系丰富的内涵。如果没有条件,可以通过云直播、转播等方式,了解最新的智慧康养服务产品。

任务测试

扫码进行在线测验。

在线测验

任务 2　智慧康养活动的策划流程和设计要点

任务发布

2.1　智慧康养活动的策划流程有哪些?

2.2　智慧康养活动的设计要点有哪些?

知识链接

一、智慧康养活动的策划流程

1. 活动前

活动初期,活动工作者首先要对老年人的生命指标、活动能力等健康信息进行动态采集和全方位评估。如戴在手腕上的智能手表,套在手指上的血氧环,佩戴在胸前的平衡仪等,属于生活化、轻量化的穿戴式设备。还可以将普遍使用的血糖血脂仪、智能体重秤、营养秤等设备与物联网终端相连接,方便活动工作者采集数据。失能老年人是活动工作者要重点照护的群体,是否能开展卧床活动,他们的夜间睡眠质量如何,生命体征如何,需要在活动前予以评估。考虑到他们的舒适感,评估设备以无感化、远程化为主。无感化设备跟老年人不直接接触,减少了传统评估中容易引发老年人抗拒的痛点问题。

通过前期的评估,活动工作者多维度采集了健康数据,为老年人量身绘制健康画像,匹配个性化、精细化的活动方案以便执行。

2. 活动中

活动工作者采用电脑、智能手机、电子游戏、机器人、训练系统等各类智能设备与人互动的方式开展活动。活动过程中可随时储存老年人的活动数据，便于活动工作者通过数据分析老年人的接受程度，在活动中随时调整活动难度。

活动的风险管理可以交由物联网技术。对于群体性活动，通常需要在比较宽阔的活动场地举行，如果工作人员的数量不够的话，就不能及时防范或干预每位老年人的风险。例如，火柴人系统可以远程精准捕捉老年人的活动轨迹和姿态，当监控到老年人腿部线条和步态发生变化时，就紧急报警，提醒活动场地中的工作人员及时搀扶。而对于有走失风险的认知症老年人，当老年人离开安全活动区域时，定位系统会报警位置异常，同时监测到老年人的移动轨迹，解决当下养老安全管理中最大的难点问题。

3. 活动后

活动结束后，很多智能活动产品能自动分析老年人的活动过程并生成评估报告，并根据评估结果，系统会自动推荐下一个阶段或下一次的活动目标及训练任务。活动工作者再基于对老年人的个性、背景的了解，对活动目标及训练任务进行灵活的调整和修改。

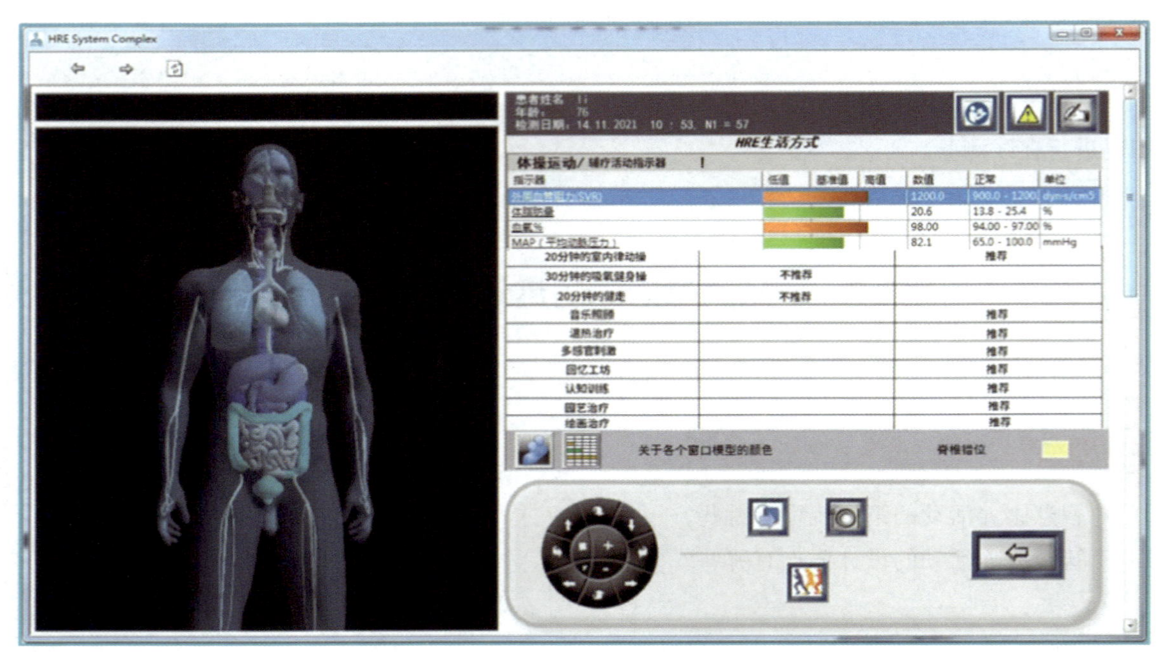

图 9-8 智能老年活动计划

二、智慧康养活动的设计要点

1. 科技性和人性化的统一

智慧康养活动的科技属性非常强，人工智能、物联网、大数据等技术为老年人提供了便捷、高效的社交娱乐服务。活动中要确保所选技术能够稳定、安全地支持活动开展；确保活动平台界面友好、操作简便，便于老年人使用。但是，智慧康养活动不仅是人与机器的互动，活动工作人员仍需引导、指导老年人使用智能设备，并在活动中给予温暖的鼓励和支持。人和机器的交流永远不能代替人与人真挚的交流。

2. 个体性和团体性的统一

由于智慧康养服务能储存每位老年人的活动轨迹、评估数据，形成每位老年人的档案或画像，因此活动的内容会为每个人根据个体情况，推荐个体化、针对性的活动计划。但是，老年活动是有社交属性的，活动工作者要善于找到老年群体的共性，帮助、鼓励老年人自己找到与自己能力、兴趣都比较匹配的活动伙伴，共同参与团体活动。

3. 传统性与创新性的统一

活动工作者要在保持传统老年活动优势的基础上，积极探索、创新活动形式和技术手段，为老年人提供更加新颖、有趣的康养体验。但由于智慧康养的覆盖面尚不全面，技术尚不成熟，加上很多智能设备费用高昂导致资源稀缺、无法复制。因此，活动工作者无需过分苛求和依赖智能化技术，可以将传统活动与智能活动结合起来，为老年人创造不同的活动体验。

任务拓展

面对老年人的“数字鸿沟”问题，你认为在智慧康养设备和智慧康养活动的设计上，应如何弥合这个鸿沟？你认为智慧康养设备如何为老年人提供有温度的活动？

任务测试

扫码进行在线测验。

在线测验

任务 3　智慧康养活动的主要类型及案例

任务发布

3.1　体验学习类活动的设计要点有哪些？

3.2　功能训练类活动的设计要点有哪些？

3.3　社交娱乐类活动的设计要点有哪些？

知识链接

一、体验学习类活动

1. 了解体验学习类活动

通过亲身体验和互动学习，让老年人深入了解并掌握智慧康养的新知识、新技术和新方法，增强对新技术的适应能力。可以从以下三个方面开展活动：

（1）新技术体验

组织老年人亲身体验并学习使用各种智能设备、远程医疗服务、智能家居系统等，了解其功能和应用场景。利用虚拟现实（VR）或增强现实（AR）技术，模拟智慧康养场景，如远程医疗咨询、智能健康管理等，让老年人感受科技的便利。

（2）数字技能学习

教授老年人使用智能手机、平板电脑等数字设备的基本操作，以及利用互联网获取信息和享受娱乐服务的能力，如语音控制的家电、智能化床垫、座椅等，提高他们在日常生活中的自理能力，帮助他们跨越数字鸿沟。

（3）智能阅读与学习平台

利用平板电脑或智能电视，为老年人提供定制化的阅读材料、在线课程，包括历史、科学、艺术等，同时结合语音识别与交互技术，使学习更加便捷。

2. 策划体验学习类活动

（1）前期调研需求

向老年人发放问卷，搜集他们的日常需求、健康状况及对新技术的接受度，汇总调研数据，识别共性需求与差异化需求，为后续活动设计提供依据。深入访谈或座谈具有代表性的老年人，了解他们对智慧康养技术（如智能穿戴设备、远程医疗、健康管理 APP 等）的接受度、期望及顾虑。了解当前智慧康养领域的最新技术、产品及应用案例，特别是那些能够提升老年人生活质量、促进健康管理的智能设备和服务。研究市场上已有的类似体验活动，分析其优点与不足，为活动策划提供借鉴和差异化思路。评估可整合的场地资源、技术资源、师资力量及资金预算，确保活动顺利实施。

（2）确定活动主题

基于调研结果，确定活动主题。通过亲身体验与学习，让老年人了解并掌握智慧康养设备的使用方法，提升生活质量；同时，增强老年人对智慧康养技术的认识与兴趣，学会使用基本的智慧康养设备，促进健康自我管理，享受更便捷、高效的康养服务。

（3）选择智能设备

根据前期调研结果，选择操作安全、易用、功能实用、适合老年人使用的智慧康养设备，如智能穿戴设备（监测心率、血压），智能床垫（监测睡眠质量），远程医疗机器人，智能语音助手等。确保所有设备能够正常运行，准备演示视频、操作指南及必要的配件；确保设备数量充足，便于每位老年人都能亲手操作体验。

（4）制定活动方案

根据参与人数和设备数量，合理规划活动时间，确保每位老年人都能充分体验。邀请相关专家、技术人员等作为主讲人，确保活动的专业性和互动性。为了增加老年人参与的信心和期待，可以邀请已成功应用智慧康养设备的家庭或机构分享经验。在活动过程中，可以设置问答环节，鼓励老年人分享体验感受，提出疑问，促进知识与经验的交流。

（5）开展主题活动

在活动中尽可能营造温馨、舒适的体验环境，确保设备摆放有序，便于老年人操作体验。提前调试好所有智能设备，准备足够的备用电源、网络设备等。安排专人负责各小组的引导与解答，确保每位老年人都能充分体验。严格按照活动方案执行，确保每个环节顺利进行，同时做好现场秩序维护和安全保障工作。

3. 体验学习类活动策划与设计案例

案例 1　老年人 VR 体验日活动

【案例情境】随着科技的快速发展，虚拟现实（VR）技术逐渐走进大众生活，为各个年龄段的人群带来了前所未有的沉浸式体验。然而，对于老年群体而言，这一新兴技术往往显得陌生而遥远。为了消除这一隔阂，让老年人也能享受到科技带来的乐趣，某大型养老社区的社工策划了一场老年人 VR 体验活动。

表 9－1　老年人 VR 体验日活动

活动名称	科技温暖夕阳，VR 连接回忆——老年人 VR 体验日
活动类型	体验学习
活动对象	社区内年龄 60 岁以上的活力老年人
初步评估	1. 肢体活动正常，意识清醒，语言表达能力良好。 2. 追求新鲜体验与娱乐，对科技产品接受度高，经济条件较好。 3. 当天生命体征稳定，情绪良好，知情同意。

（续表）

活动目标	1. 通过 VR 体验，让老年人了解并感受 VR 技术的魅力，增进对现代科技的认知与兴趣。 2. 精选适合老年人的 VR 内容，如旧时光重现、名胜古迹游览等，帮助老年人重温青春记忆，感受时代变迁。 3. 搭建平台，鼓励老年人在体验过程中相互交流分享，增进彼此间的情感联系。 4. 提升生活质量。引导老年人认识到科技在提升生活品质方面的作用，鼓励他们积极拥抱科技生活。
物品准备	1. 选择适合老年人使用的 VR 头显和手柄，确保佩戴舒适、操作简单，并提前调试好设备。 2. 准备多样化的 VR 体验内容，如老照片复原、历史场景重现、自然风光游览等，内容需符合老年人兴趣且避免过于刺激。 3. 配备座椅、扶手、眼镜清洁布、纸巾等辅助设备，确保老年人体验过程中的安全与舒适。 4. 制作活动海报、手册，介绍 VR 技术、活动流程及注意事项。 5. 准备基本的急救用品，以应对可能出现的突发情况。
活动过程	1. 签到与热身：老年人签到后，工作人员进行简短的活动介绍，包括 VR 技术简介、活动流程及注意事项。 2. 分组体验：根据报名情况将老年人分为若干小组，每组由一名工作人员陪同引导，确保每位老年人都能得到细致指导。 3. VR 体验环节： （1）初体验。首先让老年人体验较为平缓的内容，如自然风光游览，帮助他们逐渐适应 VR 环境。 （2）回忆之旅。随后引导老年人进入老照片复原或历史场景重现等 VR 内容，让他们重温青春记忆，感受时代变迁。 （3）互动分享。在每个体验环节结束后，鼓励老年人分享自己的感受和体验，促进情感交流。 4. 总结反馈：活动接近尾声时，组织老年人围坐在一起，总结活动亮点，收集反馈意见，为未来活动改进提供依据。
建议时长	活动总时长建议控制在 1 小时内，包括签到、热身、VR 体验、互动分享及总结反馈等环节。每个 VR 体验环节控制在 10～15 分钟，确保老年人不会因长时间佩戴 VR 头显而感到不适。
注意事项	确保 VR 设备安全无损，工作人员需全程陪同，注意老年人的身体状况，避免发生意外；事先询问老年人是否有晕动症、心脏病等病史，避免不适合参与 VR 体验的情况；工作人员需耐心细致地向老年人讲解操作方法，鼓励他们大胆尝试，同时尊重他们的意愿；确保体验区域光线柔和、通风良好，减少外界干扰，营造舒适的体验环境。

案例 2　老年人智能手机学习日活动

【案例情境】为了帮助老年人跨越“数字鸿沟”，享受智能手机带来的丰富资源和便捷服务，某大型养老社区的社工策划了一场老年人智能手机学习活动。活动剪影可扫码查看。

视频

表 9－2　老年人智能手机学习日活动

活动名称	智慧生活，触手可及——老年人智能手机学习日
活动类型	体验学习
活动对象	社区内年龄 60 岁以上的活力老年人
初步评估	1. 肢体活动正常，意识清醒，语言表达能力良好。 2. 具有学习意愿，渴望跟上时代步伐，经济条件良好。 3. 当天生命体征稳定，情绪良好，知情同意。

(续表)

<table>
<tr><td>活动目标</td><td>1. 教授老年人智能手机的基本操作与常用功能，如拨打电话、使用社交媒体、发送短信、浏览新闻等。
2. 引导老年人利用智能手机获取健康养生、生活常识、娱乐休闲等方面的信息。
3. 鼓励老年人在学习过程中相互帮助，通过智能手机建立更广泛的社交网络。
4. 让老年人在掌握新技能的过程中，感受到科技带来的乐趣与成就感，从而更加自信地融入数字时代。</td></tr>
<tr><td>物品准备</td><td>1. 根据参与老年人的实际情况，可自备或提供适合老年人使用的智能手机作为教学工具。
2. 准备智能手机操作指南、图文并茂的教学 PPT、视频教程等辅助教学材料。
3. 确保有足够的充电插座或移动电源，以便在活动期间为智能手机充电。
4. 布置一个光线充足、通风良好、桌椅舒适的学习环境。
5. 提供辅助工具，如老花镜、耳机等，以满足老年人的特殊需求。</td></tr>
<tr><td>活动过程</td><td>1. 开场介绍：活动开始时，主持人进行简短介绍，说明活动目的、流程及注意事项。
2. 基础操作教学：首先教授老年人智能手机的基本操作，如开关机、调整音量、连接网络等。

图 9-9　智能手机学习日活动
3. 常用功能学习：随后逐步介绍并演示智能手机的常用功能，如拨打电话、发送短信、拍照录像、使用微信等社交媒体、浏览新闻网页等。
4. 实践操作：在工作人员的指导下，老年人进行实践操作，尝试使用所学功能。
5. 问题解答：设置问答环节，解答老年人在学习过程中遇到的问题。
6. 成果分享：鼓励老年人分享自己的学习成果和心得，增强学习动力。
7. 总结反馈：活动结束前，进行简要总结，收集老年人的反馈意见，为后续活动改进提供依据。</td></tr>
<tr><td>建议时长</td><td>活动总时长建议控制在 1 小时内，可以分 3～4 期活动开展，具体时长可根据参与老年人的学习进度和兴趣进行调整；每个教学环节控制在 10 分钟左右，确保老年人有足够的时间进行实践操作和消化吸收。</td></tr>
<tr><td>注意事项</td><td>活动主讲人需保持耐心，用通俗易懂的语言和方式指导老年人学习，避免使用过多专业术语；认识到每位老年人的学习能力和兴趣点不同，尊重他们的学习节奏和选择；鼓励老年人勇于尝试新事物，即使失败也给予正面反馈和鼓励；提醒老年人在使用过程中注意手机安全，如避免泄露个人信息、防范网络诈骗等；活动结束后，可提供线上或线下的后续支持服务，如建立微信群、提供视频教程链接等，以便老年人随时咨询和学习。</td></tr>
</table>

二、功能训练类活动

1. 了解功能训练类活动

通过智能设备辅助，增强老年人的身体素质，提高身体各部位的功能水平，减少疾病发生的风险，提高生活自理能力，预防跌倒、骨质疏松等老年常见病，从而提高生活质量。主要可以从三个方面开展活动。

(1) 智能健身设备使用

利用智能手环、健身球、平衡板等设备，结合 APP 指导，进行个性化体能训练，监测心率、步数等数据，确保运动安全有效。

(2) 智能康复设备体验

引入智能康复设备，如智能床垫、智能座椅、智能助行器等，让老年人亲身体验科技带来的便利和康复效果。

(3) 康复训练系统使用

针对有特定康复需求的老年人(如中风后康复、关节置换术后恢复)，提供定制化康复训练计划，通过虚拟现实(VR)、增强现实(AR)技术模拟真实场景，增强训练效果。

2. 策划功能训练类活动

(1) 评估对象状况

通过问卷调查、访谈或健康档案查询等手段获取老年人的基本信息以及健康状况(包括慢性病情况和身体功能受限情况等)、兴趣爱好及期望目标。利用专业的体能测试工具或软件，对老年人的力量、柔韧性、平衡能力、心肺功能等进行全面评估。根据评估结果，分析每位老年人的个性化需求，包括体能提升、康复训练、认知激活、情绪管理等不同方面的需求，将老年人分为不同的小组，确保每组内的老年人在体能和需求上相近，便于后续活动的组织和实施。确保功能训练类活动的设计能够精准对接老年人的具体需求与身体状况，提高活动的有效性和安全性。

(2) 选择智能设备

根据功能训练活动的需求，为老年人选用适合的智能康复设备，如平衡训练仪、步态矫正器、力量训练机、智能按摩椅等，这些设备能够提供个性化的功能训练方案，并记录训练数据。为老年人配备心率监测手环、血氧监测仪、智能鞋垫等可穿戴设备，实时监测训练过程中的生理指标，确保训练安全有效。利用 VR 或 AR 技术创造虚拟训练场景，增加训练的趣味性和互动性，同时模拟日常生活场景，提高训练的实际应用价值。

(3) 制定活动方案

根据评估结果和老年人意愿，设计包含热身、主训练、放松恢复三个阶段的个性化训练计划，确保训练内容科学合理、循序渐进。设计科学合理的功能训练活动方案，确保活动内容丰富、形式多样、易于执行。制定详细的安全操作规程，确保所有设备在专业人员指导下使用，并配备急救设备和专业人员，以应对突发情况。

(4) 开展主题活动

开展如“平衡能力挑战赛”“心肺功能提升周”“力量训练周”等主题日活动，通过游戏、竞赛等形式激发老年人的积极性和兴趣。举行简短的启动仪式，介绍活动目的、流程、注意事项，增强老年人的积极性和归属感。由专业康复师或康复治疗师带领，进行详细的动作示范和讲解，确保老年人正确执行训练动作。鼓励老年人组成小组，设置不同难度的功能训练挑战；鼓励老年人相互竞争与合作，提升训练动力。定期举办成果展示会，让老年人分享训练心得，展示进步成果，增强成就感。利用智能设备记录训练过程中的数据，为后续评估提供依据。

（5）评估活动效果

活动结束后，对老年人进行体能复测，对比训练前后的数据变化。通过问卷调查收集老年人的反馈意见，了解他们对活动的满意度、改进建议等。收集并分析智能设备记录的训练数据，如心率变化、运动轨迹、力量增长等，对数据进行深入分析，评估训练效果是否达到预期目标。检验功能训练活动的成效，为后续活动提供改进方向。

3. 功能训练类活动策划与设计案例

案例1 老年人智能健身球学习活动

【案例情境】随着生活水平的提高和健康意识的增强，老年人越来越注重通过运动来保持身体健康。然而，传统健身方式可能因强度大、动作复杂而不适合所有老年人。智能健身球作为一种新兴的低强度、趣味性强的健身工具，因其结合了智能科技与运动康复的理念，受到了老年人的关注。为了引导老年人科学、安全地利用智能健身球进行锻炼，某大型养老社区的社工策划了一场老年人智能健身球学习活动。

表9-3 老年人智能健身球学习活动

活动名称	乐动银龄，智享健康——老年人智能健身球学习活动
活动类型	功能训练
活动对象	社区内年龄60岁以上的活力老年人
初步评估	1. 肢体活动正常，意识清醒，语言表达能力良好。 2. 体能较好，对运动健身非常感兴趣。 3. 当天生命体征稳定，情绪良好，知情同意。
活动目标	1. 向老年人介绍智能健身球的基本原理、使用方法及健康益处。 2. 通过教学与实践，帮助老年人掌握智能健身球的基本操作技巧。 3. 搭建平台，促进老年人之间的互动交流，分享健身心得。 4. 鼓励老年人坚持锻炼，增强体质，提高生活质量。
物品准备	1. 准备适合老年人使用的智能健身球，确保其安全性、稳定性及智能化功能。 2. 教学设备，如投影仪、音响等，用于播放教学视频、背景音乐等。 3. 辅助器材，如瑜伽垫、毛巾等，为老年人提供舒适的锻炼环境。 4. 制作活动海报、手册等宣传材料，介绍活动内容及智能健身球的优势。 5. 准备急救包，以应对可能发生的意外情况。
活动过程	1. 签到入场：老年人签到并领取活动手册，了解活动流程和注意事项。 2. 开场介绍：主持人介绍活动背景、目的及智能健身球的特点与优势。 3. 教学演示：由专业教练进行智能健身球的教学演示，包括基本动作、注意事项等。 4. 分组实践：将老年人分成小组，由教练分组指导进行实践练习，确保每位老年人都能掌握正确的操作方法。 5. 交流分享：设置交流环节，鼓励老年人分享自己的练习感受，提出疑问并相互解答。 6. 成果展示：邀请部分老年人进行成果展示，增强他们的成就感和自信心。 7. 总结反馈：活动尾声，主持人总结活动亮点，收集老年人的反馈意见，为未来活动改进提供依据。
建议时长	活动总时长建议为1小时，具体时间可根据参与老年人的体力和兴趣进行调整，可以多次教学；教学演示与分组实践环节可分别占据活动时间的三分之一至一半，确保老年人有足够的时间进行学习和实践。
注意事项	确保智能健身球的安全性，教练需全程陪同指导，防止老年人因操作不当而受伤；根据老年人的身体状况和健身经验，合理安排锻炼强度和时间，避免过度劳累；教练需用简单易懂的语言和方式指导老年人操作智能健身球，确保他们能够充分理解并享受锻炼过程；关注老年人的情绪变化，及时给予鼓励和支持，营造积极向上的活动氛围。

案例2　老年人智能康复设备体验日活动

【案例情境】智能康复设备作为现代医疗科技的重要成果，以其个性化、便捷化的特点，为老年人提供了更加高效、舒适的康复体验。然而，许多老年人对这类新兴设备了解甚少，甚至存在疑虑。为了提高老年人对科技康复的认知度和接受度，某大型养老社区的社工策划了一场老年人智能康复设备体验活动。

表9-4　老年人智能康复设备体验日活动

活动名称	智享健康，乐龄新生——老年人智能康复设备体验日活动
活动类型	功能训练
活动对象	社区内年龄60岁以上、身体健康状况需要改善的老年人
初步评估	1. 肢体活动基本正常，意识清醒，语言表达能力良好。 2. 追求生活质量和健康管理，对科技产品接受度高。 3. 当天生命体征稳定，情绪良好，知情同意。
活动目标	1. 让老年人了解并体验智能康复设备的种类、功能及优势。 2. 通过亲身体验，增强老年人对科技康复效果的信心。 3. 搭建平台，促进老年人之间以及老年人与专业人士之间的交流分享。 4. 提高社会对智能康复设备的关注度，推动其在老年康复领域的广泛应用。
物品准备	1. 根据老年人的常见康复需求，准备如智能助行器、康复机器人、智能按摩椅、平衡训练系统等设备。 2. 设置宽敞明亮的体验区，确保设备摆放合理，便于老年人操作。同时，准备舒适的座椅、茶水等供老年人休息。 3. 制作活动海报、手册等宣传材料，介绍智能康复设备的原理、使用方法及注意事项。
活动过程	1. 签到入场：老年人签到并领取活动手册，了解活动流程和注意事项。 2. 开场致辞：主办方代表致开幕词，介绍活动目的、意义及智能康复设备的重要性。 3. 设备展示：由专业团队逐一介绍并展示智能康复设备的种类、功能及使用方法。 4. 亲身体验：老年人在专业人员的指导下，亲自操作体验各款智能康复设备，感受其带来的舒适与便利。 5. 交流分享：设置交流环节，鼓励老年人分享自己的体验感受，与专业人士进行互动问答。 6. 总结反馈：活动尾声，主办方总结活动亮点，收集老年人的反馈意见，为未来活动改进提供依据。
建议时长	活动总时长建议为半天，具体时间可根据参与老年人的兴趣和体力状况进行调整。每个设备体验环节控制在15～20分钟，确保老年人有足够的时间进行体验和休息。
注意事项	确保所有智能康复设备处于良好状态，操作前进行安全检查。同时，专业人员需全程陪同指导，防止意外发生；根据老年人的身体状况和康复需求，合理安排体验时间和强度，避免过度劳累；专业人员需用通俗易懂的语言和方式指导老年人操作设备，确保他们能够充分理解并享受体验过程。

三、社交娱乐类活动

1. 了解社交娱乐类活动

丰富老年人的精神文化生活，增强社交互动，缓解孤独感和抑郁情绪，提升心理健康水平，提高生活满意度。

（1）智能娱乐体验

利用智能设备和技术，为老年人提供丰富的娱乐内容，如智能音箱播放音乐、视频通话、在线游戏等，让他们享受科技带来的乐趣。通过智能设备为老年人提供丰富的娱乐内容，如在线电影、音乐、游戏等，让他们享受科技带来的乐趣。同时，也可以利用智能视频会议系统，让老年人方便地与家人和朋友进行视频通话，消除孤独感。

（2）在线社交平台

建立专属于老年人的社交平台，支持文字、语音、视频聊天，组织线上兴趣小组、茶话会等活动，促进交流。如在线音乐会、戏曲表演、书法绘画课等，通过直播或录播形式，让老年人享受艺术熏陶，丰富精神生活。

（3）虚拟现实社交体验

利用 VR 技术，让老年人“亲临”世界各地，参与虚拟旅行、文化体验等活动，拓宽视野，增加乐趣。

2. 策划社交娱乐类活动

（1）前期调研需求

了解老年人的兴趣爱好、社交需求、身体状况及心理需求。组织座谈会或线上调研，邀请老年人及其家属参与，收集他们对社交娱乐活动的期望和建议，如渴望交流、寻求情感支持、参与文化活动、体验新科技产品等。调研当前智慧康养领域内的社交娱乐产品和技术发展趋势，了解市场上已有的成功案例和潜在的创新点。考虑如何结合智慧康养技术（如物联网、人工智能、大数据等）来满足这些需求，提升活动的趣味性和互动性。

（2）确定活动主题

结合老年人的兴趣和智慧康养的理念，确定一个既传统又富有科技感的主题，如“智慧乐龄，共享欢乐”“科技助力，友邻相伴”等。通过活动促进老年人之间的社交互动，增强他们的身心健康，同时展示智能科技在日常生活中的应用，提升他们的生活品质。围绕主题，可以规划一系列丰富多样的活动内容，如虚拟现实旅游体验、在线书法或绘画交流、智能游戏竞赛等。

（3）选择智能设备

根据活动需求和老年人的特点，选择操作简单、易于上手的智能设备，如智能穿戴设备（用于监测健康数据），平板电脑（用于观看视频、参与互动游戏），智能音响（播放音乐、语音控制）等。在活动前对所选设备进行充分的测试和调试，确保其在活动现场能够稳定运行，避免技术故障影响活动效果。确保所选设备操作简单、界面友好，适合老年人使用。确保设备符合安全标准，无辐射、无隐患，保护老年人的身体健康。

（4）制定活动方案

设计热身环节、主题环节、互动环节、分享环节等，每个环节都应有明确的目的和时间安排。对参与活动的志愿者和工作人员进行专业培训，包括智能设备操作、紧急情况处理、沟通技巧等。制定应急预案，以应对可能出现的突发情况，如设备故障、老年人身体不适等，确保活动安全有序。

（5）评估活动效果

设定具体的评估指标，如参与人数，互动频次，健康数据改善情况（如心率变化、笑容时长等），老年人社交关系拓展等。结合参与度、满意度调查结果以及老年人的健康数据变化（如心率、血压等），综合评估活动对于促进老年人社交互动、提升生活乐趣、促进身心健康等方面的效果。

3. 社交娱乐类活动策划与设计案例

案例 1　老年体感游戏嘉年华

【案例情境】随着科技的进步，体感游戏作为一种新兴的娱乐方式，以其互动性强、趣味性高的特点，受到了越来越多人的喜爱。然而，这一领域往往被误认为只适合年轻人。为了打破这一偏见，让老年人也能享受到科技带来的乐趣，增进身心健康，某大型养老社区的社工策划了一场老年体感游戏嘉年华活动。

表 9-5　老年体感游戏嘉年华

活动名称	欢乐时光——老年体感游戏嘉年华
活动类型	社交娱乐
活动对象	社区内年龄 60 岁以上的活力老年人
初步评估	1. 肢体活动正常，意识清醒，语言表达能力良好。 2. 体能较好，对体感游戏非常感兴趣。 3. 当天生命体征稳定，情绪良好，知情同意。
活动目标	1. 促进老年人社交互动，增强他们在养老中心的归属感。 2. 通过体感游戏活动，提高老年人的身体活力和协调能力，达到锻炼身体的目的。 3. 引导老年人接触和使用新技术，激活其学习兴趣，保持大脑活跃。 4. 为老年人提供一个轻松愉快的娱乐平台，增加生活乐趣。
物品准备	1. Nintendo Switch 游戏机若干台。 2. 电视或投影仪。 3. 体感游戏(如《健身环大冒险》《舞力全开》《ARMS》《1-2-Switch》等)。 4. 舒适的座椅和充足的活动空间。 5. 音响设备。
活动过程	1. 宣传与报名：通过养老中心通告、海报、子女微信群等方式进行宣传，并开始接受报名。 2. 活动准备：提前准备好所有设备，确保技术设施无误，布置好活动现场。 3. 开场介绍：由主持人简要介绍活动内容、游戏操作方法和安全须知。 4. 热身活动：开展简单的热身操或拉伸活动，为接下来的体感游戏做准备。 5. 游戏体验：将老年人分组，每组对应一台 Switch，轮流体验不同的体感游戏。 6. 休息与交流：体验间隙安排休息时间，提供简餐和水，组织老年人之间的交流分享。 7. 评比与颁奖：根据游戏得分或表现，进行亲切有趣的评比，发放小礼品作为奖励。 8. 活动结束：总结活动，收集老年人反馈，感谢大家的参与，并进行合影留念。
建议时长	活动总时长建议为 1 小时内，具体时间可根据参与老年人的兴趣和体力状况进行调整。每个游戏环节控制在 20～30 分钟，确保老年人有足够的时间进行体验和休息。
注意事项	确保现场有工作人员协助老年人操作游戏设备；注意老年人的安全，特别是活动时的场地安全；考虑老年人的体力和健康状况，活动中应适当设置休息时间；活动中可能存在意外跌倒等安全风险，需提前做好应急措施。

案例 2　老年人在线音乐会

【案例情境】随着科技的发展，互联网已经成为老年人生活中不可或缺的一部分。为了丰富老年人的精神文化生活，增进他们的社交互动，某大型养老社区的社工计划举办一场专为老年人设计的在线音乐会活动。

表 9-6　老年人在线音乐会

活动名称	岁月如歌，云端交响——老年人在线音乐会
活动类型	社交娱乐
活动对象	社区内年龄 60 岁以上的活力老年人
初步评估	1. 肢体活动正常，意识清醒，语言表达能力良好。 2. 体能较好，非常热爱音乐。 3. 当天生命体征稳定，情绪良好，知情同意。

(续表)

活动目标	1. 为老年人提供高质量的音乐盛宴，丰富他们的精神文化生活。 2. 通过在线平台，促进老年人之间的情感交流与共鸣。 3. 引导老年人体验互联网科技的便利与乐趣，增强他们的数字技能。 4. 鼓励老年人参与集体活动，增强身心健康，缓解孤独感。
物品准备	1. 选择稳定、易用的在线直播平台，如腾讯会议、Zoom 等，确保音乐会的顺利进行。 2. 确保有良好的录音设备，以保证音质清晰。 3. 制作活动海报、邀请函等电子宣传材料，通过社交媒体、社区公告等方式进行宣传。 4. 安排技术人员在线待命，解决可能出现的技术问题。 5. 准备聊天室、弹幕等互动工具，方便观众与表演者及观众之间的实时交流。
活动过程	1. 开场致辞：主持人简短介绍活动背景、目的及参与嘉宾，营造温馨和谐的氛围。 2. 音乐表演：邀请老年歌唱家、乐器演奏家等进行表演，曲目选择应兼顾经典与流行，适合老年人的审美偏好。 3. 互动环节：设置观众点歌、在线问答、分享回忆等互动环节，增强参与感与趣味性。 4. 情感交流：鼓励观众在聊天室分享自己的音乐故事、生活感悟，促进彼此之间的了解与友谊。 5. 闭幕致辞：主持人总结活动亮点，感谢老年人的支持与贡献，预告后续活动信息。
建议时长	活动总时长建议控制在 1.5 小时内，确保老年人能够保持足够的注意力与兴趣。每个表演环节可控制在 10～15 分钟，以便观众有足够的时间欣赏与互动。
注意事项	提前进行技术测试，确保网络流畅、设备无误，减少技术故障对活动的影响；表演内容应健康向上，符合老年人的审美与价值观，避免敏感话题；主持人需积极引导老年人参与互动，同时注意控制互动节奏，避免混乱；提醒老年人在参与活动时注意身体状况，适时休息，避免长时间盯着屏幕造成不适。

任务拓展

请在实训室中分组体验智慧康养设备的使用，体会老年人的参与感受，并根据使用和参与的感受，优化智慧康养活动的设计要点。

在线测验

任务测试

扫码进行在线测验。

项目总结

请同学们根据本项目内容总结。

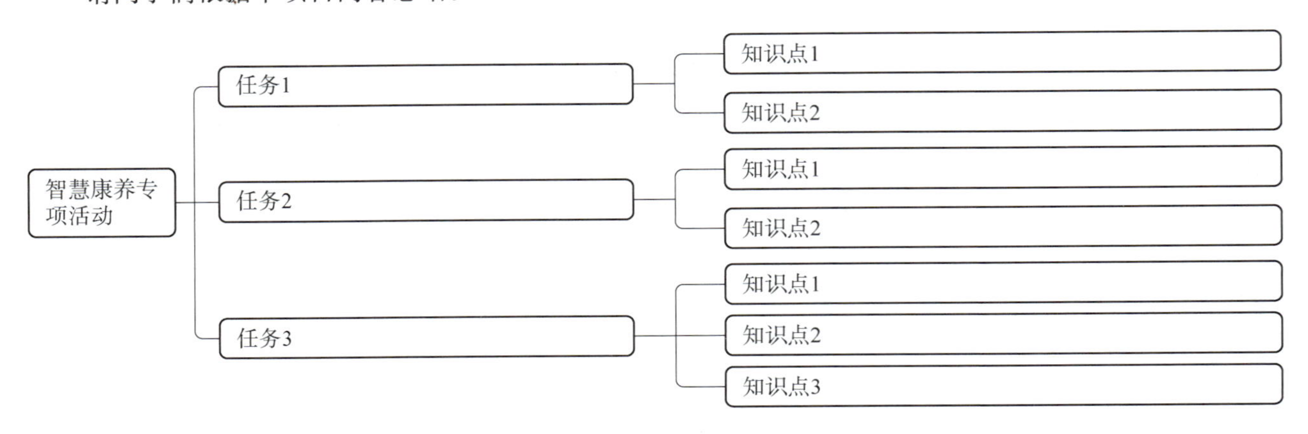

项目实训

1. 模拟实训：请全班分为 3 个小组，结合某养老机构的实际情况，各策划一场智慧康养活动（分别是：体验学习类活动、功能训练类活动、社交娱乐类活动）。

2. 岗位实境：各小组联系当地某养老机构或社区，协办一次智慧康养活动。

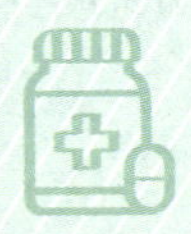

项目十

友好社区专项活动

项目目标

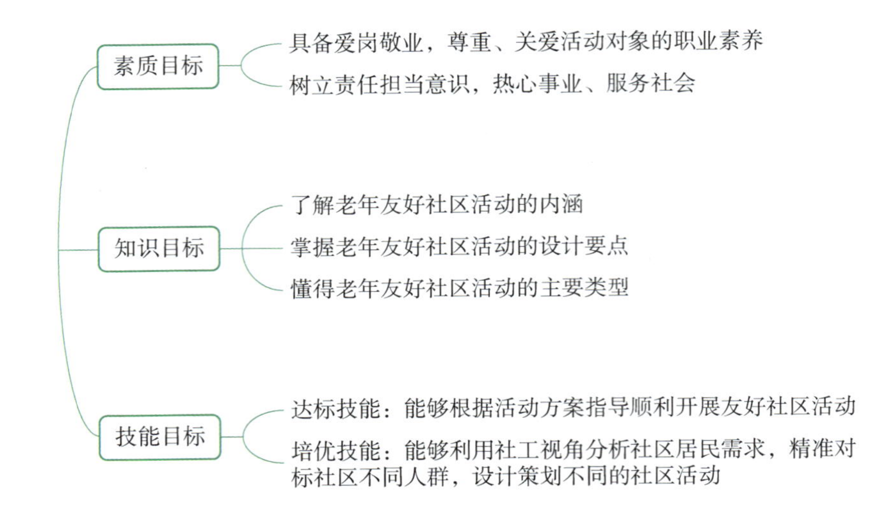

项目要点

1. 重点:掌握老年友好社区活动的理念。
2. 难点:根据社区不同需求设计不同类型的老年友好社区活动。

项目资讯

1. 对社区社会工作有基础认识。
2. 广泛查阅社区活动的类型和案例。

任务1 认识友好社区活动

任务发布

1.1 老年友好社区的理念是什么?

1.2 生态系统理论有哪些内容?

知识链接

一、友好社区活动概述

1. 友好社区

“友好社区”是我国针对社区居民需求创建，凸显人文关怀，促进社区和谐与可持续发展的综合性概念。友好社区常常包括空间营造友好、设施完善、服务体系优化、文化建设友好、治理参与友好、文化制度优化等几个维度的内容。常见的有全龄友好社区、环境友好社区、儿童友好社区、老年友好社区等。

2. 老年友好型社区

2005 年，世界卫生组织在全球 22 个国家的 33 个城市启动老年友好城市项目，首次提出了“老年友好城市”(Age-friendly City)，许多政府政策文件中使用了“老年友好社区”(Age-friendly Community)。我国相关文件中使用的是“老年友好型社区”这一概念。老年友好型社区创建标准主要包括七个方面：管理保障到位有力、社区服务便利可及、居住环境安全整洁、出行设施完善便捷、社会参与广泛充分、孝亲敬老氛围浓厚、科技助老智慧创新。国家卫健委颁发的《全国示范性老年友好型社区评分细则(试行)》，可扫码查看，也可至复旦社云平台 www.fudanyun.cn 下载。“十四五”期间，我国将建成 5 000 个示范性老年友好型社区，到 2035 年，实现全国城乡老年友好型社区全覆盖。

资料

3. 老年友好社区活动

老年友好社区活动是指结合《全国示范性老年友好型社区评分细则(试行)》的“社区服务便利可及”“社会参与广泛充分”“孝亲敬老氛围浓厚”“科技助老智慧创新”等维度的内容，以社区社会工作方法为指导，以社区和社区老年人为服务对象的文化活动。老年友好社区活动关爱老年人的身体、心理、社会的全方位需求，维护和保障老年人的权益，提高社会参与度和社会责任感，增进社区居民之间的友善互动与沟通合作，实现社区良性循环和健康发展。

二、理论支持和工作方法

1. 理论支持

(1) 生态系统理论

尤里·布朗芬布伦纳的生态系统理论见图 10－1。人在环境中，发展的个体处在从直接环境(像家庭)到间接环境(像宽泛的文化)的几个环境系统的中间或嵌套于其中。每一系统都与其他系统以及个体交互作用，影响着个人发展的许多重要方面。社区是个人发展非常重要的系统，它提供了一个具有较高凝聚力和归属感的社会群体，而参与友好社区活动则是促进人和周边系统互动的一个重要载体。

(2) 社会支持理论

该理论内容详见项目一任务 2。通过居民参与友好社区活动，能形成社区成员之间、成员与组织之间良性互动的社会环境，既能加强社会联系，获得来自更多朋友伙伴的非正式支持，也得到来自社区组织的正式支持；既能在活动中获得心理、情绪、认可等表达性支持，也可获得包括引导、协助、有形支持与解决问题的行动等工具性支持。

2. 工作方法

友好社区活动是活动工作者运用社区工作方法，协助实现社区社会工作目标的主要载体之一。

① 社区社会工作是社会工作的三大方法(个案工作、小组工作和社区工作)之一，是社会工作者在社区工作价值理念的指导下，运用集体行动的手法，鼓励居民互助、自主和自决，提升居民的各种能力。

② 社区工作的主要目标是满足社区需要，解决社区问题，培养社区成员的归属感和认同感，促进社区

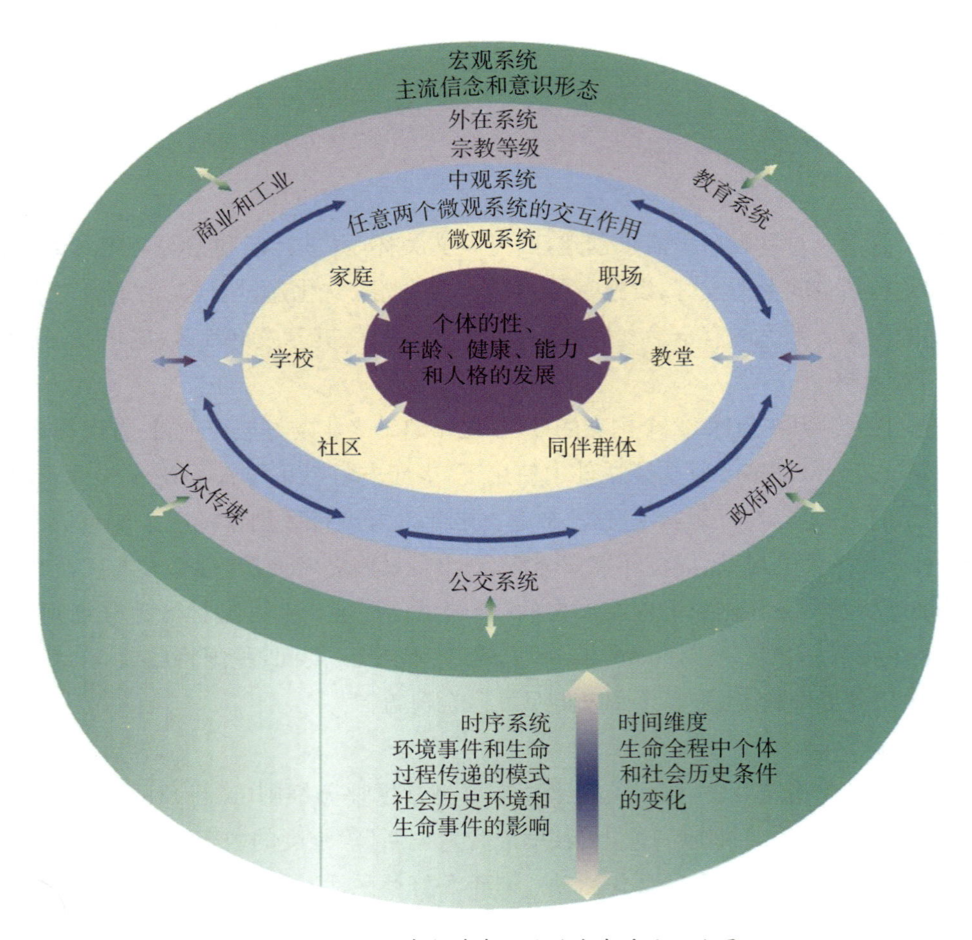

图 10-1　尤里·布朗芬布伦纳的生态系统理论图示

整合，改善社区生活质量，实现社会公正。

资料

③ 社区社会工作的三种主要模式：地区发展模式、社会策划模式和社区照顾模式，这三种模式为社区居民提供活动服务。社区社会工作的三种主要模式相关资料，可扫码查看，也可至复旦社云平台 www.fudanyun.cn 下载。

任务拓展

请在学习小组内，围绕老年友好社区的七个创建标准，结合所在的社区谈谈看法。

在线测验

任务测试

扫码进行在线测验。

任务 2　友好社区活动的策划流程和设计要点

任务发布

2.1　友好社区活动的策划流程是什么？

2.2　友好社区活动的设计要点有哪些？

知识链接

一、友好社区活动的策划流程

1. 建立关系

活动工作者开展友好社区活动的前提是与社区接触，使居民建立起对机构和工作人员的信任。居民是社区友好活动的资源，也是社区友好活动的归宿。

（1）接触社区居民建立关系

活动工作者在与居民接触中所表现出来的态度和行为对能否建立专业关系十分关键。首先，工作者要用人格魅力去影响和感染居民，以真诚、热情、认真而开放的态度，与居民之间保持良好顺畅的沟通，排除与居民交流中的障碍。了解社区成员的所思、所想、生活的环境、对事物的感受和看法，以及他们的社交方式、状态和人际网络等。通过工作者的亲身感受，去界定社区问题和需要，寻找社区友好活动的方向。同时，让居民了解活动工作者的角色、任务，以提高居民对活动工作者的接纳与认同，为日后建立信任合作的关系奠定基础。

（2）接触社区组织形成合作

活动工作者在进入社区时，除了社区居民，还会与各种团体或政府机构发生接触，寻求这些组织和机构的支持与合作，争取活动资源和政策。有时实施社区活动仅靠政府方面拨付的资金是远远不够的，还需要各种企业、公司、基金会的捐赠资助。另外，工作者也应该重视社区内作为合作与竞争的伙伴的其他机构，因为良好的合作可以优势互补，获得共赢发展。

与相关的组织交往要因时制宜，以维持和谐关系、增加未来合作可能性为出发点。分析不同组织和团体在某些问题上的利益及组织间的关系；摸索不同组织在提供资源上的合作意愿和动机；根据不同组织间的关系来计划未来活动的合作点。

2. 调研需求

友好社区活动的设计永远要基于社区需求为导向，要针对不同类型社区群体的实际情况，考虑其如何获取信息，能否够得到，能否获得帮助和服务。其次还要注意服务群体的能力，考虑活动他们是否能够接受。例如，传授某一项技术和方法时，就要思考服务对象自身情况是否允许，情感上是否能够接受，如何让这些专业技术发挥更好作用并能够确保长期有效。

活动工作者通过调研发现社区问题和需求分析后，可以以居民迫切需要解决的社区事件为契机，如社区孤寡老人急需照顾、老年人的数字化能力亟待提高、社区老少群体有待融合等，再围绕核心问题组织资源，策划友好社区活动。此部分内容请回顾项目二“活动预估与调研”。

3. 策划活动

策划老年友好社区活动主要围绕两个层面的“友好”。

（1）社会关系友好

老年友好社区活动旨在推动年龄平等、共建共享的社会环境的建立，这一层面涉及社区内不同社会群体、社区组织之间的互动、融合。如认知症友好社区活动促进了社区形成关爱认知症患者和认知症家庭，使用认知症友好语言和认知症友好行动的社会支持环境。认知症友好社区活动有关资料，请扫码查看，也可至复旦社云平台 www.fudanyun.cn 下载。

资料

（2）文化活动友好

通过在社区内开展各种文化活动和服务项目，推广孝亲敬老的文化底蕴，增强老年人的认同感和参与感，共同创造文化活动和场所，推动社区多元文化的和谐发展，如社区老年大学、社区节日纪念活动、社区照顾活动、代际促进活动等。

4. 发动居民

居民参与是社区友好活动的重要价值观，不仅因为参与是居民的一项民主权力，而且因为居民本身才是自身需要和感受的最重要的诠释者。发动居民广泛参与到社区友好活动中，可以提高社区居民的生活质量，提升人们的意识和能力，还能使社区成员对社区有更多的归宿感、满足感和安全感。常见的方法有以下几种。

（1）选择动员对象

活动工作者不能指望所有居民都愿意参与社区活动，活动工作者应选择社区的活动积极分子、退休干部、有威望的居民等作为首批动员对象。他们对社区有较为强烈的参与感，在社群中也有积极的影响力，通过他们的正向传播，使其他居民可能存在的陌生、抗拒、冷漠的态度发生转变。

（2）开展推广活动

初到社区，为了让社区居民了解活动机构及活动工作者，可以举办一些投入少、产出多的全区性推广活动，如看电影、办晚会、保健知识讲座等。活动工作者可以在这些活动中亮相，介绍机构的工作宗旨，树立工作团队的形象。活动工作者在推广活动中认识参与者的名字，初筛社区内不同群体的状况，为后期策划友好社区活动打下基础。为深化与居民的关系，活动工作者可以在街头或固定场所设立活动资讯站，预备一些展板、宣传资料以及活动登记表格，在社区内人口流动集中的地方为居民办理活动登记手续，当场回答居民的咨询。

（3）调动居民兴趣

居民的活动兴趣决定了居民的活动参与意愿和效果。所以，在动员和推广过程中，要充分展现社区问题的紧要之处，使他们意识到必须合理解决社区问题；要让参与者感到每一个人对社区的贡献都很重要，使他们对自己的参与能力有信心；要让参与者感受到友好社区活动对他们个人也会带来改变，促进人与社区的共赢局面。有些居民不愿意参与活动是因为参与的代价太大，如耗费时间、缺乏效率等。活动工作者应适时支援及合理安排，使居民无需付出太大的代价，保持其参与活动的热情。

（4）提醒居民参与

如果居民承诺的时间和具体活动开展的时间相隔太长，一定要在活动举办的前一天或数天前再次提醒他们。对没有确定参加的居民，在活动举行前再次动员。

二、友好社区活动的设计要点

1. 广泛性

与其他专项活动更偏重于老年人个体和小组不同，友好社区活动是以社区为对象，即为社区老年人、家庭提供活动服务。老年人是社区的重要组成部分，友好社区活动的目的就是促进社区包括老年人在内的每一位居民的归宿感和融入感。

2. 参与性

友好社区活动的实施策略不是活动工作者为居民提供全盘活动服务，而是鼓励居民一起参与活动的筹备和组织，鼓励居民互助、协商，发掘居民的潜能，培养社区的领导人才。同时，社区的活动需要充分挖掘社区的人力、物力、财力资源，例如，采用“五社联动”机制（“五社”是指社区、社区社会组织、社区社会工作者、社区志愿者、社区慈善资源；“五社联动”相关知识，请扫码查看，也可至复旦社云平台 www.fudanyun.cn 下载），通过资源的有效配置来满足社区活动组织的需要。

资料

3. 重点性

社区居民都会面临各类问题，这些问题直接影响居民的日常生活、社会交往以及各种权利等，造成阻碍，影响整个社区生活质量的提高。友好社区活动的重点是瞄准社区居民所面临的集体性问题，然后通过轻松愉快的活动平台，鼓励居民们畅所欲言，促进沟通与理解，为后续解决问题提供有利条件。

4. 支持性

传统上，家庭、邻里与朋友是提供社会支持的第一道供给线。当社区变得越来越复杂，就由更多的正式支持系统，如日间照料中心、志愿者协会、健康福利机构、社区工作站等社会组织，来履行这些功能。因此，友好社区活动搭建了一个为社区居民链接支持系统的平台，营造互助互惠互利的社区支持氛围。

任务拓展

请学习“五社联动”的有关知识（可扫上页二维码学习），并根据这个机制，查询当地在社区治理、社区建设、社区工作中的具体应用。

任务测试

扫码进行在线测验。

在线测验

任务3　友好社区活动的主要类型及案例

任务发布

3.1　节日纪念活动的设计要点有哪些？

3.2　代际促进活动的设计要点有哪些？

3.3　社区照顾活动的设计要点有哪些？

3.4　老年大学的课程设计要点有哪些？

知识链接

一、节日纪念活动

1. 定义

节日纪念活动是人们在特定的时间或地点，以某个特定节日为载体，对现有资源进行精心设计和统筹安排的过程。它是人们在长期生产活动、实践中产生的一种特定的社会现象，是在特定时期举办的、具有鲜明地方特色和居民基础的大型文化活动。

2. 类型

我国节日活动种类很多，基于社会大众的普遍认同和老年人经常参与的节日类型，可将节日纪念活动分成五类：一是民俗传统节庆活动；二是法定节假日庆祝活动；三是现代节庆活动；四是纪念日活动；五是时令节气活动。

（1）民俗传统节庆活动

① 春节。春节是中华民族最隆重的节日。春节活动以祭祖敬老、感恩祈福、阖家团聚、除旧布新、迎

图 10-2 社区开展新春送祝福活动

禧接福、祈求丰年为主要内容。社区可以组织开展各类民俗活动，如喝腊八粥、祭灶神、扫尘、贴春联、贴年画、倒贴福字、除夕守岁、吃饺子、给压岁钱、拜年、逛庙会等。

② 元宵节。元宵节，又称上元节、灯节。社区社会活动的策划可以以“闹”为主题设计形式多样的活动，如出门赏月、燃灯放焰、喜猜灯谜、共吃元宵等民俗活动，或者举行舞龙灯、舞狮子等民俗表演，也可以组织品“元宵”，寓意团圆、美满。

③ 清明节。扫墓祭祖是清明节的重要内容之一。社区活动可以围绕缅怀先烈、踏青、植树、制作青团等内容开展。由于老年人心理特殊，容易产生伤感情绪，在开展社区老年活动时，内容设计应考虑老年人思念亲人逝去的心情，内容以生命回顾为主题，调整心情。

④ 端午节。端午节是集祈福辟邪、欢庆娱乐和饮食为一体的民俗大节。端午习俗内容丰富多彩，这些节俗围绕着祭龙、祈福等形式展开，寄托了人们迎祥纳福、辟邪除灾的愿望。针对老年人身心特点，社区可以组织老年人开展美食制作——包粽子、旱地龙舟竞赛、踏青等活动来促进社区参与，提高社区老年人满意度。

⑤ 中秋节。中秋节主要以“阖家团圆”为精神指向，因此，组织社区活动时应该突出“团圆”这一核心。例如，以家庭为单位集体参加活动，感受节日气氛。活动设计主要有赏月、赏桂花、吃月饼等。

⑥ 重阳节。感恩敬老是当今重阳节的重要文化内涵，重阳节又叫“敬老节”。设计社区活动可以结合中华民族尊老敬老的传统，开展设宴敬老、饮宴祈寿、文艺晚会为主题的活动，让社区老年人感受温暖。

图 10-3 开展重阳节活动

(2) 法定节假日庆祝活动

① 元旦：即公历的 1 月 1 日。社区可以组织开展“辞旧迎新”联欢活动，邀请老年人才艺汇演或观看文艺汇演，这些都是欢度新年到来的重要形式。

② 劳动节：每年 5 月 1 日。在这个节假日期间，可策划诸如“勤劳动，享健康”为主题的活动，帮助老年人改善不良的生活方式和态度，提高自己的健康认知水平。对于有能力、有热心的社区老年人，可以发挥其余热，组织策划他们共同打扫社区卫生环境，营造文明友好社区的活动。

③ 国庆节：指的是中华人民共和国成立的纪念日，即每年的 10 月 1 日。社区活动策划，主要以爱国情怀为主题来开展活动，活动形式丰富多样，如文艺演出、观看爱国影片等，弘扬爱国主义精神，增强民族自信。

图 10-4　开展国庆主题庆祝活动

(3) 现代节庆活动

① 母亲节：是每年 5 月的第二个星期日。孝，一直是中华传统文化的重要组成部分，母亲节表达了对每一个母亲的尊重，是一个弘扬母爱的节日。策划社区活动时可以邀请子女一起陪同老年人参加活动，彰显母爱的同时，子女表达对父母的深厚感情，促进代际交流。

③ 父亲节：是每年 6 月的第三个星期日。父亲节是一个专门为父亲设立的节日，旨在表达对父亲的爱、感激和尊重。父亲不仅是家庭中的重要角色——为家庭提供物质和精神上的支持，而且在人的成长过程中起着至关重要的作用。因此，父亲节提供了一个机会，让我们能够向父亲表达爱和感激之情。社区父亲节活动可以通过各种形式开展代际互动活动，以此来促进家庭成员间的交流，增强家庭凝聚力，促进和谐社区建设。

(4) 纪念日活动

① 建党节：每年的 7 月 1 日。建党节社区可以举行慰问困难党员的活动。结合党课进家庭，对社区党员开展走访慰问，进行政治上尊重、思想上关心、生活上关照、精神上关怀，让他们感受到党的关怀和温暖。

② 建军节：每年的 8 月 1 日。社区活动可以开展庆"八一"系列活动，切实做好社区退役军人服务工作，增强退役军人队伍的凝聚力，营造爱国拥军的浓厚社会氛围，感谢他们为国家安全和国防建设所做出的贡献，发挥自身优势支持社区工作，积极参与社区活动，为社区的发展献计献策。

(5) 时令节气活动

众所周知，中国有二十四节气，其中有些兼具自然与人文两大内涵，它们既是自然节气点，也是传统节日，如清明；也有一些虽然不是传统节日，但也有着民间自古以来非常重视的节气礼俗，如立夏、冬至等。

3. 意义

人类社会离不开节日，节日可以为人们提供一种共同的文化体验和情感交流的机会。其意义体现在四个方面。

① 传承文化：节日是社会文化的重要组成部分，通过庆祝节日，人们可以传承和弘扬自己的文化遗产，增强文化自信。

② 增强凝聚力：节日可以让人们感受到彼此之间的联系、归属感和认同感，有利于增强社区的凝聚力。

③ 促进交流：节日是社区居民们交流感情、增进友谊的好机会，可以让人们更好地了解彼此，促进社会和谐。

④ 感受时代脉搏：节日是时代发展和社会文化进步的一个个里程碑，老年人在社区中参加节日活动，能与时俱进地感受时代发展的变化，共享改革发展的成果。

4. 节日纪念活动策划与设计案例

案例1　社区春节主题活动

【案例情境】春节到来之际，某社区考虑到空巢老年人、高龄老年人等特殊群体的精神需求，组织社区内有书法特长的居民开展送春联送祝福活动。

表10-1　社区春节主题活动

活动名称	情暖社区，挥墨迎新
活动类型	春节主题活动/友好社区活动
活动对象	社区内有书法特长的居民(不限年龄)
初步评估	社区内有部分居民有书法特长，愿意为社区提供志愿服务。 社区内共有空巢老年人50余户、高龄老年人共计400余人。
活动目标	1. 增强居民对社区事务的参与度，引导社区居民关注空巢老年人、高龄老年人，加强社区居民的交流合作，促进社区参与，增强社区凝聚力和归属感。 2. 丰富社区居民文化生活，弘扬中华民族传统文化，在社区营造喜庆、欢乐的节日氛围。
物品准备	毛笔、红色宣纸、墨汁、矿泉水、桌椅、横幅、相机
活动过程	1. 活动前：做好活动宣传，告知社区居民活动时间、地点。 2. 活动中： (1) 社区领导作新年致辞。 (2)有书法特长的居民以迎新为主题，书写福字和春联。 (3) 集体合影留念。 (4) 活动工作者带领居民代表入户走访空巢老年人、高龄老年人，赠送春联，送上新年祝福。 3. 活动后： (1) 宣传推广。 (2) 活动评估总结。
建议时长	2小时左右
注意事项	1. 活动前期通过微信、短信或者张贴活动海报等方式做好活动宣传工作，保证活动参与率和活动效果，确保友好社区活动目标的实现。 2. 活动前期要充分调研社区规模、社区居民特点，提前准备足量的毛笔、红色宣纸、墨汁。

案例2　社区重阳节照片展

【案例情境】某社区自理老年人居多，身体健康状态良好。但由于平时忙于照顾家庭事务以及空间限制，老年人社交圈狭小，需要社区提供交友平台。社区内有一些对老年人标签化的负面认识，需要社区积极引导。因此，社区决定开展重阳节照片展活动。

表10-2　老年风彩照片展

活动名称	九九重阳节，浓浓敬老情——老年风采照片展
活动类型	重阳节活动/友好社区活动
活动对象	社区55周岁及以上的老年人
初步评估	在调研中发现很多老年人有用手机记录生活的习惯，社区中还有一些老年业余摄影爱好者，经常会自发组织徒步旅游和摄影分享。

(续表)

活动目标	丰富老年人晚年生活，帮助老年人发现和记录社区的美，挖掘个人的潜能，实现自我价值。 让居民们都能发现老年人的优势和价值，在社区内形成尊老、敬老、爱老的优良品格。
物品准备	照片、挂绳、气球、彩带、桌椅若干，宣传单、海报、小礼品若干，相机、展板等。
活动过程	1. 活动宣传阶段 活动工作者负责在社区宣传栏处粘贴海报，并在社区范围内发放活动宣传单，通过宣传的方式使社区老年人了解本次活动的内容。请老年摄影爱好者代表讲解摄影的基本知识，并亲自指导摄影训练，激发社区其他老年人的兴趣爱好，鼓励踊跃报名。 2. 作品征集阶段 征集时间：9 月 25 日—10 月 5 日（每天 8:00—17:00）。 报名地点：社区活动中心一楼接待室。 照片内容：作品内容要能反映本社区自然、人文、社会等方面的风貌，体现积极审美趣味。 照片提交形式：建议提供电子版＋纸质版照片，其中电子版照片不低于 1 920×1 440 像素，纸质版照片尺寸不小于 8 寸。如果有困难，也可提供优质清晰的电子版照片，由活动工作者负责打印。 作品征集信息：报名者须填写作品征集信息表，其中包括作品名称、拍摄时间、作品设计说明、作者基本信息、联系方式等，并做好相应的登记手续。 3. 照片展示阶段 展示时间：10 月 17 日上午 9:00。 展示流程：活动工作者将照片展示区域布置好，并安排安保人员进行现场秩序的维持工作，防止照片在参观过程中受损；参观展览的过程中，加入观众表达参观的心得体会环节，为进场的观众发放便利贴与铅笔，以便在参观中对欣赏的照片及照片作者给予问候与祝福，离场前将便利贴统一粘贴在出口合影留念处的展示板上。 4. 展示反馈阶段 活动工作者深入老年人家中，了解老年人照片拍摄的经历，总结社区与居民的故事，并通过微信平台、新闻报道等媒体传播。
建议时长	跨度约 1 个月
注意事项	通过收集照片的方式，积极挖掘人与社区、人与人的历史记录和当下的互动，所以活动的宣传推广很重要，要善于讲好每一个故事，营造社区文化环境。

二、代际促进活动

1. 了解代际促进活动

(1) 代际关系概述

代际关系是指两代人之间的人际关系，泛指老年人与年轻人，如家庭中的父母辈或祖父母辈与儿女、孙子女辈的关系。代际关系是社会关系的一个缩影。

老年人与年轻人因为生理的、心理的、角色和社会地位以及社会经历的不同，在行为和认识上产生差异。代际关系既可能是整合的、融洽的，也可能是分离的、隔阂的。两代人之间这种认识上、价值观念上的明显差异，通称“世代隔阂”或“代沟”。良好的代际关系对老年人的生活非常重要，它不仅影响老年人的生理和心理健康，还对其社会参与和生活满意度有显著影响。

代际关系产生的原因来源于各群体之间的差异：

① 在心理状态、行为表现和价值观念、道德伦理观念等方面的差异。

② 成长环境的差异。

③ 不同年龄的心理特征差异。

④ 社会地位的不同造成的差异。

⑤ 现代社会发展速度逐渐加快，使两代人的心理产生不同差异。

（2）代际促进活动类型

代际促进活动是指凡是能加强代际之间交流，推动代际之间理解，促进代际关系和谐的社区活动，包括但不限于以下活动类型。

① 亲子活动。目前，老年人同子女分开居住的现象愈来愈普遍，子女在工作上打拼，在核心家庭中抚养孩子、教育孩子，生活节奏非常快。奔波忙碌的中年期，常导致成年人顾及不上自己日渐年迈衰老的父母。独居老年人、空巢老年人、入住养老机构的老年人都会因为很少见到子女而感觉孤独失落。子女陪伴是老年期的天伦之乐，活动工作者要创造条件开展活动。例如，在策划活动前，多与子女沟通老年人的状态和需求，了解成年子女可能空闲的时间，提前预约、协调活动时间；周六周日可作为“亲情陪伴日”，或在子女双休日、节假日来看望父母时，组织老年人和他们的子女一同参加活动。

② 隔代活动。一个家庭有孩子后，大多爷爷奶奶外公外婆比起孩子的爸爸妈妈，会更加疼爱孩子，这就是传说中的“隔代亲”。生活中“隔代亲”是一种普遍的现象，也是一种正常的心理现象。孙辈是血缘的延续，老年人含饴弄孙，对孙辈饱含期望、疼爱有加，而童真无邪的孙辈也会亲近老年长辈。尤其是从小被老年人带大的孙辈，跟老年人之间的感情更加亲密。因此，社区可以以家庭为单位，邀请老年人带着孙辈一同共享祖孙乐的隔代亲活动、家庭活动，最能解除老年人的寂寞和孤独，使老年人在精神上得到极大的宽慰，甚至还会焕发起老年人尚未泯灭的“童心”。

③ 亲属活动。中国文化向来重视血缘关系，除了祖父母、外祖父母、父母、子女、孙子女、外孙子女等纵向的直系血缘关系外，还会有横向的兄弟姐妹血缘关系，还有三代以内旁系血亲关系，包括伯叔姑舅姨、兄弟姐妹、侄子女、甥子女等，以及近姻亲关系，包括配偶的父母、配偶的兄弟姐妹及其配偶、子女的配偶及子女配偶的父母、三代以内旁系血亲的配偶。活动工作者要了解老年人的家庭情况，通过访谈、调研，了解老年人认为最重要的亲属、紧密联系的亲属、紧急情况下的联系人等家庭资源。在策划代际促进活动时，重要的亲属加入，会给老年人带来心理支持。

2. 代际促进活动策划与设计案例

案例1　社区代际促进活动

【案例情境】老年人退休后，赋闲在家，与外界联系减少，获取信息的能力弱；加之社会变化快，导致老年人跟不上时代步伐。某社区发现，过去老年人与青少年共同参与的活动比较少，需要搭建一个平台促进代际交流。

表 10-3　社区代际促进活动

活动名称	老少同乐，其乐融融——社区代际促进活动
活动类型	代际促进活动/友好社区活动
活动对象	社区老年人 25 人、社区青少年 25 人
初步评估	生理因素：均为低龄老年人，日常生活活动能力较强。 心理因素：个别老年人长期独自居家，比较孤独；有个别老年人积极乐观。 社会因素：参加活动的老年人有较强的参与意愿，部分人员来自社区的文娱团体或自治组织。
活动目标	1. 加强邻里之间的交流合作，促进老年人和青少年的社会参与和社会融入。 2. 扩大社区居民的社会支持网络，增强邻里互助的非正式资源，让社区老年人感受到温暖，增强归属感。 3. 增强社区凝聚力，促进“老少”之间的相互了解和支持，构建和谐、互助的友好型社区。
物品准备	套圈，套圈奖品（洗衣液、纸巾、牙膏、毛巾、蜡笔、玩具、笔记本等），宣纸，8K 素描纸，彩笔，横幅，相机。

(续表)

活动过程	1. 活动前： (1) 活动宣传，在社区内张贴海报和利用微信广泛宣传，动员社区居民积极参加。 (2) 组织报名，老年人和青少年共计50人。 2. 活动中： (1) 活动工作者开场，介绍本次活动目的和意义；强调活动注意事项。 (2) 组织现场老年人和青少年以一老一小的形式组队，双方交流商量得出组名和口号。 (3) 暖场小游戏，各组参与套圈游戏，套中即领取奖品。 (4) 手绘创作，各组围绕活动主题进行DIY手绘创作。 (5) 作品展示，请参加对象踊跃发言分享创作灵感和寓意。 (6) 活动总结，活动工作者就活动成效作总结。 (7) 活动留影纪念。 3. 活动后： (1) 老年人、儿童安全离场。 (2) 老年人、儿童对活动展开评价。
建议时长	40分钟左右
注意事项	1. 在活动过程中主要促进一老一少代际组合之间的配合交流，对于急性子的活动对象，要及时舒缓情绪。 2. 代际促进活动的核心在于促进，活动开展过程中要注重调动活动对象参与度，注重活动氛围的引导，多用鼓励语言，及时肯定每一组的成绩进步；鼓励老年人和青少年勇敢表达自己。

案例2　科技助老活动

【案例情境】某社区老年居民集中反映数字鸿沟现象严重，很难跟上信息技术的发展，给日常生活带来不便，普遍有懊恼情绪。社区活动工作者发现了问题，于是根据老年居民的需求，由社区社工站主办，某高校大学生志愿团队承办，为社区老年居民开展数字化学习系列活动。

表10-4　科技助老活动

活动名称	携手相伴，共筑融合社区——科技助老活动
活动类型	代际促进活动/科技助老活动/友好社区活动
活动对象	社区老年居民20位(其中自理16位，半失能需要协助的有4位，无认知障碍患者)；大学生志愿者10位。
初步评估	参与活动的老年人有增强数字素养的诉求，均有智能手机，会手机的常规基本操作。
活动目标	帮助老年人打破数字鸿沟，增强社会参与度，提升自我价值认同感，提高生活满意度和生活质量。 践行尊老、敬老的中华民族优秀传统文化，增强青年一代的责任感和使命感，树立责任担当意识。 促进社区代际融合，构建和谐、友爱社区。
物品准备	教学PPT和电脑、投影仪、饮用水、横幅、相机。
活动过程	1. 活动前： (1) 与社区大学生志愿者团队取得联系，协商活动事宜，培训APP使用技术。 (2) 活动宣传、组织老年人报名。 2. 活动中： (1) 活动工作者介绍活动目的、意义。 (2) 破冰游戏：老年人和大学生志愿者结对子，消除陌生感。 (3) 由志愿者讲解“惠民宝”市民APP平台的使用，包括如何注册、养老服务板块的使用、手机支付、智慧出行等一系列惠民服务。

（续表）

	（4）志愿者一对一指导老年人掌握平台使用方法。 （5）问题交流，老年人针对自身所需询问相关"数字化"知识，由大学生志愿者解答。 （6）活动总结，邀请老年人学习代表展示学习成果，邀请大学生分享代际交流的感受。 3. 活动后： （1）活动参与人员安全离场。 （2）活动参与人员对活动展开评价；工作人员根据活动实际开展情况和评价结果，完善该系列的后续活动。
建议时长	40 分钟左右
注意事项	1. 活动调研阶段，可以初步评估活动对象的数字化能力，根据老年人的能力匹配活动志愿者。活动志愿者和老年人的比例是 1∶2，能给予老年人具体、个性化的指导。 2. 老年人的学习记忆有特殊性，学过之后容易遗忘。教学内容只选择对老年人能用得上的板块，节奏不宜过快或过慢，根据老年人学习情况及时调整。同时，这个活动应组织系列课程，通过不断的重复操作、强化记忆帮助活动对象掌握数字化技能。

三、社区照顾活动

1. 了解社区照顾活动

社区照顾活动是指整合社会资源，运用正式照顾和非正式照顾网络，为需要照顾的人士在家庭或者社区中提供全面照顾，尽可能保障其过正常人的生活。社区照顾活动主要涵盖四个方面：

① 行动照顾——起居饮食的照顾、打扫居所、代为购物等。

② 物质支援——提供衣物家具和现金、提供食物等。

③ 心理支持——沟通、安慰、辅导等。

④ 整体关怀——留意生活环境、发动周围资源以支援等。

2. 社区照顾活动的目标

① 协助需要照顾人士融入社区。

② 培养需要照顾人士的参与意识。

③ 强化居民的社区意识。

④ 政府与社区建立伙伴关系。

图 10－5 为社区老年人表演节目

3. 社区照顾活动策划与设计案例

案例1　温暖相伴，情系夕阳——社区照顾活动

【案例情境】社区里很多老年人的子女常年外出打工，老年人在日常生活中难免会遇到下水道堵塞、灯泡维修、修缮窗户、水电欠费等问题，家政服务需求大；其次老年人缺乏陪伴，孤独感较强，有精神需求，社会支持网络薄弱。一社区公益创投项目以社区独居老年人的需求为起点，开展社区照顾服务活动。

表10-5　温暖相伴，情系夕阳——社区照顾活动

活动名称	温暖相伴，情系夕阳——社区照顾活动
活动类型	社区照顾活动/友好社区活动
活动对象	社区独居老人
初步评估	共计36户独居老年人。 有家政、精神关爱、经济支持等方面的需求。
活动目标	帮助老年人解决日常生活难题，为老年人提供关怀陪伴，营造邻里互帮互助氛围。 链接社区资源，扩大老年人的社会支持网络。
物品准备	工作服、书本、笔、服务工具
活动过程	1. 由该公益创投项目工作人员对社区内居民以及独居老年人进行摸排，明确活动服务对象和数量、家庭住址等。 2. 孵化社区志愿者，联合党员、社区工作人员、网格员、大学生、社区居民组建社区老年服务团队。 3. 入户走访，深入了解独居老年人居住情况以及心理需求，与老年人形成良好的交流机制，建立信任关系。 4. 工作人员定期组织志愿者到老年人家中开展精神慰藉活动。 5. 链接家政资源，帮助老年人提供修缮、清洁等家政服务。 6. 邀请大学生志愿者与独居老年人一同参加社区各类康娱活动。 7. 链接社区慈善机构，通过慈善资助筹集费用，改造社区养老环境，加强老年友好型社区基础服务设施的建设。
建议时长	该项目执行期为1年
注意事项	1. 招募志愿者时，以责任心、爱心等职业素养为前提。组建志愿者团队后，统一开展岗前培训。 2. 提供服务时，应该注意与老年人的沟通方式，平等、尊重老年人，积极聆听老年人的多层次需求，帮助链接资源，探索个案管理。

案例2　社区慈孝助老人物评选活动

【案例情境】为进一步完善社会助老服务体系，在社区中弘扬爱心精神，表彰孝亲敬老先进典型，促进老年友好社区建设，某社区开展社区慈孝助老人物评选活动。

表10-6　社区慈孝助老人物评选活动

活动名称	社区慈孝助老人物评选活动
活动类型	社区照顾活动/友好社区活动
活动对象	社区内的老年人家庭、老年人照料者、老年人照护组织
初步评估	社区里有不少孝亲敬老的优秀事迹和优秀人物，但缺乏宣传总结，推广度低。 社区内仍有一定数量的空巢老年人、特困老年人需要得到关注。
活动目标	完善社会助老服务体系，在社区中弘扬爱心精神，表彰孝亲敬老先进典型，促进老年友好社区建设。
物品准备	收集慈孝助老事迹的图文、视频资料。

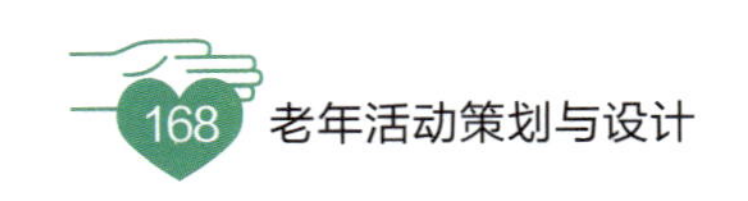

(续表)

活动过程	1. 策划筹备阶段 (1) 成立组织机构并进行广泛的社会宣传。 (2) 向社会征集活动口号。 2. 申报阶段 凡在社区范围内的社会团体、单位均可向评选办公室推荐本系统优秀的慈善助老先进典型。个人和家庭也可以进行自荐。申报时请按照要求报送评选材料。 3. 确定候选对象阶段 领导小组办公室对推荐申报材料进行审核,将符合要求的慈善助老服务集体和个人提交给领导小组。领导小组根据报送材料,广泛听取有关方面的意见,综合考虑,确定候选名单并公示。 4. 评选表彰阶段 (1) 领导小组通过新闻媒体将候选名单及事迹向社会公示,广泛征询社会各界的意见,同时开设社会投票。 (2) 举行颁奖典礼。
建议时长	从策划到评选表彰跨度 2 个月。
注意事项	如由社会组织承办本次活动,需拟定详尽的评选活动策划方案、评选要求和推荐材料要求,并上报上级主管部门批示,向社区居民公示后再执行评选方案。

四、老年大学

1. 了解老年大学

老年大学是老年人更新知识的课堂、健身养心的场所、开心娱乐的园地、广交朋友的平台、智力开发的基地。老年大学通过教学活动,达到使老年人增长知识、丰富生活、陶冶情操、促进健康的目的。它是适应社会老龄化、建设终身学习的学习型社会以及和谐社会的需要而发展起来的时代产物。老年大学对提升老年人获得感和幸福感、提升老年居民生活品质、促进社会和谐具有重要意义。

老年大学的办学方式非常灵活,既有固定场所集中授课,也能远程授课。

2. 策划老年大学活动

(1) 明确活动目标

① 提高老年人的学习体验和生活品质:通过适应多元化年龄群体的需求,可以针对不同年龄段的老年人设计出更加符合他们需求的学习、交流和娱乐环境,从而提高他们的学习体验和生活品质。

② 老年大学是一个汇聚各年龄段老年人的场所,促进不同年龄段老年人之间的交流和融合,增强跨代之间的理解和沟通。

③ 推动养老产业的发展和创新,为更多老年人提供更好的服务和关怀,促进养老产业的可持续发展。

(2) 策划课程

① 灵活性设计:在老年大学设计中,应注重灵活性设计,以满足不同年龄段老年人的需求。例如,可以设置不同高度和大小的座椅,以适应不同身材和需求的老年人。同时,还可以设置多功能教室和活动室,以适应不同年龄段老年人的学习、交流和娱乐需求。

② 多元文化元素融入:在老年大学设计中,可以融入多元文化元素,以满足不同地域、文化和背景老年人的需求。例如,可以设置不同主题的阅览室和文化展示区,以展示不同地域和文化的特色。同时,还可以邀请不同专业背景的讲师来授课,以满足不同领域老年人的学习需求。

③ 科技应用的考虑:在老年大学课程设计中,应考虑科技的应用,以提高老年人学习、交流和娱乐的便利性和效率。例如,可以设置智能化的管理系统和安全监控系统,以提高管理效率和安全保障。同时,还可以设置多媒体教室和网络课程,以满足不同年龄段老年人的学习需求并提高学习效果。

图 10-6　老年大学开展“非遗进校园”活动

④ 社会热点的嵌入：为了让老年人与时俱进，在课程中嵌入社会热点、政策、时事等内容，满足老年人需求。例如，为进一步帮助老年群体认清金融陷阱、增强防范意识，社区老年大学联合法院开展“守住钱袋子，护好幸福家”主题宣讲活动。相关案例可扫码查看，也可至复旦社云平台 www.fudanyun.cn 下载。

案例

3. 老年大学活动策划与设计案例

案例 1　某区老年大学申报

【案例情境】当今社会日新月异，很多老年人从工作岗位退下来后，都觉得不适应，有的甚至和社会产生了严重的脱离感。目前，某区老龄人口增长迅速，60 周岁及以上老年人口已近 9 万人，占全区总人口的 14.5%，超过全市 14.06% 的比例，已进入老龄化社会。老年人的生活状况和精神面貌，将直接影响到全区文明程度的提高和社会的发展、稳定。从调查需求看，72% 以上的老年人有参与老年大学的意愿。因此，该区准备申报老年大学。

表 10-7　申报区级老年大学

活动名称	申报区级老年大学
活动类型	老年大学/友好社区活动
活动对象	年龄在 50 周岁以上的本市离退休干部职工和城乡居民。原则上身体健康，品行良好，能够坚持参加学习，并且自愿报名，自觉遵守学校各项规章制度，安全自负。
初步评估	从调查需求看，72% 以上的老年人有参与老年大学学习的意愿。 评估这些目标群体的学习意愿和兴趣爱好，为后续建设提供数据支持。
活动目标	通过老年大学的建设，实现老年人终身学习的目标，提供丰富的课程和活动，促进老年人身心健康，增强其社会参与意识，促进老年友好社区建设。
前期准备	1. 课程设置：围绕调研评估的老年人核心兴趣爱好，设置包括文化教育、艺术修养、养生保健、科技创新等方向在内的课程。 2. 教学团队建设：招聘专业教师和业余爱好者作为老年大学的教学团队，要求教师具备一定的教学经验和专业知识，能培养老年人的兴趣和激发老年人的潜能。 3. 设施建设：老年大学需要提供良好的学习环境和设施，包括教室、图书馆、多媒体教室、体育健身房、艺术工作室等。拟租用区教育广场，现经营面积 5 000 余平方米，拥有器乐教室 17 间、文化教室 13 间、综合教室 4 间、大型舞蹈教室 2 间，总计各类教室 36 间，内部环境舒适整洁明亮、布局合理。

(续表)

实施过程	1. 调研分析:调研老年人的学习需求和兴趣爱好,了解目标群体的特点和意愿,为后续建设提供数据支持。 2. 资金筹措:本项目街道和A公司出资。 3. 人员招聘与培训:招聘专业教师和管理人员,组建老年大学的师资队伍。针对教师和管理人员,进行必要的培训,提高教学能力和服务能力。 4. 设施建设:根据课程设置和需求,进行教室、图书馆、电脑室等基础设施的建设和装修。 5. 课程开设与宣传:根据课程设置,制定课程计划,并进行宣传和招生工作。通过学校官网、社交媒体等渠道,向社会公布课程信息,并接受老年人的报名。课程开设见表10-8。 6. 运营管理与评估:建立老年大学的运营管理机制,包括学员管理、教师管理、财务管理等方面。定期评估老年大学的教学效果和社会影响,及时进行调整和改进。
建议时长	建议试运行期间开设8门左右课程,每期4个月,共16次课,每次课2小时。每学期课程根据评估调整一次。
注意事项	老年大学建设面临的主要风险包括缺乏经费支持、缺乏专业教师和管理人员、学员招生困难等。针对这些风险,可以积极争取政府支持,多方募集资金;招聘培训专业教师和管理人员,提高教学和服务质量;通过宣传和社区合作,扩大学员招生范围。

表10-8 老年大学课程开设

类别	班级	上课时间	限额	学费(元/期)
声乐类	声乐1班	09:30—11:30(周一)	50	130
	声乐2班	09:30—11:30(周一)	100	130
	独唱班	09:30—11:30(周三)	20	280
书画	国画班(花鸟)	09:30—11:30(周二)	25	130
	书法班	09:30—11:30(周三)	30	130
摄影类	摄影班	14:00—16:30(周四)	45	130
健康类	健康康复班	14:00—16:30(周一)	50	130
	健康休闲班	14:00—16:30(周二)	50	130
	形体训练班	14:00—16:30(周三)	50	130
	推拿基础班	14:00—16:30(周四)	30	130
体育类	杨氏太极拳班	09:30—11:30(周二)	40	130
舞蹈类	交谊舞班	09:30—11:30(周五)	60	130
	拉丁舞班	14:00—16:30(周二)	60	130
	民舞1班	09:30—11:30(周二)	50	130
	民舞2班	09:30—11:30(周四)	60	130
	古典舞小班	14:00—16:30(周五)	30	240
	风采表演班	14:00—16:30(周四)	50	130
器乐类	钢琴班	09:30—11:30(周四)	20	210
	古筝班	09:30—11:30(周五)	20	270
英语类	英语基础1班	14:00—16:30(周三)	40	130
	英语基础2班	14:00—16:30(周五)	40	130

案例2　茶艺教学活动

【案例情境】本社区常住人口56000余人，老年人10000余人，老龄化高达17.86%。该社区内很多是高校自建住宅，一半以上老年人为高校离退休教师，整体素质水平较高，对精神文化需求较大。社区工作者经过走访和调查得知，部分老年人对茶文化和茶艺知识兴趣比较浓厚，因此决定链接社区老年大学资源，由老年大学部分教师团队到社区组织老年人开展茶艺教学活动。

表10-9　茶艺教学活动

活动名称	茶艺教学活动
活动类型	老年大学活动/友好社区活动
活动对象	约30多名社区老年居民
初步评估	均为高校离退休教师。 有喝茶养生的习惯。 对茶艺活动有参与意愿。
活动目标	充分整合社区资源，形成老年大学和社区之间的共融关系，建立友好睦邻关系。 满足老年人对茶文化的学习需求，提高自我价值认同感和生活满意度，积极调动老年人参与社会，增强老年人交流，促进老年人身心健康。
物品准备	茶具、茶、饮用水、烧水壶、礼品、横幅、相机
活动过程	1. 活动前 工作者了解社区老年人需求，根据兴趣确定开设茶艺教学课程。 做好宣传，组织老年人报名参加。 链接老年大学教学资源，与志愿者茶艺师取得联系。 整合社区场地资源，布置活动场地。 链接志愿资源，招募培训社区志愿者。 挖掘自身资源，实现自助互助。 挖掘、培育老年骨干学员，做好班级管理。 2. 活动中 工作者组织老年人入场就座。 介绍本次活动目的和意义以及注意事项。 茶艺师开展茶文化主题知识讲座，包含：茶的种类、特点，如何科学饮茶、科学养生。 讲座结束后，进入有奖问答环节，进行互动提问并发放礼品。 茶艺师进行茶艺演示并进行步骤讲解。 茶艺师泡好各类茶，邀请老年人品茶。 进入茶艺交流环节，老年人自行操作实践，茶艺师负责引导和答疑。 宣布活动结束，全体合影留念。 老年大学介绍大学内课程安排，邀请社区老年居民参与，填写活动意向表。 3. 活动后 活动评估和活动总结。
建议时长	1.5小时左右
注意事项	建立老年大学教师团队和社区老年居民的沟通机制。 引导和挖掘老年居民的兴趣，培育潜在的老年大学的活动对象。 活动过程中注意水电、茶具使用安全，注意地面防滑、防烫伤问题。

任务拓展

结合案例和所学内容，思考：社区照顾活动如何促进老年友好社区建设？查询社区照顾活动的典型案例。

在线测验

任务测试

扫码进行在线测验。

项目总结

请同学们根据本项目内容总结。

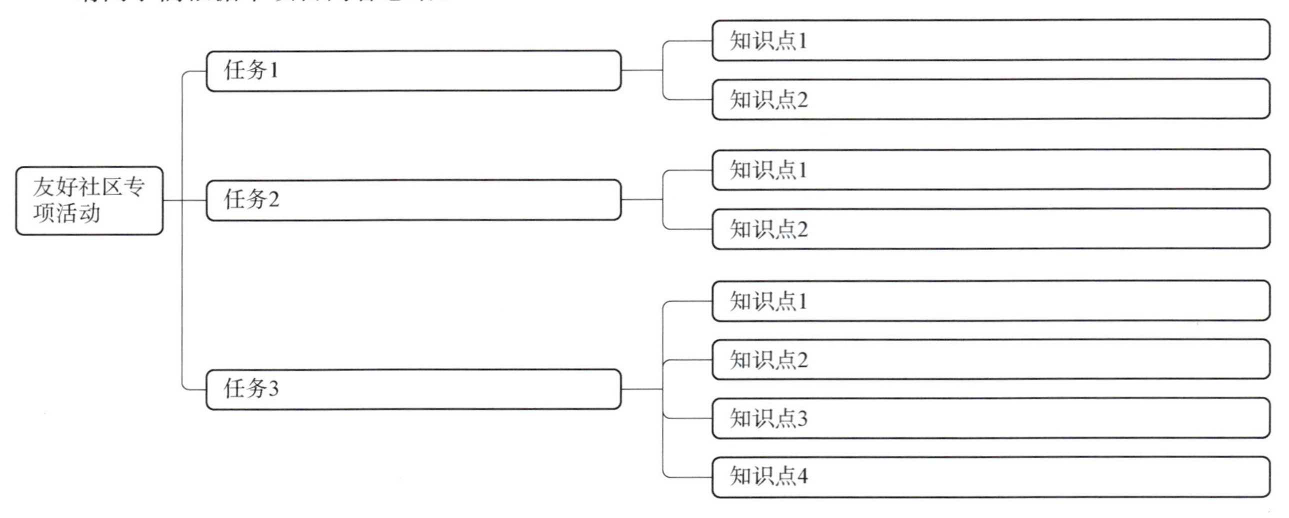

项目实训

1. 模拟实训：以需求调研为基础，各小组为社区策划并设计老年大学活动安排表。
2. 岗位实境：以 8～10 人小组为单位，各小组前往社区实地开展节日纪念活动。

主要参考文献

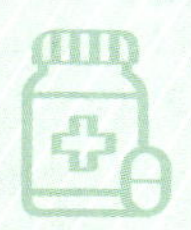

References

标准或文件

1. 工业和信息化部,等.智慧健康养老产业发展行动计划(2021—2025年)等.[S],2021.
2. 国家市场监督管理总局,国家标准化管理委员会.老年人能力评估规范:GB/T 42195—2022[S],2022.
3. 国家卫生健康委员会,等."十四五"健康老龄化规划[S],2022.
4. 国家卫生健康委员会.全国示范性老年友好型社区评分细则(试行)[S],2021.
5. 国务院办公厅.国务院办公厅关于发展银发经济增进老年人福祉的意见[S],2024.
6. 国务院办公厅.关于切实解决老年人运用智能技术困难实施方案[S],2020.
7. 中国人口福利基金会,等.持续高质推进中国式积极老龄社会建设——"积极老龄化"理论与实践研究报告[S],2023.
8. 中华人民共和国住房和城乡建设部.无障碍设计规范:GB 50763—2012[S],2012.

图书

1. 卞国凤.老年社会工作方法与实务[M].2版.北京:北京师范大学出版社,2021.
2. 何静,周良才.社会福利机构活动策划与组织[M].北京:电子工业出版社,2015.
3. 姜燕,朱佩.老年康乐活动策划与组织[M].南京:南京大学出版社,2020.
4. 林崇德.发展心理学[M].3版.北京:人民教育出版社,2018.
5. 林婉玉.老年人活动组织与策划[M].北京:人民卫生出版社,2022.
6. 刘成玉.健康评估[M].3版.北京:人民卫生出版社,2014.
7. 刘燕,贾小波.社区服务[M].北京:机械工业出版社,2021.
8. 全国社会工作者职业水平考试教材编委会.社会工作实务:初级[M].10版.北京:中国社会出版社,2021.
9. 唐东霞.老年活动策划与组织[M].3版.南京:南京大学出版社,2022.
10. 王杰.智慧养老技术及落地应用指南[M].北京:电子工业出版社,2021.
11. 刘永强.老年康体指导职业技能教材:中级[M].北京:化学工业出版社,2022.
12. [日]古宫昇.共情式沟通[M].赤丁香译.北京:群言出版社,2020.
13. 叶浩生.西方心理学的历史与体系[M].2版.北京:人民教育出版社,2014.
14. [英]David Aldridge.老年痴呆症的音乐治疗[M].高天,等译.北京:中国轻工业出版社,2014.
15. 张刃.音乐治疗[M].2版.北京:机械工业出版社,2020.

16. 张沙骆. 老年人活动策划与组织[M]. 2 版. 北京:北京师范大学出版社,2021.
17. 张晓琴. 社区活动策划[M]. 南京:南京大学出版社,2021.
18. 左美云,杜鹏. 智慧医养:中国进展与创新[M]. 北京:中国人民大学出版社,2023.
19. 左美云. 智慧养老:服务与运营[M]. 北京:清华大学出版社,2022.

期刊

1. 蔡飞亚,等. 被动舒缓音乐疗法对老年轻度认知障碍睡眠情况的影响[J]. 国际精神病学杂志,2024,(01).
2. 杜中华. 活动理论视角下农村老年人的社会互动与精神支持[J]. 西部学刊,2023,(08).
3. 高佳文,王舜. 中国传统健身功法治疗抑郁症状有效性的网状 Meta 分析[J]. 西昌学院学报. 2024,(01).
4. 何钰琪. 社会支持理论视角下社会工作介入认知症老人养老问题研究[J]. 行政科学论坛,2024,(02).
5. 李娟,杨梦怡. 基于社会支持理论的农村老年人生活质量提升研究——以唐山市丰南区为例[J]. 黑龙江科学,2024,(05).
6. 李丽维. 社会支持理论视角下农村互助养老模式的发展困境及对策[J]. 国际公关,2024,(02).
7. 李孝纯. 二十四节气:农耕文明与天人合一的智慧追求——读陈广忠教授所著《二十四节气——创立与传承》[J]. 淮南师范学院学报. 2021,(04).
8. 李燕峰,等,传统健身功法对老年人健康状况的研究进展[J]. 护理实践与研究. 2020,(09).
9. 梁洪星. 老年人的生理特点及保健探讨[J]. 中国现代药物应用,2010,(05).
10. 林晓影. 老年人的生理特点及营养支持的研究进展[J]. 食品安全质量检测学报,2019,(19).
11. 刘文祯. 传统健身功法对银发族功能性体适能之效益[J]. 武汉体育学院学报. 2012,(03).
12. 唐咏. 发挥社工在智慧养老中的科技赋能作用[J]. 中国社会工作. 2023,(30).
13. 王静,等. 音乐对老年慢性病及老年综合征治疗作用的研究进展[J]. 中国临床保健杂志,2023,(01).
14. 张晶晶,等. 中医特色护理在老年养生保健中的应用[J]. 中西医结合心血管病电子杂志. 2020,(34).

学位论文

1. 谷妍. 优势视角理论下独居老人社区参与能力提升的小组工作介入研究——以北京市 H 街道为例[D]. 长春:吉林农业大学,2023.
2. 刘璐佳. 小组工作介入智慧养老服务参与研究——以杭州市 G 社区为例[D]. 杭州:杭州师范大学,2022.
3. 尹婉园. 绘画疗法在社区老年人自我价值感提升中的作用研究[D]. 长春:长春理工大学,2021.

图书在版编目(CIP)数据

老年活动策划与设计/唐东霞,李红武,韩菊主编.上海:复旦大学出版社,2025.1. -- ISBN 978-7-309-17778-7

Ⅰ. C936

中国国家版本馆 CIP 数据核字第 2024RY3419 号

老年活动策划与设计
唐东霞　李红武　韩　菊　主编
责任编辑/朱建宝

复旦大学出版社有限公司出版发行
上海市国权路 579 号　邮编:200433
网址:fupnet@fudanpress.com　http://www.fudanpress.com
门市零售:86-21-65102580　团体订购:86-21-65104505
出版部电话:86-21-65642845
上海丽佳制版印刷有限公司

开本 890 毫米×1240 毫米　1/16　印张 11.5　字数 324 千字
2025 年 1 月第 1 版第 1 次印刷

ISBN 978-7-309-17778-7/C · 458
定价:58.00 元